ro
ro
ro

Luvvie Ajayi Jones

HANDBUCH FÜR UNRUHESTIFTERINNEN

Feier deine Stärken – und zwar laut!

Aus dem Englischen von Viola Krauß

ROWOHLT TASCHENBUCH VERLAG

Die englische Originalausgabe erschien 2021 unter dem Titel «Professional Troublemaker: The Fear-Fighter Manual» bei Viking, an imprint of Penguin Random House LLC, New York.

Deutsche Erstausgabe
Veröffentlicht im Rowohlt Taschenbuch Verlag, Hamburg, Oktober 2022

Fotos im Innenteil privat
Covergestaltung zero-media.net, München
Coverabbildung Wolfgang Staisch für FinePic®
Satz Adobe Garamond Pro bei Dörlemann Satz, Lemförde
Druck und Bindung CPI books GmbH, Leck, Germany
ISBN 978-3-499-00854-2

Die Rowohlt Verlage haben sich zu einer nachhaltigen Buchproduktion verpflichtet. Gemeinsam mit unseren Partnern und Lieferanten setzen wir uns für eine klimaneutrale Buchproduktion ein, die den Erwerb von Klimazertifikaten zur Kompensation des CO_2-Ausstoßes einschließt.
www.klimaneutralerverlag.de

FSC
www.fsc.org
MIX
Papier aus verantwortungsvollen Quellen
FSC® C083411

Meiner Kriegerin, meiner Schutzheiligen,
meiner Großmutter Olúfúnmiláyọ̀ Juliana Fáloyin gewidmet.

INHALT

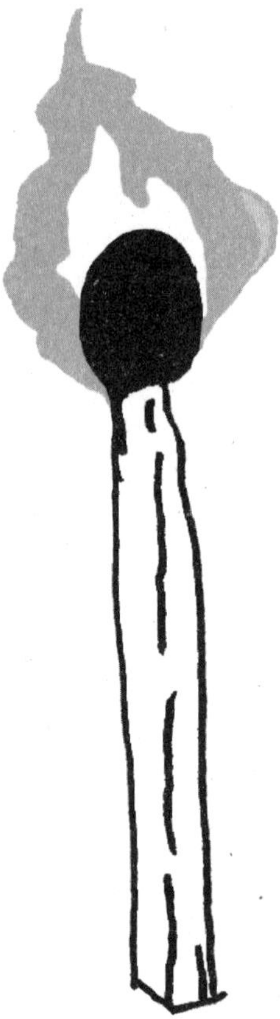

EINLEITUNG

Ich bin eine Profi-Unruhestifterin.
Was das ist, möchtest du wissen?

Eine Profi-Unruhestifterin ist keine, die überall dort, wo sie auftaucht, Chaos verursacht. So eine Person ist ein Troll. Eine Profi-Unruhestifterin ist keine, die nur deshalb den Mund aufmacht, um Gefühle zu verletzen. So eine Person ist ein Hater. Eine Profi-Unruhestifterin ist keine, die nur deshalb widerspricht, weil sie Advocatus Diaboli spielen möchte. So eine Person ist eine Querulantin, außerdem hat Satan noch nie um Aufsicht gebeten, deshalb ist mir schleierhaft, warum sich für diesen Job so viele Freiwillige melden.

Eine Profi-Unruhestifterin prangert die Welt mit ihren schäbigen Systemen an und diejenigen, die sich weigern zu versuchen, es besser zu machen. Ich bin Autorin, Rednerin, dubiose Nigerianerin und die Person, die die Leute schief anschaut, wenn sie Mist bauen. Ich bin die, die den Mund nicht halten kann, wenn sie sich betrogen fühlt. Ich spreche aus, was du zwar fühlst und denkst, dich aber nicht auszusprechen traust, weil du Angst um deinen Job hast oder davor, dass es nicht gut ankommt. Von mir stammt sogar ein Buch mit dem Titel *I'm Judging You: The Do-Better Manual* (Ich kritisiere Sie: Handbuch fürs Bessermachen). Und ich gehe stark davon aus, dass du es schon gelesen hast. Falls nicht, nun ja, dann muss ich dich jetzt wohl leider tadeln. **räusper**

Zwar fabriziert eine Profi-Unruhestifterin nicht absichtlich Chaos oder Krisen, doch ihr ist klar, dass Chaos durchaus entstehen kann, wenn eine Person ehrlich und authentisch ist und gegen den Strom schwimmt. Denn in einer Welt, die trotz ewigen Aufruhrs auf unser Entgegenkommen pocht, wirst du zur Rebellin, wenn du etwas nicht duldest. Unruhestifterinnen gehen die Sachen an, weil sie gute Gründe dafür haben. Oft haben sie eine spitze Zunge und werden falsch verstanden, aber ein Herz aus Gold haben sie immer. Eine Unruhestifterin hat es sich zur Aufgabe gemacht, stets die Wahrheit zu sagen und sich nicht zu verstellen, und ist im Grunde nicht in der Lage, vor einer Welt in die Knie zu gehen, die das von ihr verlangt.

Ich werde gern gefragt, woher ich mein Selbstvertrauen habe und den Mut, das zu sagen, was ich sage. Darauf zucke ich immer mit den Achseln und antworte, dass ich mich nicht erinnern kann, je anders gewesen zu sein. Wenn ich als kleines Kind Ärger bekam, dann für mein großes Mundwerk. In der nigerianischen Kultur wird älteren Personen immer mehr Respekt eingeräumt als jüngeren, und das passte mir ganz und gar nicht. Also wurde Little Luvvie meistens dafür bestraft, wenn sie mal wieder einer älteren Person klargemacht hatte, wie wenig sie von ihrer Meinung oder ihrem Handeln hielt.

Außerdem komme ich aus einer langen Ahnenreihe von Profi-Unruhestifterinnen. Meine Großmutter Olúfúnmiláyọ̀ Juliana

Fáloyin[1] habe ich noch persönlich erlebt. Wenn ich so darüber nachdenke, wird mir klar, dass mir meine Grandma den Mut einer ganzen Generation mitgegeben hat.

Meine Grandma war die Vorstandsvorsitzende von Team «Tough». Als erfahrene nigerianische Staatsfrau war sie der Inbegriff derjenigen, die sich einen feuchten Kehricht scheren. Sie war zu alt, um in Schach gehalten zu werden. Sie wusste den Raum einzunehmen, der ihr gegeben wurde, und in den Zeiten, in denen ihr keiner gegeben wurde, nahm sie ihn sich. All das tat sie mit einem Lächeln und einem Charme, die sie unwiderstehlich machten. Sie war niemals unverschämt, aber immer direkt. Sie war nicht gehässig, sagte aber ihre Meinung. Sie war offenherzig und freigiebig, und sie betete mit demselben Eifer, mit dem sie dir die Ohren lang zog. Sie konnte es auf den Tod nicht leiden, wenn Leute betrogen oder schlecht behandelt wurden. Dank ihrer Aufrichtigkeit und der Tatsache, dass sie in alles so viel Herzblut steckte, wurde sie von vielen Menschen innig geliebt.

Das ist die Krux am Dasein als Profi-Unruhestifterin.

Wenn Unruhestifterei auf Angst trifft

In meinem ersten Buch fordere ich uns alle dazu auf, die Welt ein Stück besser zurückzulassen, als wir sie vorgefunden haben. Dieses Buch hier habe ich geschrieben, weil wir ziemlich beängstigende Dinge tun müssen, um genau das zu erreichen. Es geht hier also um das WIE für das WAS. Wie sorgen wir dafür, dass wir diesen Planeten hinterm Mond gleich links nicht in einem

1 Oh-LUU-Fuun-mi-LAH-jo FAH-lo-JIIN ausgesprochen.

schlechteren Zustand zurücklassen als bei unserem Erscheinen? Wie sorgen wir dafür, dass diese rotierende Wasserkugel uns nicht einfach fristlos kündigt? (Okay, *die* Antwort ist schwer. Mutter Erde hätte uns längst alle rausschmeißen sollen, so entsetzlich, wie wir uns benommen haben.)

Vieles ist zum Fürchten auf dieser Welt. Im November 2017 hielt ich auf der TEDWomen-Konferenz eine Eröffnungsrede mit dem Titel «Get Comfortable with Being Uncomfortable» («Gewöhnt euch daran, euch unbeliebt zu machen»), bei der es um exakt dieses Thema ging. Als die Rede online ging, wurde sie im Verlauf eines Monats über eine Million Mal angeschaut. Bis heute ist sie über acht Millionen Mal angeklickt worden, und die Zahlen steigen. An jedem einzelnen Tag erreichen mich Nachrichten von überall auf der Welt, in denen mir die Leute mitteilen, wie viel Einfluss diese Rede auf sie hatte. Diese Reaktion zeigt mir, dass das Aushalten von Angst ein großes Thema für viele Leute ist. Wir haben Angst davor, uns der Welt zu zeigen, und das wirkt sich auf unser gesamtes Umfeld aus.

Das Ding ist: Wir sind halt Menschen. Und mit der Angst hat Gott dafür gesorgt, dass wir nicht so dämliches Zeug anstellen, wie ohne Fallschirm von hohen Felsen zu springen. Gott wird so was gedacht haben wie: «Ich muss diesen Wesen, die ich erschaffen habe, irgendetwas einpflanzen, damit sie nicht andauernd zu mir zurückkommen, bevor ihre Zeit abgelaufen ist. Ich hab nämlich schon gemerkt, dass diese Knalltüten Grenzen brauchen.» Nur hindert uns dieses Gottesgeschenk eben nicht allein daran, die Hand ins offene Feuer zu strecken, sondern auch daran, unserem Chef oder unserer Chefin zu sagen, dass wir nicht über die Runden kommen, weil unser Gehalt zu niedrig ist, und dass wir eine Gehaltserhöhung brauchen, um anständig leben zu können.

Eins habe ich auf meinem Weg gelernt: Die Angst hätte mich

jederzeit leicht davon abbringen können, das zu tun, was mein Leben zum Guten verändert hat. Oder das zu tun, was mich auf die richtige Person treffen ließ. Oder das zu tun, was irgendeine andere Person das tun ließ, was ihr Leben zum Guten verändert hat. Wir reden davon, «unser bestmögliches Leben zu leben», doch wie sollen wir dazu in der Lage sein, wenn die Angst uns ein Klotz am Bein ist und uns an den Fersen festhält wie ein klobiger Turnschuh? (Ich werde nie begreifen, warum diese hässlichen Dinger so angesagt sind. Die Füße sehen aus, als steckten sie in irgendwelchem Gestein, was die Leute dann auch noch den ganzen Tag mit sich herumschleppen müssen. Was haben sie bloß gegen hübsche Schuhe? Egal, ich komme vom Thema ab.)

Ich glaube übrigens nicht, dass sich die Angst besiegen lässt. Es ist ein ständiger Kampf mit ihr, und wir werden bis an unser Lebensende die Gelegenheit haben, beängstigende Dinge zu tun. Ich werde mich also nicht hier hinstellen und behaupten: «Mit folgenden Methoden kannst du deine Ängste loswerden», denn ein gewisses Maß an Angst wird immer bleiben. Doch obwohl wir in ständiger Angst leben, uns die Finger zu verbrennen, müssen wir uns auch nicht vor allem hüten wie vor flüssiger Lava, nicht alles ist ein ausbruchbereiter Vulkan. Wir sollten von uns selbst keine Furchtlosigkeit erwarten, sondern unsere Angst anerkennen, sie darf nur eben nie zum entscheidenden Kriterium werden.

Wir müssen lernen, uns mit der Angst anzulegen wie mit der Friseurin, die uns nur drei Zentimeter abschneiden hätte sollen, aber stattdessen eine Schnippelorgie gefeiert hat, die in eine elende Topffrisur mündete. Wir müssen uns mit der Angst anlegen, als hätte sie unsere Mama eine «miese glatzköpfige Schlampe» genannt. Wir müssen uns mit der Angst anlegen, als hätte sie den Orangensaft ausgetrunken und die Flasche dann mit einem Mini-Restschluck zurück in den Kühlschrank gestellt. Geht GAR nicht.

Leute wie ich, die den Mächtigen die Wahrheit ins Gesicht sagen, tun das nicht ohne Furcht. Wir tun es auch nicht, weil wir keine Angst vor Konsequenzen oder den Opfern haben, die wir dafür bringen. Wir tun es, weil es sein muss. Weil wir uns trotzdem in die erste Reihe stellen müssen. Lasst uns auf die weisen Worte von Maya Angelou hören: «Mut ist die wichtigste aller Tugenden, denn ohne Mut lässt sich keine andere Tugend konsequent ausüben. Unstet lässt sich jede Tugend leicht ausüben, doch ohne Mut nie konsequent.»

Der Profi-Unruhestifterin ist die Wahrheit über sich selbst und die anderen wichtiger als die Angst, die sie davon abhält, sie zu verfolgen. Was wir tun müssen, ist wichtiger als das, wovor wir uns fürchten. Das soll nicht heißen, dass wir nicht mit etwaigen Konsequenzen rechnen. Das soll heißen, dass wir mit ihnen rechnen und trotzdem sehenden Auges weitermachen.

Unruhestifterinnen erkennen, dass die Angst real ist und eine ewige Feindin, die angegangen werden muss.

Dieses Buch zeigt der Angst den Mittelfinger.

Nun weiß ich, dass es in manchen Systemen riskanter ist, «Scheiß auf die Angst!» zu sagen, als in anderen. Für uns Randgruppen sind die Folgen davon, aus unserer Komfortzone herauszutreten, uns darüber hinwegzusetzen, noch einmal schlimmer. Mir ist klar, dass es ein Privileg ist, sich bewusst für eine Position als Unruhestifterin zu entscheiden. Aus diesem Grund habe ich die Hoffnung, dieses von einer Schwarzen Migrantin, die einst (ohne es zu wissen) arm war, geschriebene Buch wird dir irgendwie den Mumm einflößen, selbst eine Unruhestifterin zu sein.

Ich finde es wichtig, die eigenen Probleme zu sehen und Lösungen für sie zu finden. Wir selbst müssen die Welt erschaffen, in der wir gerne leben möchten.

Davon abgesehen mute ich alles, was ich dir im Folgenden zumute, zuallererst mir zu, und zwar dauernd. Dieses Buch ist ein Vorwand dafür, *MIR* selbst gut zuzureden, weiter auf die beste Art Unruhe zu stiften, und mir selbst die Erlaubnis zu geben, nicht furchtlos sein zu müssen, denn Furchtlosigkeit ist unmöglich. Die Angst wird immer da sein. Worauf es ankommt, ist, dass ich trotzdem weitermache. Dies ist kein Leben sine metu (lateinisch «ohne Furcht»). Dies ist ein Leben des «Ich habe vielleicht Angst, aber ich lasse mich davon nicht aufhalten».

Was ich in diesem Buch mit dir teile, hätte ich so gern meinem zehnjährigen Ich gesagt, damit es sich immer anders zu sein getraut hätte. Außerdem hätte ich noch hinzugefügt: «Erlaube denen bei der Uni-Modenschau bloß nicht, dir dieses Haarteil anzukleben. Es wird dir nur die Haare rausreißen und deine Babyhärchen monatelang verhunzen. Das ist es nicht wert.»

Außerdem ist dies das Buch, das ich gebraucht hätte, als:

- mir klar wurde, dass ich definitiv keine Ärztin mehr werden wollte, aber mich davor fürchtete, etwas anderes zu machen, da ich mich seit meiner Kindheit auf diesen Traum festgelegt hatte.

- ich mich nicht als Schriftstellerin bezeichnete, obwohl ich seit neun Jahren viermal die Woche Worte zu Papier gebracht hatte und sie die Leute berührten, wie ich es nie vermutet hätte.

- ich gebeten wurde, die wichtigste Rede meines Berufslebens zu halten, und zunächst zweimal ablehnte, weil ich dachte, ich sei noch nicht bereit und würde auf der Bühne komplett versagen.

Außerdem ist dies das Buch, das ich heute noch brauche, wenn ich mich mal nicht so mutig fühle. Es ist ein Buch von mir selbst für mich selbst, das ich auch andere lesen lasse. Diese Gedächtnisstütze brauche ich noch immer. Ich muss mich auch immer wieder selbst auffordern, die schwierigen Sachen anzugehen und mit den Folgen klarzukommen. Denn noch immer halte ich mich manchmal zurück. Dieses Buch ist deshalb für mein gestriges Ich, für mein heutiges Ich und für mein zukünftiges Ich, das auch immer mal wieder einen Extra-Schubser brauchen wird. Es ist das Buch, das ich eines Tages meinen Kindern geben will, um sie zu ermutigen, unbeschwert durchs Leben zu gehen.

Der Abschnitt SEIN handelt davon, was wir in unserem Innern klarkriegen müssen, bevor wir uns all den beängstigenden Dingen stellen. Den halben Kampf fechten wir nämlich mit uns selbst aus, mit unseren Unsicherheiten und unserem psychischen Ballast. Das alles müssen wir *Harlem-Shake*-mäßig abschütteln. (Hab ich mich gerade alt gemacht? Egal.)

Im Abschnitt SAGEN will ich uns dazu animieren, unsere Stimme für unser eigenes Wohl und damit auch für das Allgemeinwohl einzusetzen. Wir fürchten uns so sehr vor dem Ansprechen von Notwendigkeiten, und das ist mit der Grund dafür, dass wir uns im ständigen Kampf mit einer Welt befinden, die uns nicht angemessen respektiert. Selbst wenn unsere Stimme dabei zittert, müssen wir die schwierigen Dinge ansprechen.

Im Abschnitt TUN ermutige ich uns, diese Stimme, die wir aus dem Schweigen holen, ins Handeln zu bringen. Ein Zitat von Ralph Waldo Emerson, das ich liebe, lautet: «Was du tust, spricht so laut für sich selbst, dass ich nicht hören kann, was du sagst.» Es ist Zeit, dass unsere Handlungen die Wahrheit unserer Worte verdeutlichen.

An einigen Stellen des Buchs erzähle ich außerdem von meiner Großmutter, denn ihr Leben hat mir wahrlich am meisten gezeigt, wie man über die eigenen Ängste hinauswachsen kann.

Wenn du das nächste Mal etwas tun möchtest, das dir den Atem verschlägt, findest du vielleicht etwas in diesem Buch, das dir sagt: «Hey, du schaffst das. Selbst wenn's danebengeht. Das wird schon.» Das ist meine Hoffnung.

Legen wir also los.

Ich, wie ich am sechzigsten Geburtstag meiner Großmutter irgendwen verpfeife und sie mir das Gefühl gibt, es sei das Wichtigste auf der Welt. Von Unruhestifterin zu Unruhestifterin.

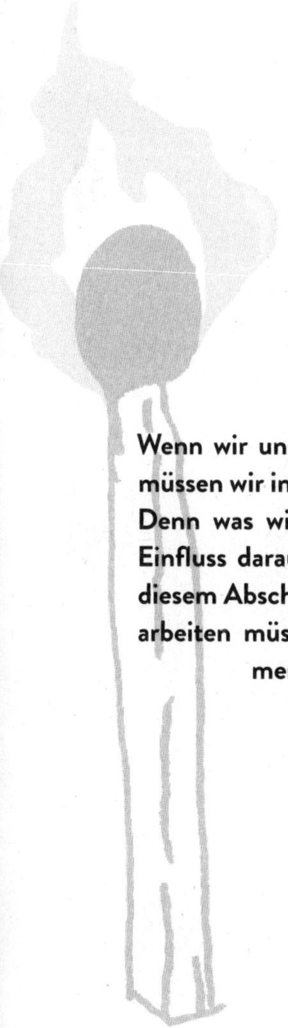

SEIN

Wenn wir uns mit der Angst anlegen möchten, müssen wir in unserem Innern einiges verändern. Denn was wir für möglich halten, hat großen Einfluss darauf, wie weit wir gehen können. In diesem Abschnitt besprechen wir, wie wir an uns arbeiten müssen, um selbst dann voranzukommen, wenn wir uns fürchten.

«ANGST: DEN HALBEN KAMPF FECHTEN WIR MIT UNS SELBST AUS, MIT UNSEREN UNSICHERHEITEN UND UNSEREM PSYCHISCHEN BALLAST.»

– Luvvie Ajayi Jones

1. Kapitel

ERKENNE DICH SELBST

Wir fürchten unser Ich in seiner Fülle

Wir haben Angst davor, wer wir in all unserer Herrlichkeit (und all unserer Tapferkeit) sind. Nach dieser Person sind wir ewig auf der Suche. Oder vergessen sie. Oder unterdrücken sie. Anstatt mit voller Kraft und Überzeugung hinter ihr zu stehen.

Voll und ganz wir selbst zu sein, ist wichtig, denn es erdet uns. Bei mir zumindest ist das der Fall. In unserer Welt gibt es eine Menge, vor dem wir Angst haben können. Vieles ist nämlich echt verkorkst. Wer hat dann schon die Zeit, sich dann auch vor dem eigenen kompletten Dasein zu fürchten? Das brauchen wir nicht.

Das heißt aber nicht, dass wir deshalb eine unnachgiebige Person sein müssen, deren Überzeugungen in Stein gemeißelt sind. Es heißt auch nicht, dass wir uns nichts sagen lassen oder keine Fehler eingestehen können. Es geht vielmehr darum, ein starkes Bewusstsein für das eigene Selbst zu entwickeln. Zu wissen, dass wir genauso auf die Erde gehören wie jede und jeder andere auch. Den Raum einzunehmen, den wir uns allein durch unsere Geburt verdient haben.

Eines meiner Lieblingsgedichte ist «Desiderata» von Max Ehrmann. Die schönste Passage in meinen Augen ist diese: «Du bist ein Kind des Universums / nicht weniger als die Bäume und die Sterne; Du hast ein Recht, hier zu sein. …»

«DU HAST EIN RECHT, HIER ZU SEIN.» Aber so was von.

Seltsamerweise macht es uns nicht dickköpfiger, wenn wir uns in unserer ganzen Fülle kennen. Es macht es nur einfacher, zu wachsen, weil wir eine solide Basis haben, die auch durch neues Wissen und neue Perspektiven nicht ins Schwanken gerät. Das brauchst du, wenn du Profi-Unruhestifterin werden willst. Du wirst nämlich Ärger kriegen. So viel ist klar. Woran erkennst du, dass es sich lohnt? Indem du deine Persönlichkeit in Gänze kennenlernst.

Vieles beim Bekämpfen der Angst und beim Unruhestiften konfrontiert uns mit Dingen, die uns erschüttern. Dinge, die uns ins Gesicht schlagen, bis uns schwindlig wird, und uns alles bisher Gekannte vergessen lassen. Um das auszuhalten, müssen wir in einem starken Fundament verankert sein. Und dieses Fundament ist das Wissen um uns selbst. Nichts und niemand kann uns dann mehr sagen, wer wir angeblich sind. Denn wenn es heißt, wir seien wunderbar, saugen wir das nur zu gerne auf – was aber, wenn es heißt, wir taugen nichts? Oder, wir sind nichts wert? Oder verdienen keine Liebe, sondern fiese Papercuts? Sich selbst zu kennen, bedeutet, sich die Lobeshymnen nicht zu Kopf steigen zu lassen und sich die Erniedrigungen nicht zu Herzen zu nehmen. Sich selbst zu kennen, bedeutet, dass wir unsere Werte in Beton gießen, auch wenn unsere Ziele versanden.

Sich selbst zu kennen, heißt, unser Innerstes zu kennen, und für mich persönlich bedeutet das auch eine Verwurzelung in etwas Externem. Ich weiß nämlich nicht nur, *wer* ich bin, sondern auch, *wessen* ich bin.

WESSEN ICH BIN

Damit meine ich nicht, dass ich irgendwem gehöre oder zu Dank verpflichtet bin. Ich meine damit die Community, mit der wir verbunden sind, die uns zur Verantwortung zieht und zu der wir uns verhalten. Es geht um das Wissen, Teil einer Gemeinschaft zu sein, die größer ist als wir selbst. Sich zutiefst verbunden zu fühlen mit manchen Menschen und das als Basis zu haben, die wir überallhin mitnehmen. Wären wir Handys, wäre das Wissen, wessen wir sind, unsere Ladestation.

Wie wichtig dieses Wissen ist, habe ich während meiner Kindheit kennengelernt. Mein Stamm, die Yorùbá, räumen der Gemeinschaft manchmal genauso viel Gewicht ein wie einem einzelnen Mitglied. Und dieser Kollektivismus wird für uns lebendig durch die Tradition des Oríkì (OH-ri-ki).

Was ist ein Oríkì? Dieser yorobische Ausdruck ist eine Kombination aus zwei Wörtern und bedeutet «Lob deines Kopfes / Geistes». *Orí* bedeutet «Kopf», und *kì* bedeutet «grüßen oder loben». Ein Oríkì stellt also einen lobpreisenden Gruß dar, der unsere Verwandtschaft rühmt und unser Schicksal bejaht. Es ist unser persönliches Mantra, das uns feiert, und es wird gesungen oder gesprochen.

Dein Oríkì setzt sich aus den ursprünglichen Bemühungen zusammen, deine Identität zu umreißen. Es soll dich an deine Wurzeln und deine Geschichte erinnern. Es enthält vielleicht den Geburtsort deines Vaters und den Geburtsort seines Vaters. Es enthält vielleicht die Dinge, die deinen Familiennamen zu etwas Besonderem machen. Es preist deine Leute. Es lässt alle wissen, wer wir WAREN, wer wir SIND und wer wir SEIN WERDEN. Es erinnert dich an diejenigen, die vor dir da waren und segnet diejenigen, die nach dir kommen werden. Es kann auch sogar etwas Schatten enthalten.

Oft werden Oríkìs an Geburtstagen und Feierlichkeiten gesungen. Oder um uns ins nächste Leben zu verabschieden. Das Oríkì stellt eine Verbindung mit unseren Vorfahren her, und es wird selbst die Gleichmütigsten von uns zu Tränen rühren, weil wir es im Herzen spüren. Unsere Tränenkanäle geben einfach nach und lassen dem Wasser freien Lauf.

Ich bin die Enkelin einer Frau namens Olúfúnmiláyọ̀ Juliana Fáloyin, und sie ist mein innerer Kompass. Wenn Grandma ihren eigenen Namen aussprach, tat sie das stets mit einem Lächeln. Was absolut logisch war, wo ihr Name doch wortwörtlich bedeutete «Gott schenkte mir Freude». Es war, als ob ihr eigenes Selbst, ihre bloße Präsenz, ihr Freude gebracht hätten. Als das Oríkì meiner Großmutter an ihrer Beerdigung gesungen wurde, war ich sehr ergriffen, denn es war zugleich eine poetische Bejahung ihres irdischen Daseins und eine Verabschiedung. Es war eine Art Standing Ovation für ihre Seele.

Hier ein Auszug aus dem Oríkì meiner Großmutter:

Ọmọ Ògbóni Modù lorè mẹ̀rẹ̀ ní àkún
Ọmọ Fulani Ìjẹ̀ṣà a múni má parò oko ọni
Ọmọ a fi ọṣẹ fọṣọ kí ómọ Ẹlòmíràn fi eérú fọ ti ẹ̀
Ọmọ arúgbìnrin owó bọ̀dìdẹ̀
Ọmọ Olúmoṣe atìkùn àyà fọhùn
Ògbóni gbà mí, Ọ̀dọ̀fin gbà mí
Ẹ nií tó nií gbà lẹ̀ gbani

Was das so ungefähr bedeutet (weil einige Worte der Yorùbá in anderen Sprachen nicht existieren), ist Folgendes:

Das Kind von königlicher Abstammung …
Das Kind des Ìjẹ̀ṣà Fulani, der über Menschen und Besitztümer herrscht
Das Kind, das Seife herausträgt, um die eigenen Kleider zu waschen, während das Kind anderer Menschen Asche herausträgt, um die seinen zu waschen
Das Kind, das bündelweise Geld emporschießen lässt (Reichtum)
Das Kind, das auf seine Brust trommelt, während es spricht (voller Selbstvertrauen spricht)
Ògbóni, rette mich, Ọ̀dọ̀fin, rette mich
Der Mensch, der bedeutend genug ist, um dich zu retten, wird sich der Sache annehmen

Es verknüpft meine Grandma mit denen, die vor ihr da waren, und bestärkt sie.

Mein eigenes Oríkì kenne ich nicht. Das geht vielen von uns so. Wie bei einer Menge anderer Traditionen sind die Oríkìs im Lauf der Generationen weniger stark gepflegt worden, weswegen ich nun komplett Oríkì-los dastehe. Aber das passt schon. Alles gut, wirklich. Macht mir gar nichts aus, dass es den Leuten, als ich schließlich daherkam, einfach nicht mehr so wichtig war (o. k., offensichtlich bin ich dezent sauer, aber das werde ich mit meiner Therapeutin klären).

Trotzdem stammt vieles von den Oríkìs ab, ohne dass uns das bewusst ist, denn diese Tradition gibt es nicht nur im Yorùbá-Land; sie ist in der Diaspora fortgesetzt worden. Wir können sie in der Art, wie manche über sich rappen, erkennen. Oder in der Art, wie manche Leute Gott preisen. In der Art, wie wir uns im Augenblick größten Stolzes anderen vorstellen.

Wenn Christen Gott lobpreisen, sagen sie: König aller Könige. Alpha und Omega. Anfang und Ende. Der große «Ich bin». Der Wegbereiter. Ich meine, das ist ja wohl ein Oríkì, wie es im Buche steht.

Oder schauen wir uns an, wie manche total erfundenen Persönlichkeiten in Fernsehserien wie *Game of Thrones* vorgestellt werden: «Daenerys Sturmtochter aus dem Hause Daenerys aus dem Hause Targaryen, die Erste ihres Namens. Die Unverbrannte. Königin der Andalen und der Ersten Menschen. Khaleesi und Herrscherin des großen Grasmeeres. Sprengerin der Ketten. Mutter der Drachen.» VOLL DAS ORÍKÌ! Zieht dich das nicht jedes Mal auf der Stelle hoch, wenn Daenerys vorgestellt wird? Mich definitiv ja. Dafür ist es da!

Ich schreibe gerne Oríkìs für Menschen, die ich bewundere, wenn mir danach ist, sie zu pushen.

Einige habe ich schon fertig.

> Für Michelle Obama: Michelle LaVaughn aus dem Hause Obama. Die Erste ihres Namens. Wunderdame der Würde. Melanin-Magnifizenz. Schicke Chicagoerin. Brillante Boss-Lady. Besitzerin der Waffen deines Neids. First Lady forever.

> Für Barack Obama: Barack Hussein aus dem Hause Obama. Der Zweite seines Namens. *Swagnificence* im Weißen Haus. Der, der in vollständigen Sätzen spricht. Sheabuttriger Führer der Welt. Michelles Schatz. Nummer 44 für immer.

> Für Beyoncé: Beyoncé Giselle aus dem Hause Carter. Die Erste ihres Namens. Wahre Gipfelstürmerin. Beherrscherin der Bühnen. Bewohnerin des kreo-

lischen Wunderlands. Legendäres Black Girl. Wakandas Gemeinderatsvorsitzende.

Für Oprah: Oprah Gail aus dem Hause Winfrey. Die Erste ihres Namens. Weltenverwandlerin. Beschützerin von Noirpublic. Bahnerin von Wegen. Sprengerin von Ketten und Grenzen.

Für Toni Morrison: Toni aus dem Hause Morrison. Die Erste ihres Namens. Architektin der Worte. Bejubelte Buchautorin. Kulturbewegende. Die sich den Nobelpreis geangelt hat. Menschgewordenes Domino. Legendäre Laureatin.

Für Aretha Franklin: Aretha Louise aus dem Hause Franklin. Die Erste ihres Namens. Detroiter Dame. Regentin erhabenen Sounds. Royale Resonanz. Stimmliche Siegerin. Souveränin des Souls. Aurale Autorität.

Für Janelle Monáe: Janelle aus dem Hause Monáe. Die Erste ihres Namens. Bürgerin der Zukunft. Gratwanderin. Sprenklerin von #NoirPixieDust // #NoirFeenstaub. Beherrscherin hässlicher Anzüge. Die sich einen intergalaktischen Dreck kümmert. Chef-Androidin von Wondaland.

Wie schreibst du also dein eigenes *Game of Thrones*-mäßiges Oríkì? Hier kommt das Rezept und wie ich mir die Intros einfallen lasse.

Vorname und Zweiter Name aus dem Hause Nachname. Abfolge seines/ihres Namens (das heißt, der Nachwuchs ist «der/die Zweite seines/ihres Namens»).

Das ist der leichte Teil.

Der nächste Teil ist: Klopp deine Bescheidenheit in die Tonne, damit du dir die gebührende Anerkennung zollen kannst. Honoriere das, worauf du stolz bist, und honoriere deine Errungenschaften. Das muss nicht alles beruflicher Kram sein, sondern kann auch das sein, was sich wie deine persönliche Superkraft anfühlt. Verwende dabei gern Adelstitel (Königin, Gräfin, Herzogin, Fürstin), weil: warum nicht? (Falls das hier irgendein Mitglied der Monarchie liest, Verzeihung, aber auch so was von nicht Verzeihung für die Aneignung.) Sei ruhig kreativ. Außerdem bin ich ein Fan von Alliterationen, für die Extraportion Pep.

Nomen (Beruf oder Beschreibung) von Nomen (Ding).

Luvvie aus dem Hause Jones. Die Erste ihres Namens. Assassine des Alphabets. Bestseller-Autorin. Triumphatorin von Texten. Edeldame der Diktion. Kulturkritikerin. Meisterin des schrägen Seitenblicks. Genießerin von Jollof-Reis. Bezwingerin wilder Schuhe. Regentin des Königreichs Jones. Besetzerin von Bühnen. Nigerianische Nobelfrau und Chicagoer Schöpferin.

Ich könnte ewig weitermachen, aber das reicht vielleicht fürs Erste. Du brauchst jedenfalls dein eigenes Oríkì, und ich möchte, dass du es schreibst. Am besten sofort, wenn du Zeit hast, ansonsten komme unbedingt später darauf zurück.

Ich könnte mir vorstellen, dass du jetzt womöglich denkst: «Aber die Leute, die Luvvie da erwähnt, sind alle berühmt und außergewöhnlich und total genial. Da komme ich doch nicht ansatzweise ran.» Und dazu sage ich: «Ohrfeige dich.» Auf der Stelle. Ohrfeige dich. Ich möchte, dass du dir so ein Gerede komplett abgewöhnst. Denn ja, diese Leute sind alle WAHNSINNIG TOLL, und sie haben eine Menge erreicht.

Aber du eben auch. Du wandelst auf dieser Erde, und damit hast du genug getan. (Mit dem Hochstapler-Syndrom beschäftigen wir uns in ein paar Kapiteln.)

Und was, wenn du zu deiner Verwandtschaft ein kompliziertes Verhältnis hast? Oder keine Familie hast? Oder adoptiert wurdest und die Geschichte deiner biologischen Familie gar nicht kennst?

Viele Menschen haben keine Blutsbande zu den Menschen, die sie am meisten lieben, aber natürlich bist du trotzdem Teil eines «Stammes», der dich wertschätzt, dich abgöttisch liebt und froh ist, dass du auf der Welt bist, in diesen Raum-Zeit-Koordinaten. Dir sende ich Liebe. Die Blutsbande nicht zu kennen, die dich mit anderen verknüpfen, schließt nicht deine Zugehörigkeit zu einer Community oder einer Sippe aus.

Wenn du also nicht wirklich sagen kannst, WESSEN du bist, und dieses Buch auf irgendeinem Wege zu dir gekommen ist und von dir gehört oder gelesen wird, dann bist du für mich jemand, der der Angst ins Gesicht lachen kann. Richtig hämisch lachen sogar. Wenn du ohne Familie bist, ist das nichts, wofür du dich schämen müssest, sondern etwas, auf das du stolz sein kannst. Es bedeutet nämlich, dass du ganz allein durchs Leben gekommen bist und dabei ganz allein sämtliche Hürden plattgemacht hast. Du bist eine Kriegerin. Dein Oríkì könnte mit EINE-FRAU-ARMEE anfangen. Du hast dich ganz allein durchs Leben geschlagen, und selbst wenn du dabei vielleicht verletzt worden oder sogar beinahe ertrunken bist, hast du es an Land geschafft! Du bist immer noch da. Gib dir selbst High Five.

Eine-Frau-Armee. Solo-Soldatin. Unerschütterliche Kämpferin. Der Felsen von Gibraltar ist nichts gegen dich.

Womöglich liest du aber auch diese Worte und denkst: «Ich bin Hausfrau und Mutter. Ich kann nichts über meine Karriere in mein Oríkì schreiben.» Das Dasein als Hausfrau und Mutter ist ein richtiger Job, von dem du dich nicht mal irgendwann zur Ruhe setzen kannst. Außerdem machst du andauernd unbezahlte Überstunden. Da sind DEFINITIV ein Haufen Errungenschaften dabei.

> ***Mutter zukünftiger Anführerinnen. Reglerin von allem Shit. Beherrscherin der Termine. Expertin der Effizienz. Königin der Nachnamen-Dynastie.***

Wir alle brauchen ein Oríkì.

Nimm dir unbedingt die Zeit, über dich selbst zu prahlen. Tippe die Worte irgendwo ein, schreibe sie nieder, lege sie an einen Ort, den du nicht vergisst. Laminiere sie vielleicht sogar. Eines Tages wirst du dein Oríkì brauchen – in den Augenblicken, in denen du dich im schlimmsten Licht siehst oder auf die Schnauze gefallen bist. Wenn du das Gefühl hast, gescheitert zu sein.

Kennst du das, wenn du dir im Gespräch andauernd fassungslos an die Stirn greifen möchtest, weil jemand mit dir redet, als seist du ein nutzloses Nichts? Ja, in solchen Momenten auch. Dann liest du dein Oríkì und erinnerst dich daran, wer du bist und sein wirst, nachdem du dich beruhigt hast, oder um dir das Beruhigen zu erleichtern. Habe das Ding also stets griffbereit, damit es dir wieder die Tatsache vor Augen führt, wie dope du bist.

Gut? Gut.

WER WIR SIND

Neben dem Wissen darum, WESSEN wir sind, gibt es noch das Wissen darum, WER wir sind. Wir müssen wissen, was jenseits unserer Verbindung zu anderen Menschen wichtig für uns ist. Die Leute reden häufig von der Suche nach sich selbst, worauf ich mich gern dumm stelle und frage: «Und, wo bist du gewesen?» Aber im Ernst, ich weiß sehr wohl, dass wir nur allzu oft unsere Impulse, Bedürfnisse und Nöte runterschlucken, bis wir vergessen, wie sie schmecken. Uns vergeht der Appetit darauf, wir selbst zu sein, weil wir beleidigt, geprügelt, niedergetrampelt, missbraucht und verhöhnt worden sind. Eines Tages schauen wir auf und merken, dass wir den anderen so lange etwas vorgespielt haben, bis unser innerer Kompass verloren gegangen ist.

Dieser harte Kampf ist nicht unsere Schuld. Wir schlucken unsere Identität herunter, um dazuzugehören. Ich bin immer etwas irritiert, wenn ich gefragt werde, wie ich so selbstbewusst sein kann. Ich bin deshalb selbstbewusst, weil ich ständig daran arbeite, mich nicht aus den Augen zu verlieren, und mich deshalb auch nicht suchen muss.

Wenn unsere Identität sicheres Terrain ist, wenn wir also unseres Selbst sicher sind, können wir immer auf etwas zurückgreifen. Wenn wir wissen, dass es nicht irgendein Job oder irgendwelche Gegenstände sind, die uns ausmachen, ist es weniger wahrscheinlich, dass wir uns verirren, wenn sie uns abhandenkommen.

Wenn ich das Gefühl habe, mich aus den Augen zu verlieren oder zu verblassen, stelle ich mir die folgenden Fragen und schreibe die Antworten auf. Meine gute Feengöttin Oprah (die nicht weiß, dass ich sie dafür beanspruche) spricht oft davon, welchen Wahrheiten wir uns gewiss sind. Und mithilfe der folgenden Fragen habe ich das für mich persönlich herausgefunden.

Was ist dir lieb und teuer?

Hier geht es um das, was dir wichtig ist. Familie? Freundinnen und Freunde? Das Abwinden eines fliehenden Haaransatzes, obwohl die Haare dort immer lebloser werden und wir deswegen nicht mal eine dünne Strickmütze im Winter tragen, weil dadurch der Ansatz einen guten Zentimeter nach hinten rücken könnte?

Was sind deine Grundwerte?

Unsere Grundwerte sind das, wofür wir stehen und was uns Orientierung gibt. Meine sind:

Aufrichtigkeit: Einer der wichtigsten Werte für mich, teils weil ich eine schlechte Lügnerin bin und kein gutes Pokerface habe. Hauptsächlich aber, weil ich möchte, dass mir diejenigen, die ich kenne, vertrauen. Mir ist wichtig, dass es eine Person weniger gibt, der die Leute misstrauisch gegenüberstehen müssen.

Authentizität: Ich bin, wer ich bin, egal, wo ich bin oder mit wem ich zusammen bin. Authentizität ähnelt der Aufrichtigkeit, weil sie darauf pocht, dass ich ehrlich mit mir und meinem Auftreten bin. Das soll nicht heißen, dass ich immer gleich bin. Das soll heißen: Wenn ich still bin, dann weil ich mir erlaube, in diesem Moment einfach nur zu beobachten. Wenn ich am Feiern und der strahlende Mittelpunkt der Party bin, fühle ich mich eben gerade ausgelassen.

Nächstenliebe: Ich finde es wichtig, gütig zu sein und großzügig mit dem umzugehen, was wir haben, sei es Wissen oder Zeit oder Geld oder Energie. Dadurch sind wir weniger egoistisch und haben stets im Kopf, was wir für das Gemeinwohl tun können.

Sheabutter: Jep, Sheabutter ist ein Grundwert, weil wir meiner Meinung nach mit mehr Feuchtigkeitspflege besser dran wären. Besorge dir eine gute Körperbutter und schaue zu, wie sich dein Leben verändert. Du wirst morgens aufwachen, ohne das Bettzeug mit deinen Hautschuppen zum Rascheln zu bringen.

Was macht dir Freude?

Was bringt dein Herz zum Lächeln? Mir bringt es Freude, mein Wissen mit anderen zu teilen. Wenn mir andere erzählen, dass meine Worte oder Taten bei ihnen etwas bewegt haben, schmelze ich dahin. Ja, okay, da zeigt sich ein gewisser «Rettet die Erde, Captain Planet»-Komplex, aber ich arbeite dran, gemeinsam mit meiner Therapeutin.

Was macht dich zu einem tollen Menschen, selbst an deinem miesesten Tag?

In Phasen, in denen du einfach nicht in der Stimmung bist, dein bestes Ich zu sein: Was macht dich trotzdem wunderbar, so wie du bist?

Wofür lohnt es sich zu kämpfen, auch wenn deine Arme zu kurz sind, um mit Gott zu boxen?

Nehmen wir an, dein Aufwärtshaken ist schwach, und deine Gerade taugt ebenso wenig. Was bringt dich dazu, die Boxhandschuhe trotzdem anzuziehen? Wofür würdest du eine Ausnahme von der «Keine Gewalt»-Regel machen? Ich bin auf jeden Fall eine totale Niete im Kämpfen, also muss ich mir absolut im Klaren sein, was mir den nötigen Push geben würde. Das wäre: wenn ich sehe, wie irgendwer ungerecht beschimpft oder hilflos oder mundtot gemacht wird.

Was soll über dich gesagt werden, wenn du einmal in die Erde hinabgelassen wirst?

Wenn meine Zeit gekommen ist, die Erde zu verlassen, möchte ich, dass die Leute sagen: «Es hat die Welt ein Stück besser gemacht, dass sie da war.» Außerdem soll sich bloß keine Person so anstellen, als würde sie gleich mit ins Grab springen wollen, so als hätte sie gerade ein Vorsprechen für die Rolle als beste Trauernde aller Zeiten. Dann soll ihr gefälligst irgendwer klarmachen, dass ihre Geltungssucht hier gerade so was von gar nichts verloren hat. Aus dem Jenseits würde ich ihr jedenfalls einen vorwurfsvollen Blick zuwerfen.

Sämtliche dieser Fragen stelle ich mir und werde sie mir auch in Zukunft stellen. Wenn ich nämlich die Antworten dazu aufgeschrieben habe und sie noch einmal durchlese, erinnern sie mich an mich selbst. Sie sind mein Life-Mission-Statement, mein Atlas, wenn ich nach einem schlimmen Erlebnis oder Meeting oder Date oder TAG vom Kurs abgekommen bin. Ich werfe einen Blick darauf, wenn ich merke, dass ich und alle anderen scheinbar vergessen haben, wer zum Teufel ich bin (während meiner Hochzeitsplanungen definitiv mehrfach der Fall gewesen).

Meine Lebensmission

Schreibe deine persönliche Lebensmission auf, deinen Kompass. Das hier ist deine Vorlage. Fülle sie aus.

Wie heißt du?

Auf welche (verwandtschaftliche) Verbindung bist du stolz?

Was macht dich zu einem großartigen Menschen, selbst an deinem miesesten Tag?

Wer / Was ist dir lieb und teuer? Was hältst du in Ehren?

Was sind deine Grundwerte? Was bedeuten sie?

Was macht dir Freude?

Wofür lohnt es sich zu kämpfen, auch wenn deine Arme zu kurz für Gott sind?

Was soll über dich gesagt werden, wenn du einmal in die Erde hinabgelassen wirst?

Bei Bedarf kannst du dieses Arbeitsblatt und anderes Material zum Unruhestiften von https://luvvie.org/fear-fighter-kit/ herunterladen.

Hier ist meine Lebensmission:

Ich heiße Ìféolúwa Luvvie Àjàyí Jones. Ich bin die Enkelin von Fúnmiláyò Fáloyin und die Tochter von Yémisí Fáloyin.[2] *Ich bin die Ehefrau von Cornell Jones. Selbst an meinem miesesten Tag kann ich in den Spiegel schauen und stolz auf die Frau sein, die ich geworden bin. Ich bereue nichts. Meine Familie, die biologische und die selbstgewählte, sind mir das Liebste und Teuerste auf der Welt. Was ich in Ehren halte, ist mein Leben, das ich glücklich, möglichst gesund und in Fülle lebe. Meine Grundwerte sind Aufrichtigkeit, Authentizität, Nächstenliebe und Sheabutter. Das heißt, ich sage die Wahrheit, bin mir und anderen gegenüber authentisch; ich bin großzügig, und ich lasse meine Haut nicht unnötig schuppig werden, weil ich immer für ausreichend Feuchtigkeit sorge.*
Es erfüllt mich mit Freude, wenn ich das Leben eines anderen Menschen einfacher mache. Und wenn ich

2 Yorùbá ist eine wunderschöne tonale Sprache, deren Akzente die Klänge reflektieren. Diese Akzente werden dir das ganze Buch über auf den von mir verwendeten yorubischen Wörtern begegnen. Mein eigener Name und der meiner Großmutter und Mutter sind hier mit sämtlichen Akzenten versehen, um die Sprachtradition zu ehren. Im weiteren Verlauf werde ich sie auf meinem Namen und dem meiner Mutter nicht mehr setzen, weil wir das auch im täglichen Leben nicht tun.

In der Umgangssprache und in der Welt werden die yoribischen Wörter oft ohne Akzent geschrieben. Wenn ich meinen eigenen Namen schreibe, verwende ich keine, und darin will ich mich respektieren. Ich habe hin und her überlegt, ob ich die Akzente in unseren Namen im ganzen Buch gebrauchen soll oder nicht, bis ich meine Mom um ihren Rat bat. Sie meinte: «Ich glaube nicht, dass es nötig ist. Wir sind, wer wir sind, mit oder ohne die Akzente.»

Ich ehre die Tradition, wie ich das Selbst ehre.

sehe, wie sich meine Feinde ärgern. Weil: Da bin ich natürlich kleingeistig. Ich habe nie behauptet, dass Jesus keine Arbeit mehr mit mir hat. Wofür ich kämpfe, sind Menschen, die sich machtlos oder sprachlos fühlen. Wenn ich nicht mehr da bin, sollen die Leute von mir sagen: «Durch sie war die Welt ein besserer Ort.»
Du kannst deine Lebensmission gerne anderen zeigen, aber das muss nicht sein. Sie ist vor allen Dingen für dich selbst.

Diese Übung gibt dir nicht nur schriftlich einige Aufschlüsse darüber, wer du bist, sondern auch darüber, wer du nicht bist. Oft werden wir nämlich von den Projektionen, Vorurteilen und Erwartungen anderer Leute heruntergezogen oder über Systeme, Stereotype und Strukturen definiert, die größer sind als wir selbst. Wenn wir wissen, wer wir sind, wissen wir, dass wir nicht das sind, zu was die anderen uns machen: Dass wir nicht die Schimpfwörter sind, mit denen uns andere verspotten. Dass wir nicht unsere schlechtesten Tage sind. Wenn uns die Leute also ihren ganzen Leidensdruck überstülpen wollen, können wir sagen: «Nö. Nicht mein Problem.» Wenn wir wissen, wer wir sind, können wir auch leichter widerlegen, wer wir nicht sind.

Weißt du, wer du bist? Weißt du, wie viele Kämpfe es dich gekostet hat, damit du heute dort stehst, wo du stehst? Was alles hätte passieren können, dass du gar nicht erst geboren worden wärst? Was alles das Wunder deiner Geburt hätte verhindern können? Ist dir klar, dass keiner der Leute, vor denen du Angst hast, und keine der Situationen, vor denen du dich fürchtest, größer als irgendetwas davon ist? Ist dir klar, wie toll du bist, weil du Kämpfe ausgefochten und Berge bestiegen hast, die dich beinahe zerstört hätten? Haben sie aber nicht. Du bist jetzt hier, und keine tausend Arschlöcher dürfen dir irgendeinen Stuss erzählen, der dir suggeriert, du verdientest nichts Gutes.

Lasse dir niemals von Leuten, die nicht mal deinen Namen richtig aussprechen können, erzählen, wer du bist. Lasse nicht zu, dass irgendwelche Fuzzis, die sich nur hinter einer Tastatur mutig fühlen, deine Qualität oder deinen Wert als Mensch definieren. Lasse nicht diejenigen, die sowieso schon die Daumen drücken, dass du anfängst zu schwächeln, über dein Wesen schwadronieren, denn sie werden dich in die Irre führen.

Wenn du versucht bist, einer beschmutzten Version deiner selbst zu glauben, oder dem, was in dich hineinprojiziert wird, lies dir noch mal kurz deine Lebensmission durch. Ruf dir selbst ins Gedächtnis, wer du verdammt noch mal bist, bevor du es irgendeiner anderen Person ins Gedächtnis rufst. Letzten Endes werden wir nämlich auch weiterhin verlauste Nichtsnutze genannt werden. Das liegt nicht in unserer Macht. Was sehr wohl in unserer Macht liegt, ist unser eigenes Bild von uns selbst und davon, wie selbstverständlich wert wir es sind, geliebt, verteidigt und erlöst zu werden. In unserer ganzen verwirrten, verängstigten Herrlichkeit.

Davon hängt dein Unruhestiften ab.

Ich hoffe, du fühlst dich nun ausreichend gepusht. Ich hoffe, auf dieses Kapitel kommst du immer wieder zurück. Ich hoffe, du fühlst dich darin bestärkt, dass du die schwierigen Dinge schaffen wirst, um die ich dich in den folgenden Kapiteln bitte. Und dass du das Vermächtnis von vielem bist, das richtig gut gelaufen ist (auch wenn bis hierhin vieles vielleicht nicht so gut gelaufen ist).

2. Kapitel

SEI ZU VIEL

Wir fürchten uns davor, für unser Anderssein verurteilt zu werden

Viele Menschen trauen sich nicht, ihr Selbst in seiner ganzen Fülle zu leben, weil sie wissen, dass sie abgeurteilt werden, wenn sie in ihrer ganzen Pracht auftreten. Durchschnittlich und unauffällig zu sein, kann wohl kaum ein Lebensziel darstellen, doch oft werden wir dazu «geängstigt».

Auch wenn die Leute bei der Vorstellung, dass über sie geurteilt wird, gern pseudobeleidigt tun, wissen wir ganz genau, dass wir uns alle gegenseitig bewerten. Nur kritisieren wir uns blöderweise für die falschen Dinge, zum Beispiel für unser Aussehen, dafür, wen wir lieben und welche Gottheit wir anbeten, falls wir überhaupt eine anbeten. Viel eher sollten wir uns aber danach bewerten, wie gütig wir sind, wie wir uns für andere einsetzen und wie wir uns gegen die großen und kleinen Probleme auf dieser Welt engagieren. (Ich bewerte die Leute auch gern danach, ob sie Kombucha trinken, weil ich nicht begreife, wie irgendwer den Geschmack von schalem Bier, Fußnägeln und Fehlentscheidungen gutheißen kann.)

Tagtäglich bewerten wir uns gegenseitig und werden selbst danach bewertet, wer wir sind und wie wir sind. Und oftmals fällen die Leute das Urteil, wir seien «zu viel».

> *ZU (Adverb): «Kennzeichnet ein (hohes oder geringes) Maß, das nicht mehr angemessen oder akzeptabel erscheint» (duden.de)*

Wenn etwas ZU dies und das ist, passiert es in einem Maß, das andere für ungehobelt halten. Für anders.

Viele von uns wurden schon zu laut genannt. Oder zu aggressiv. Oder zu leidenschaftlich. Oder zu einschüchternd. Oder sogar zu ruhig. Oder zu empfindlich. Oder zu groß. Oder zu klein. Oder zu Schwarz. Und wenn es heißt, wir seien ZU irgendwas, handelt es sich dabei nicht einfach um eine beiläufige Bemerkung. Gemeint ist, dass wir das gefälligst ändern sollen, dass wir gefälligst leiser sein sollen. Woraufhin wir uns verunsichert oder beschämt fühlen. Wir richten den Blick auf uns selbst und wollen etwas an uns reparieren, das irgendwer als mangelhaft definiert hat.

Das Problem: Was da als «zu viel» bewertet wird, ist meist ein essenzieller Teil unseres Wesens oder unseres Aussehens und kann von uns gar nicht geändert werden.

Wie soll irgendwer bitte zu groß sein? Soll die Person sich nach unten krümmen? Wie soll irgendwer bitte zu Schwarz sein? Soll sich die Person die Haut abschälen, damit sie weniger Melanin enthält? Ich verstehe nicht, wie manche Leute derart unverschämt sein können. Leider verinnerlichen wir solche Kritik aber und denken, mit uns stimme irgendetwas nicht.

Als meinungsstarke und direkte Schwarze Frau, die es überhaupt nicht einsieht, sich dafür zu entschuldigen, bin ich die Direktorin des Teams «ZU VIEL». Ich bringe sogar das Popcorn zu unseren monatlichen Treffen mit. Nur weil ich geradeheraus bin, ist mir schon nachgesagt worden, ich sei aggressiv, laut oder wütend. Oft sind es Schwarze Frauen, denen genau das vorgeworfen wird. Und ich bin überzeugt, das liegt daran, dass die Menschen das Göttliche in uns sehen und mit diesem hellen Schein nicht klarkommen. Sollen sie halt die Sonnenbrille aufsetzen, um mit dem ganzen Noir-Feenstaub[3] fertigzuwerden.

Ich sperre mich besonders gegen das «zu aggressiv». Hat die Person, die das sagt, etwa gesehen, wie wir irgendeinem fremden Menschen auf der Straße einfach so eine reingehauen haben? Oder wie wir irgendwen ohne Grund gegen eine Wand gestoßen haben? Eine Nonne wüst beschimpft haben? Oder waren einfach nicht genügend dienstbeflissene Ausrufezeichen oder Emojis in unserer E-Mail an den Kollegen? Haben wir geradeheraus um etwas gebeten? Wie genau verhalten wir uns «aggressiv»? Womit haben wir uns diese Bezeichnung verdient? Ich möchte wenigstens verdienen, wofür ich bezichtigt werde.

Wenn wir des ZU VIEL-Seins bezichtigt werden, bedeutet das auch, wir sollen weniger Raum einnehmen. ZU VIEL zu sein bedeutet, übermäßig zu sein. Wie gehen wir dagegen an? Indem wir uns weniger, also kleiner machen. Und das wiederum fühlt sich wie nichts Geringeres als Selbstverrat an. Die Umkehr von zu viel ist zu wenig. Ich für meinen Teil wäre jederzeit lieber zu groß als zu klein.

---

3 Noir-Feenstaub® ist das, was ich für die Magie Schwarzer Menschen halte, insbesondere der Schwarzen Frauen. Ja, den habe ich mir rechtlich schützen lassen. Du weißt ja, dass gern von uns geklaut wird.

Stell dir mal vor, irgendwer käme auf dich zu und sagte: «Sei bitte mal weniger.» Dann würdest du ja wohl schockiert nach Luft schnappen und beleidigt reagieren. Doch genau DAS ist gemeint, wenn es heißt, wir seien zu viel – nur dass es weniger beschuldigend und mehr beschämend klingt und wir es uns deshalb mehr zu Herzen nehmen. Wir verinnerlichen es und geloben Besserung.

Und wofür das Ganze? Für die Launen anderer Menschen, die von Natur aus flatterhafter sind als eine reife Avocado. (Ernsthaft, wie können Avocados abends noch gut sein und am nächsten Morgen aussehen wie eine Kiwi? Die Welt ist voller Wunder.)

Wer wir sind, sollte nicht von den Stimmungen der uns umgebenden Menschen abhängig sein, von ihren Unsicherheiten und Projektionen. Denn wenn uns irgendwer vorhält, wir seien zu viel, verrät das mehr über die Person als über uns.

Du BIST zu Schwarz für diesen Bleicharsch.
Dein Melanin lässt Weiße erblinden.

Du BIST zu groß für diesen Kleinarsch. Er kriegt
Nackenschmerzen, wenn er mit dir redet, aber was
kannst du dafür?

Du BIST zu aggressiv für diesen Lahmarsch.
Deine Leidenschaftlichkeit stört seine Trägheit.

Du BIST zu ruhig für diesen elenden Chaosstifter.
Deine Ruhe macht ihn unruhig.

Du BIST zu groß für diesen scheißkleinen Ort.
Deine Ausmaße ersticken seine Geringfügigkeit.

In sämtlichen Fällen ist es nicht dein Job, nicht mehr die Person zu sein, die dir vorgeworfen wird zu sein. Du sollst dich nicht ständig verbiegen, damit sich die anderen mit ihren Unsicherheiten oder Misserfolgen besser fühlen. Du musst nicht wie ein Chamäleon durchs Leben gehen und am Ende gar nicht mehr wissen, wer du wirklich bist.

Falls du zu groß bist, spiegelt das nur die Tatsache wider, dass der Ort, an dem du dich befindest, zu klein für dich ist. Es ist nicht dein Job, dich so klein zu machen, bis du hineinpasst, sondern einen größeren Ort zu finden, wo du beliebig viel Raum einnehmen und unendlich wachsen kannst. Überall dort, wo dir abverlangt wird, zusammenzuschrumpfen, wird dein Geist ersticken und dir die Luft zum Atmen fehlen. Wer gewinnt am Ende? Du ganz bestimmt nicht. Aber auch sonst kein Mensch, denn was die Leute dort von dir kriegen, ist die Diät-Süßstoff-Stevia-Version deiner selbst, die wahrscheinlich auch noch einen üblen Nachgeschmack hat. Weil du so dope bist, dass du sogar bei halber Kraft noch mehr draufhast, als du meinst, DENKEN die Leute vielleicht, dass sei eine großartige Version. ABER sie kriegen nicht die Version deiner selbst, die sich frei fühlt, weil sie zu viel Zeit darauf verwendet, das darzustellen, wonach den anderen gerade ist. Und es ist dieses konstante Schrumpfen und Schwinden, das es vermag, Riesen in Käfige zu sperren. Du gehörst nicht in einen Käfig, nur weil andere dich dort gerne hätten.

Meine Großmutter war die Königinmutter vom Team «ZU VIEL» der Internationalen Vereinigung «besonderer» Menschen. Zu viel zu sein war ihr in die Seele geflochten. Sie war zu herrisch, zu selbstsicher, zu aggressiv, zu ungestüm, zu eigensinnig, zu durchsetzungsstark, zu angriffslustig, zu stark, zu pathetisch. Mama Fáloyin, wie sie genannt wurde, war der Inbegriff der Unbändigkeit. Alles, was sie tat, war groß, und ich denke nicht, dass es ihr jemals in den Sinn gekommen ist, sich kleinzumachen.

Ein paar Worte zu ihrer Theatralik. Für ältere nigerianische Damen war es quasi Pflicht, zu pathetisch zu sein, eine Gepflogenheit, die es zu befolgen galt. Eine Erfüllung des Schicksals. Ihr gesamtes Dasein verlangte es, dass sie ab einem gewissen Alter melodramatisch zu sein hatte; sonst lief irgendetwas nicht richtig. Aber selbst wenn sie sich über irgendetwas aufregte, war es eine Freude, sie um sich zu haben. Oft war es einfach nur total amüsant.

Früher kam sie immer einmal im Jahr in die USA und wohnte einige Monate lang bei uns. Sie neigte dazu, alles an sich zu reißen, also geriet sie natürlich regelmäßig mit meiner Mutter aneinander. Einmal hatten sie einen besonders heftigen Streit, und Grandma, voller Angriffslust, war anschließend extrabeleidigt.

Die Lady stapfte auf einmal in ihr Zimmer, schmiss ein paar Sachen in eine Mülltüte, zog die Schuhe an und kam ins Wohnzimmer. Sie trug ihr Hausgewand, Socken und Sandalen. Sie warf sich ihren Mantel über und schnappte sich ihre Handtasche. Sie sah unmöglich aus, weil nichts zusammenpasste, doch das war Teil der Show. Wir fragten sie, wo sie hinwolle, und sie entgegnete: «Ich gehe. Ich setze mich an die Bushaltestelle und warte, bis ich von den Leuten, die die alten Menschen abholen, eingesammelt werde.» Ich habe keine Ahnung, wie mir der Lacher entwischen konnte, aber es war auf jeden Fall zu spät, um ihn aufzuhalten. Ich gackerte los! Grandma schaute mich an, ganz ernst und beinahe gekränkt.

Ich: «Grandma, wer soll dich abholen?»
Grandma: «Ich weiß es nicht. Irgendwer wird sich schon erbarmen und mich abholen kommen.»

Ich hätte am liebsten «Grandma, jetzt ist aber mal Schluss!» gerufen. Doch das ging nicht, sonst wäre ich das Opfer ihres Zorns geworden, also musste ich sie pseudomäßig anflehen, doch bitte zu bleiben. Natürlich wollte sie sowieso nirgendwo hingehen. Die Mülltüte war komplett unlogisch, weil die Lady über genügend intakte Koffer verfügte, aber sie musste eben ihre One-Woman-Show abliefern. Außerdem: Gibt es irgendeinen Abholservice für alte Menschen, von dem ich nichts weiß? So was wie Hundefänger für Senioren? Einen Gratis-Taxiservice für hysterische Greise? Puh! Es war zum Schreien. Vielleicht einen Ticken dramatisch, aber wenigstens lustig.

Und «ZU BESONDERS»? Nun, darin war sie Profi. Als meine Großmutter 1991 sechzig wurde, schmiss sie eine siebentägige Feier, um ihr Leben zu würdigen. Das war in Ìbàdàn, in Nigeria, wo sie lebte und wo ich aufgewachsen bin. Sie mietete drei riesige Zelte an und ließ während der Festlichkeiten drei Straßen um ihr Haus herum abriegeln. Ein u. A. w. g. gab es nicht, weil alle eingeladen waren. Ich glaube kaum, dass irgendwer mitgezählt hat, aber es waren wohl um die tausend Leute, die jeden Tag kamen. Täglich wurde eine Kuh geschlachtet und als köstliches Schmorgericht serviert, von dem alle essen durften. Dazu ohne Ende Jollof-Reis. Grandma engagierte Ebenezer Obey, der damals Nigerias Musiker Nummer 1 war, um von abends bis zum Sonnenaufgang für uns zu spielen. Wortwörtlich. Um sechs Uhr morgens stieg er von der Bühne. Drei große Partys schmiss sie in diesen sieben Tagen, und auch ihr Kirchenchor trat auf. *Come on, holy concert!* Der machte erst mal klar, was ein gesalbter Auftritt ist. Wir Familienmitglieder trugen die ganze

Zeit über aṣọ ẹbi[4]. Mama Fáloyin selbst trug den schwerstmöglichen Spitzenstoff und so dicke Goldketten, dass einige Rapper vor Neid erblasst wären. Jeden Tag gab es zwei Torten. An die eine, die wie eine Bibel aussah, kann ich mich noch besonders gut erinnern, weil: superreligiös. Die gesamte Feier war SEHR VIEL. Manche mögen sogar behaupten, ZU VIEL. Aber warum eigentlich nicht? Wie oft werden wir sechzig? Ein einziges Mal! Lass es krachen, Ma'am!

Die Party durfte sich jedenfalls kein Mensch entgehen lassen, selbst wenn irgendwer meine Grandma vielleicht für ZU irgendwas hielt. Zu ihr kamen die Leute, wenn sie unfair behandelt wurden oder Probleme mit irgendeiner machtbefugten Person hatten. Grandma half ihnen, Krawall zu machen. Laut war sie nämlich nicht nur für sich selbst, sondern auch für Menschen, die keine Stimme hatten. Ich weiß noch, wie oft wir Besuch von Menschen bekamen, die irgendwer versucht hatte, übers Ohr zu hauen. Ein Anruf von Grandma, und die Sache war erledigt. Ihre Lautheit stand nicht nur im Dienst ihrer selbst, und wenn sie sie für die Belange der anderen einsetzte, fanden die Leute sie nicht ZU laut. Das ist auch der Grund, warum sie zutiefst verehrt wurde.

4 Aṣọ ẹbi (Ascho-ehBII ausgesprochen) bedeutet auf Yorubisch «Kleidung der Angehörigen». Zu besonderen Gelegenheiten tragen wir denselben Stoff, was den Besuchern des Fests anzeigt, dass es sich bei den Trägerinnen und Trägern um enge Verwandte und Freunde der Gastgebenden handelt.

Ich bin eine stolze nigerianische Frau. Doch mit neun zog ich aus Nigeria in die USA und kam auf eine neue Schule, und das Vertrauen in mich selbst wurde zum allerersten Mal erschüttert. Es war die einzige Lebensphase, in der ich das Gefühl hatte, mich schrumpfen zu müssen, weil ich zu viel war. Zu anders.

(Ich möchte außerdem festhalten, dass mir das mit dem Umzug nicht klar war. Ich dachte, wir fuhren nur wieder mal in den Urlaub. Das Baby muss ja nicht um Rat gefragt oder eingeweiht werden, nein. **Kopfschüttel**. Was es mir schließlich verraten hat? Die Tatsache, dass meine Mom mich an einer Schule anmeldete. Ich: «Moment mal. Wir bleiben hier? Aber es ist kalt!» Wir hatten tatsächlich die Nerven, vom ganzjährig mildtemperierten Ìbàdàn in Nigeria nach Chicago zu ziehen, wo dir die Luft acht Monate im Jahr Tränen übers Gesicht laufen lässt.)

Egal. Als ich an meinem ersten Schultag ins Klassenzimmer kam, sollte ich mich vor den ganzen fremden Gesichtern vorstellen. Da stand ich und wusste sofort, dass ich anders war. Ich fühlte mich auf eine Art unsicher, wie ich mich noch nie zuvor unsicher gefühlt hatte. Wer ich war und woher ich kam, war zu weit weg von dem, was die Menschen in diesem Raum kannten. Zum ersten Mal spazierte ich in einen Raum, in dem nicht alle so aussahen wie ich.

Nichts war mehr gewiss. Selbst die Frage «Wie heißt du?» fühlte sich wie eine Falle an. Die Antwort lautete Ìfẹ́olúwa Àjàyí[5], aber mein neunjähriges Ich wusste auf der Stelle, dass diese Kids (mitsamt ihrer Lehrerin) das nicht richtig aussprechen würden

5 Ifeoluwa Ajayi wird ii-FE-o-LUU-wa a-dscha-JEE ausgesprochen, aber nenn mich bitte nicht so. Mein Vorname ist den Menschen vorbehalten, die mir am nächsten stehen. Luvvie reicht. (Wichtige Grenze. Mehr darüber im zehnten Kapitel.)

und dass es in ihnen so schwer von der Zunge gehen würde, dass es sich wie eine Last anfühlte. Mein Name war zu viel. Zu ausländisch. Zu nigerianisch. Zu seltsam. Es würde nicht gehen.

Ich schämte mich nicht dafür, ich bin stolz auf meinen Namen und liebe ihn. Doch es fühlte sich an, als müsse ich einen heiligen Teil von mir beschützen. Also beschloss ich innerhalb der drei Sekunden, nachdem ich gefragt wurde, dass ich mich stattdessen als Lovette vorstellen würde. Eine meiner Tanten nannte mich ab und zu so, weil Ìfẹ́olúwa «Gottes Liebe» bedeutet. (Auf dem College wurde aus Lovette dann Luvvie.) Später, wenn die Lehrer meinen echten ersten Namen auf ihrer Anwesenheitsliste sahen und die Stirn runzelten oder «Puh, okay, der ist knifflig» sagten, wurde meine Entscheidung jedes Mal bestätigt. (Auch AJAYI haben sie massakriert, obwohl es nicht mal ein Zungenbrecher ist, aber oft in einen verwandelt wird.) Was ständig rüberkam, war: «Dieser Teil von dir ist uns unangenehm.»

Als *Naija Girl* war auch meine Art zu sprechen zu seltsam. Die Tatsache, dass ich nicht «pen», sondern «biro» sagte und nicht «cookies», sondern «biscuits», waren nicht die einzigen Hinweise. Als ich das erste Mal «African Booty Scratcher» genannt wurde, sagte ich mir: «Oha. Diesen Akzent muss ich ganz schnell wieder loswerden.» Also redete ich weniger und hörte zu, wie meine Schulkameradinnen und -kameraden redeten. Als ich auf die Highschool kam, hatte ich das verräterischste Anzeichen meiner Fremdheit so gut wie verloren: meinen nigerianischen Akzent.

Wovon ich mich aber auf keinen Fall verabschieden wollte, war mein Essen. Kurz hatte ich es mit Sandwiches versucht, aber am Ende der Mittagszeit verzehrte es mich unglaublich nach Gewürzen. Es gab also Zeiten, in denen ich mich in irgendeine Ecke so weit weg wie möglich von meinen Mitschülerinnen und Mitschülern setzte, um Fragen wie «Wonach riecht es hier?» und

«Was isst du da?» zu vermeiden. Schaut gefälligst nach vorn und lasst mich in Ruhe mein Essen genießen.

Meine Herkunft, mein Name und meine Muttersprache gaben mir das Gefühl, andersartig zu sein. Und als Teenager ist es nicht cool, anders als die Gleichaltrigen zu sein, also gab ich mein Bestes, um nicht ZU nigerianisch zu wirken.

Dann kam ich aufs College, wo du außerhalb der Unterrichtsräume die besten Dinge lernst. An der University of Illinois war es, wo ich mir meine *Naijaness* zurückeroberte. Dort lernte ich auch Leute mit ähnlichen Geschichten wie meiner kennen, die sich ebenfalls einen neuen Namen zugelegt hatten, um das Massaker an ihrem echten Namen zu verhindern. Dort wurde mir klar, dass mein Blickwinkel, der so geprägt von meiner Kultur war, eine meiner Superkräfte darstellte. In dieser Zeit begann ich auch mit dem Blog, der zu dem Leben führte, das ich heute lebe. Dort hörte ich auf, die Tatsache zu verstecken, dass ich es selbst in einem Raum voller Nicht-Yorùbás liebe, zwischen meiner Muttersprache und Englisch hin- und herzuwechseln.

Heute bin ich ganz unmissverständlich und selbstverständlich eine nigerianische, Chicagoer und Schwarze Frau. Ich bewohne alle diese Identitäten und bewege mich geschmeidig durch sie hindurch, und was einst ZU VIEL an mir war, ist heute ein Hauptgrund für meinen Erfolg. Mein Humor und mein Schreibstil sind eng mit diesen Facetten meiner Persönlichkeit verbunden.

Ich hoffe, junge Schwarze oder Eingewanderte, die sich in einem fremden Land wiederfinden, sehen mich und wissen, dass sie nicht ZU viel von dem sind, was sie sind. Ich hoffe, sie wissen, dass auch sie sich von ihrer Zunge ohne Scham zurück zu ihren Wurzeln tragen lassen können. Ich hoffe, sie wissen, dass ihr Name nicht zu anders ist. Ich hoffe, sie wissen, dass sie wachsen und sich ein Leben nach ihren Wünschen aufbauen können, das ihrem innersten Wesen entspricht, selbst wenn sie in die Schule kommen und nach Stockfisch riechen.

Ich möchte nicht, dass wir anderen erlauben, unser ZU VIEL zu ersticken.

Beyoncé gehört zu denen, wo es oft heißt, sie seien zu viel. Ihre Sasha Fierceness[6]. Ihre Liebe für glitzernde Einteiler. Ihre phänomenalen Auftritte. Manchmal verschnupft es die Leute, wie sie es wagen kann, so GROSS zu sein, doch ganz offensichtlich weiß sie, dass das nicht ihr Problem ist. Ihr Job ist es, SÄMTLICHEN Raum einzunehmen, den sie möchte und wann sie ihn möchte, und das hat sie zu einer lebenden Ikone gemacht. Es hat sich ausgezahlt, denn erst dadurch konnte sie zur größten noch lebenden Entertainerin der Welt werden. Ihr historischer Auftritt auf dem Coachella-Festival hat diesen Titel zementiert. Mit ihrem unglaublichen Album *Black Is King* hat sie ihn anschließend GEEICHT. LEBENDE IKONE. (Falls du anderer Meinung sein solltest, diskutiere das mit deiner Stiefnichte. Das hier ist mein Buch, und es stimmt halt einfach. Piep.)

Ich muss daran denken, wie Oprah Winfrey andauernd vorgehalten wird, sie sei ZU VIEL, weil sie seit zwanzig Jahren Monat für Monat das Cover von *O, The Oprah Magazine* ziert. Eine erfolgreiche Zeitschrift herauszugeben, ist schon eine Riesenleistung, aber das zwanzig Jahre lang zu tun – das ist der Stoff, aus dem Legenden gewoben werden. Gott sei Dank hat sie sich das, was ihrer Erfahrung nach funktioniert, nicht ausreden lassen.

6 Anm. d. Übersetzerin: «Sasha Fierce» ist Beyoncés Alter Ego und Teil ihres Albumtitels: «I Am … Sasha Fierce» von 2008.

Michelle Obamas Lesereise für *Becoming* fand in Stadien statt. Auch das hielten die Leute für ZU VIEL. Indes erschuf unsere First Lady Forever bei diesen ausverkauften Auftritten einen ganzen Dokumentarfilm. Das Buch wurde zum weltweiten Bestseller. Diese Vision. Diese Kühnheit. Dieser Mumm. Da bin ich so was von dabei.

Stellen Sie sich vor, eine dieser Frauen hätte sich von anderen überzeugen lassen, ihre Ziele oder ihr Selbst seien ZU VIEL. Die Genialität, um die wir alle betrogen worden wären, hätte ein Vakuum hinterlassen.

Ein Gruß an alle, die erzählt bekommen haben, sie seien ZU SCHWATZHAFT. Oder ZU GROSSMÄULIG. Manche von uns verdienen heute gutes Geld als Rednerin. Manche von uns bringen die Worte, die wir im Kopf haben, zu Papier und schreiben Bücher, die es uns ermöglichen, unseren Eltern im Ruhestand unter die Arme zu greifen. AMEN! Unser ZU VIEL kann ganz schön nützlich sein. Alles, was es dazu braucht, sind Zeit, günstige Gelegenheiten und Tapferkeit.

Das, was anderen an uns ZU VIEL ist, kommt immer sehr gelegen, wenn es ihnen nützt. Nur wenn es ihnen nicht mehr von Nutzen ist und anfängt, ihnen Unbehagen zu bereiten, wird daraus etwas, das wir gefälligst sein lassen sollen. Diese Reaktion zeigt mir, dass unser ZU VIEL uns offensichtlich etwas bringt. Es handelt sich dabei in Wahrheit um nichts anderes als unsere Superkraft, und die sollten wir mit Stolz ausüben.

Die Person, die angeblich ZU empfindlich ist, hat höchstwahrscheinlich eine hohe emotionale Intelligenz. Sie spürt, wie es den anderen geht, und kann deshalb auch erkennen, wenn eine Situation auf die Psyche schlagen wird. Oft ist sie vorsichtig, wie sie mit anderen redet, und bleibt auch dann ruhig, wenn alles um sie herum tobt. Auf Reisen ist sie die Streitschlichterin, wenn sich alle gegenseitig auf die Nerven gehen.

Die Person, die ZU unentspannt ist, kann wahrscheinlich wahnsinnig gut die Gruppenreise organisieren. Sie achtet darauf, dass alle vom Flughafen ins Hotel gebracht werden. Und sie achtet darauf, dass der Programmplan steht. Diese Typ-A-Persönlichkeit eignet sich besonders gut als Projektmanagerin.

Die Person, die ZU aufgekratzt ist, wird wahrscheinlich diejenige sein, mit der du im Urlaub Abenteuer erleben kannst. Ihr spontaner Geist wird dafür sorgen, dass ihr beide einen Haufen unvergesslichen Spaß haben werdet. Hoffen wir nur, ihr werdet im Ausland nicht verhaftet.

Womöglich fragst du dich: «Was, wenn die Leute recht haben damit, dass ich ZU irgendwas bin? Woher weiß ich, dass es sich nicht um berechtigte Kritik handelt?» Gute Fragen.

Ich persönlich stelle mir auch immer ein paar Fragen, wenn ich herausfinden will, ob etwas begründet oder Bockmist ist.

Behindert diese Eigenschaft mein persönliches Wachstum?

Schadet diese Eigenschaft irgendjemand anderem?

Kommt diese Kritik von einer Person, die mich liebt und respektiert?

Falls die Antwort auf alle drei Fragen nein lautet, lässt du die Kritik an dir abprallen, hebst den Kopf, und weiter geht's. Andernfalls schauen wir uns die Fragen noch einmal genauer an.

Behindert diese Eigenschaft mein persönliches Wachstum?

Die Eigenschaft, von der du angeblich ZU VIEL hast – steht sie deinem persönlichen Wachstum im Wege? Wenn diese Eigenschaft uns aktiv dazu bringt, uns entgegen unserer Grundwerte und entgegen der Person, die wir in unserer Lebensmission beschrieben haben, zu verhalten, dann sollten wir die Kritik ernst nehmen. Ich kann nicht behaupten, Großzügigkeit hochzuhalten, und dann knauserig mit Zeit und Geld sein. Wenn ich hundert Dollar in der Tasche habe und beim Anblick eines obdachlosen Menschen gerade mal nach den Pennys ganz unten im Geldbeutel angele, deckt sich das nicht mit der Person, die ich vorgebe zu sein. Dann bin ich wahrscheinlich wirklich ZU knauserig.

Bin ich ZU forsch und ZU hart und ZU streng? Frage dich: Behaupte ich, den einzig richtigen Weg zu kennen, und weigere ich mich deshalb, meine Vorstellungen und Gedanken weiterzuentwickeln? Das kann uns in der Tat daran hindern, ein besserer Mensch zu sein. Außerdem werde ich dann wohl für unnachgiebig gehalten, weshalb ich wahrscheinlich weniger hinterfragende und mehr Ja sagende Menschen in meinem Umfeld habe. Auf diese Weise werden Menschen zu ungehemmten Schreckensherrschern.

Vielleicht bin ich ZU laut, entmutige damit andere im Raum, sich Gehör zu verschaffen, und sorge gleichzeitig dafür, dass nur meine Stimme verstärkt wird, wodurch ich keine Vielfalt an Gedanken zulasse. In solchen Momenten müssen wir nicht den Mund halten oder denken, unsere Ideen seien unnütz. Aber wir können uns sehr wohl ermahnen, einen Schritt zurückzutreten. Wir können bewusst darauf achten, wann es Zeit ist, der kollektiven Stimme den Vorrang zu geben und unsere Einzelstimme etwas zu dämpfen.

Schadet diese Eigenschaft irgendwem?

Fügt die Eigenschaft, für die ich kritisiert werde, irgendwem auf emotionaler, seelischer oder körperlicher Ebene Schaden zu? Wenn ja, dann sollte ich mal in mich gehen und an mir arbeiten. Wenn die Person, die aggressiv genannt wird, die Menschen in ihrem Umfeld misshandelt, muss sie ihr Verhalten natürlich in Ordnung bringen. Manche Menschen wenden selbst bei denjenigen, die sie angeblich lieben, Gewalt an. Als Profiboxerin oder Kampfkunstqueen mag körperliche Aggression ja praktisch sein. Doch als gewöhnlicher Mensch dafür bekannt zu sein, andauernd die Fäuste zu schwingen? So ein Mensch möchte ich bestimmt nicht sein, und so einem Menschen möchte ich auch bestimmt nicht nahestehen. Fördere ich diese Misshandlungen? Fühle ich mich in seiner Nähe sicher? Werde ich Opfer seiner körperlichen Aggressionen sein?

Bist du zu laut, wenn du Eltern mit einem kleinen Baby einen Besuch abstattest und es auf diese Weise aufweckst? Ja, finde ich schon. Es ist rücksichtslos und die frischgebackenen Eltern schimpfen völlig zu Recht. Entspanne dich. Auch im Kino oder in der Bibliothek ist es generell besser, die innere Stimme zu nutzen. (Ich habe weiß Gott keine innere Stimme. Als *Naija Girl* artikuliere ich mich nur im Äußeren. Mein Flüstern hat fünfzig Dezibel, aber wie gesagt, Gott ist eben noch nicht fertig mit mir …)

Bedeutet deine Empfindsamkeit, dass du bei jeder Herausforderung anfängst zu weinen und die Leute auf diese Weise stets dazu bringst, es dir recht zu machen? Es gibt Menschen, die ihre Tränen als Waffe einsetzen, um nicht zur Verantwortung gezogen zu werden. Das ist keine Empfindsamkeit, sondern Manipulation, und das kann in ihren (platonischen und romantischen) Beziehungen eine Menge Groll erzeugen. Die

Betroffenen denken nämlich, ihre Gefühle würden entwertet und zählten nichts, und das ist sehr verletzend.

Offen gesagt kann es Schwarze Frauen sogar in Gefahr bringen, wenn weiße Frauen weinen. Stelle es dir vor: Eine weiße Frau fühlt sich angegangen oder unangenehm berührt von irgendetwas, das eine Schwarze Person gesagt oder getan hat. Anstatt Worte zu gebrauchen, fängt sie an zu weinen. Und wird schließlich besänftigt, beschwichtig und betüddelt, egal, was genau die Situation eigentlich ausgelöst hat. Wir konnten beobachten, wie die Tränen weißer Frauen selbst dann das Gespräch erstickten, wenn sie es waren, die den Konflikt initiiert haben. Und ihr Gegenüber? Wird getadelt. Oder gefeuert. Oder verhaftet. Oder getötet. Wenn Lorelei weint, rollen Köpfe.

Also ja, die gerade genannten Umstände können einer anderen Person Schaden zufügen. In diesem Fall sollte man sich selbst überprüfen und es beim nächsten Mal besser machen.

Auf der anderen Seite muss dir aber auch ganz klar sein, wann du zu Unrecht bezichtigt wirst, ZU irgendwas zu sein.

Wenn nämlich das, was dir vorgeworfen wird, nicht in irgendeiner Weise die Rechte anderer verletzt oder sozial schwächere Menschen zum Schweigen bringt, welche Anschuldigung steckt dann in Wahrheit dahinter? Wir sind alle schon mit Typen in einem Raum gewesen, die den Schnauzehalten-Gutscheincode partout nicht einlösen und einfach nur grundlos Chaos anrichten wollten. Was aber, wenn du beschuldigt wirst, zu laut zu sein? Passiert das in den Momenten, wo du versuchst, etwas an der Dynamik im Raum zu verbessern? Passiert es dann, wenn du für eine Person sprichst, die selbst keine Stimme hat? Passiert es, wenn es den anderen nicht gefällt, dass du Klartext redest und damit für Aufruhr sorgst? In diesem Fall bist du nicht zu laut. Du bist den Leuten im Raum nur zu unbequem. Zu unangenehm.

Kommt diese Kritik von einer Person, die mich liebt und respektiert?

Wenn das «zu viel» von einer Person kommt, die dir nicht das Beste wünscht oder schon vorher hyperkritisch mit dir umgegangen ist, dann solltest du es dir wahrscheinlich nicht zu Herzen nehmen. Ich selbst umgebe mich mit Menschen, die ich liebe und denen ich vertraue und die keine Angst davor haben, mir in den Hintern zu treten. Wenn DIESE MENSCHEN, also der Aufsichtsrat meines Lebens, sich einschalten und mir sagen, ich sei ZU irgendwas (etwa starrköpfig, hart, rücksichtslos), dann denke ich darüber nach, verarbeite ihre Worte und überlege mir dann, wie ich es das nächste Mal besser machen kann.

Wenn das «zu viel» von einer Person kommt, die ein Troll oder ein berüchtigter Hater ist, oder von einer Person, die gerade ihre eigenen Traumata durchlebt, dann sollte ich der Kritik mit Vorbehalt begegnen. Besonders im Zeitalter der sozialen Medien, wo Tausende zu jedem beliebigen Zeitpunkt ihr Urteil über uns fällen dürfen, ist das ein wertvoller Hinweis. Stell dir vor, es fallen wegen irgendeines Tweets wildfremde Leute über dich her, die sich einen Dreck um dich scheren. Während diese Leute dir weismachen wollen, du seist ZU irgendwas, wirst du einen nahestehenden Menschen brauchen, der die Hand dafür ins Feuer legt, dass es tatsächlich stimmt.

Aber das Ding ist: Die Leute, die uns erzählen, wir seien ZU irgendwas, sind manchmal diejenigen, die uns am nächsten stehen (Eltern, Freundinnen und Freunde, der Lebensgefährte oder die Lebensgefährtin). Menschen, die uns innig lieben. Sie meinen es nur gut mit uns, trotzdem kriegen wir teilweise «Du bist ZU ____» von ihnen zu hören. Es ist durchaus möglich, dass sie uns durch diese Kritik beschützen wollen, doch es kann genauso gut sein, dass sie ihre eigenen Unsicherheiten, Ängste und Sorgen auf uns projizieren.

Ist deine Mutter eher von der ruhigen Sorte? Womöglich hat sie dir schon einmal gesagt, du solltest etwas stiller werden und nicht andauernd so forsch sein. Von unseren Verwandten bekommen wir oft zu hören, wir seien zu dünn, weil sie sicherstellen wollen, dass wir ordentlich essen, doch auf uns wirkt es wie Bodyshaming. Und hallo, liebe Tanten, die ihr uns gerne mit «Du hast aber ganz schön zugenommen» oder «Du wirst zu dick» begrüßt habt. Ihr meint es gut, aber das Gegenteil von gut ist nun mal gut gemeint.

Ein Haufen Verwandtschaft hat mit solchen Kommentaren schon Minderwertigkeitskomplexe bei Menschen, die sie lieben, ausgelöst. Und anstatt ihre Kaltschnäuzigkeit zu beanstanden und ihren Mangel an Gelassenheit an uns abprallen zu lassen, nehmen wir uns ihr Gerede unhinterfragt zu Herzen. Denn diejenigen, die wir am meisten lieben, sind am ehesten in der Lage, uns zu verletzen.

Über diese dritte Frage sollten wir nicht ohne die beiden ersten Fragen nachdenken. Wenn wir nämlich die Worte von Freundeskreis und Familie IMMER ungefiltert annehmen, obwohl das, was sie kritisieren, weder unser persönliches Wachstum behindert noch irgendwem schadet, werden wir als wandelnde Duplikate von ihnen durch die Welt gehen. Oder wir verbringen unser Leben damit, der Person entsprechen zu wollen, die wir ANGEBLICH sein sollten. Ständig werden wir dann ihrer Bestätigung hinterherjagen, statt unserem persönlichen Wachstum. Und, meine Liebe, das ist anstrengend.

Irgendwer hat behauptet, du seist zu groß? Begreift dieser Mensch denn nicht, dass er keinen Tritthocker braucht, wenn du in seiner Nähe bist? Ist ihm nicht klar, dass du auf einem Konzert immer über die Köpfe vor dir hinwegsehen und den anderen erzählen kannst, was auf der Bühne passiert? Außerdem machst du mit deiner Reichweite bestimmt super Gruppen-Selfies. Wer braucht schon einen Selfie-Stick? Du jedenfalls nicht!

Irgendwer hält dich für zu vorlaut? Das bedeutet, du ziehst die Aufmerksamkeit auf dich, und das ist in einem dicht gedrängten Raum ja wohl äußerst praktisch. So wirst du den Leuten nämlich im Gedächtnis bleiben, und so etwas nennt man Charisma.

Irgendwer hält dich für zu emotional? Das bedeutet, du kannst auf Kommando heulen, wenn dir ein Strafzettel droht, sodass der Polizist vor lauter Schuldgefühlen nur eine Verwarnung ausspricht.

Spaß. Also, so halb Spaß.

Was also tun? SEI ZU VIEL. Und entschuldige dich nicht dafür. Wenn dein Zuviel nicht deine persönliche Weiterentwicklung beeinträchtigt oder tatsächlich irgendwem schadet, steh dazu.

Die Betonung liegt auf PERSÖNLICHER Weiterentwicklung. In der Berufswelt hängt EINE MENGE davon ab, dass wir so wenig wie möglich von dem Erwarteten abweichen. Wir schreiben uns in Kurse und Workshops ein, in denen uns beigebracht wird, wie wir uns im Vorstellungsgespräch exakt wie alle anderen verhalten. Für LinkedIn-Bilder posieren wir in weißem Button-down-Hemd, damit wir auch äußerlich der Norm entsprechen. Wenn Leoprint deine «neutrale» Kleidung darstellt, wird dir gesagt, das habe in einer geschäftlichen Umgebung nichts verloren. Dir gefallen rote Anzüge? Nee, wir bevorzugen Grau oder Blau, Rot ist zu gewagt. Du möchtest gern dein Engagement unter Beweis stellen und übernimmst das Kommando? Dann heißt es, du sollst einen Gang runterschalten und mehr als Teamplayer agieren.

In der Arbeitswelt wird es nicht gern gesehen, ZU anders zu sein, deshalb führt es in die Irre, wenn wir uns selbst an beruflichen Werten messen.

Am Arbeitsplatz treffen wir auf eine Menge Leute mit einer Menge Gefühlen. Häufig machen wir nicht nur unseren eigentlichen Job, sondern babysitten auch noch die Gefühle von Erwachsenen, ohne dass diese Emotionsarbeit als Überstunden vergütet wird. Schon allein das überzeugt die Leute davon, dass sie ZU VIEL seien. Sie erscheinen im vollen Farbspektrum auf der Arbeit, wenn das Geschäftsmodell nur Graustufen beinhaltet.

Wenn wir unser Urteil darüber, ob wir ZU VIEL sind, auf Basis unserer Jobs fällen, werden wir ewig zu viel sein. An dieser Stelle möchte ich denjenigen von euch, die erfolgreich in der Unternehmenswelt arbeiten, meine Anerkennung zollen. Denjenigen von euch, die alles zwischen zwei Brötchenscheiben Komplimente packen müssen, wenn sie mit der Kollegenschaft reden, damit diese auch ja nicht das Gefühl hat, ihr seid aggressiv. Diejenigen von euch, die gelernt haben, sich auf die Zunge zu beißen, wenn sie dem Depp nebenan sagen wollen, er solle sich zum Teufel scheren. Applaus für alle, die um die Inkompetenz ihres Chefs wissen und es trotzdem schaffen, ihre Arbeit zu erledigen. Sie müssen ihren eigenen Job und seinen machen UND nach seinen Regeln spielen. Ich sehe dich. Ich bewundere dich. Ich ziehe meinen Hut vor dir.

Ich denke an die Schwarzen Frauen, die sich den Hintern aufreißen und super Arbeit abliefern, obwohl sich irgendwer aus der Kollegenschaft mit labilem Ego bei der Personalabteilung über sie als «zu ____» beschwert hat. Ich sehe die Frau, die weiß, dass sie klüger als alle anderen im Meeting ist, und trotzdem nicken und lächeln muss, damit sie nicht für zu aggressiv gehalten wird. Ich sehe die Person, die mit geglättetem Haar erscheint, damit sie nicht für zu Schwarz gehalten wird bei einer Arbeitsstelle, die angeblich so viel Wert auf Diversität legt, obwohl die einzige andere Person of Colour die Empfangssekretärin ist. Vielleicht musst du tun, was du tun musst, um über die Runden zu kommen (bis du eine Stelle gefunden hast, wo du nicht diese Art Masken aufsetzen musst), und dafür habe ich den allergrößten Respekt.

Alle, denen gesagt worden ist, sie seien zu viel, seien in irgendeiner Hinsicht übermäßig, und die deshalb das Gefühl haben, sie genügen nicht: Ich sehe euch. Ich fühle mit euch. Ich bin ihr. Was mache ich also? Ich beharre darauf, ich zu sein. Die ganze Fülle meines Ichs. Und dann gebe ich noch eine Extraportion Ich dazu.

Manchmal gebe ich eine Extraprise ICH-Würze dazu, wenn ich einen Raum betrete, damit sich die Leute an den Anblick einer Person gewöhnen, die vielleicht nicht so verpackt ist wie erwartet und trotzdem gute Arbeit macht.

Ich werde oft als Gastrednerin auf Konferenzen oder zu großen US-Unternehmen eingeladen, und wenn ich mich nach dem Dresscode erkundige, heißt es meistens *Business Casual* sei am sichersten. Und aufgepasst. Ich LIEBE Blazer und Oxford- und Wingtip-Schuhe. Vierzig Prozent der Zeit ziehe ich mich wie ein alter weißer Mann und Yachtbesitzer aus Maine an. Mein Kleiderschrank ist voller feinster Schnöselkleidung. Trotzdem kommt es vor, dass ich mich dem Dresscode absichtlich widersetze. Warum? Damit die Leute wissen, dass wir dennoch dazugehören, in allen unseren Formen und in welcher Kleidung auch immer.

Als ich einmal bei einer von mir moderierten Tech-Konferenz auftauchte, war der Saal voller Chads und Everetts (weiße nerdige Typen). Außer mir war eine einzige Schwarze Person anwesend. Am nächsten Tag erschien ich in einem Lionel-Richie-Shirt mit den Worten «Hello, is it me you're looking for?», weil sie als Moderatorin bestimmt nicht mich erwartet hätten. Doch da war ich. Da habt ihr's, da habt ihr's, da habt ihr's!

Ich räume ein, dass nicht alle Menschen gesellschaftlich oder beruflich so privilegiert sind, dass sie stets für die gute Sache rebellieren können. Und ich will dir hier auch nicht einreden, wie du deine Sache anzugehen hast. Ich möchte einfach nur, dass du einen Weg findest, den Kopf über Wasser zu halten, selbst dann, wenn die ganze Welt dich zu ertränken versucht. Tu, was du tun kannst, wo und wann und wie auch immer. Mache dich nicht selbst fertig. Du musst weiß Gott genügend Lasten tragen. Du musst es dir nicht auch noch selbst schwermachen.

Ich bin hier, um dir zu sagen: Du bist nicht die Einzige, die sich anhören muss, sie sei ZU VIEL. Und du bist gut so, wie du bist. Überlege noch mal wie oft du dich anderen zuliebe schon klein gemacht hast. Denke an die Situationen, in denen dir das Gefühl gegeben wurde, du würdest nicht dazugehören oder könntest den anderen nicht das Wasser reichen oder dein Auftreten würde irgendwie die anderen stören, weil du ein Neonmarker in einem Meer aus grauen Bleistiften bist.

Irgendwem wirst du immer zu viel sein. Du wärst gern kleiner? Klar, probiere es mal aus. Einigen wird es trotzdem nicht genügen. Du hast dich von zehn auf acht heruntergeschraubt, und denen schwebte die Vier vor. Warum es also überhaupt versuchen? Gib ihnen doch einfach gleich die volle Zehn. Beim Versuch, uns anzupassen, können wir uns verbiegen, bis wir zerbrechen – und es wird trotzdem irgendwem nicht genügen, das verspreche ich dir.

Dein ZU VIEL ist eine Superkraft, und die Hater wollen nicht, dass du diesen Umhang anziehst. Was also tun? Sei so viel. Sei dein Selbst in seiner ganzen Fülle. Füge sogar noch eine Extraportion Selbst hinzu. Sei ZU VIEL, weil es immer irgendwen geben wird, der dich für ZU irgendwas hält – was du auch tust und so sehr du dich anstrengst. Dann kannst du diesen Leuten genauso gut allen Grund dafür geben. Sei so sehr du selbst, wie du nur selbst sein kannst.

3. Kapitel

HABE KÜHNE TRÄUME

Wir fürchten uns davor, uns zu viel zu erhoffen

Oft fühlt sich die Welt wie das totale Chaos an, das unser Herz in Stücke reißt mit seinem Irrsinn. Nur zu gerne enttäuscht es uns mit Tragik, schrecklichen Nachrichten und Mützen gegen Bad Hair Days. Und wir müssen mit der ständigen Ungewissheit leben, wann uns etwas Derartiges zustoßen wird. Die Büchse der Pandora wird sich auf ewig öffnen.

Ich kann also nachvollziehen, warum wir uns davor fürchten, Träume zu haben. Es fällt uns schwer, darauf zu hoffen, dass die Dinge so laufen werden, wie wir es uns wünschen. Trotzdem müssen wir diese Sorge so weit weg von unserer Seele schieben wie möglich. Nenne es verrückt. Ich nenne es notwendig.

Hinter der Angst, sich zu viel zu erhoffen, steckt in Wahrheit die Angst, enttäuscht zu werden. Besser nicht mit Gunst und Gnade rechnen, weil: Was, wenn wir auf der Schnauze landen? Lieber hegen wir kleine Träume oder gar keine. Denn wer nichts erwartet oder nur wenig, kann auch nicht enttäuscht werden, wenn sich die großen Dinge nicht einstellen. Das halten wir für einen tollen Schutzmechanismus, doch in Wirklichkeit ist er eine Bürde, weil wir uns die ganze Zeit in Habachtposition befinden. Und es kann auch zur selbsterfüllenden Prophezeiung werden, wenn wir Angst haben, es könnte zu gut laufen. Wir glauben, das Leben in all seiner Fiesheit warte nur darauf, uns eins überzubraten und zu sagen: «Du dachtest wohl, ich meine es gut mit dir, was?» Also wagen wir nicht, zu träumen, weil wir dem Leben nicht die Genugtuung verschaffen wollen, uns den Teppich unter den Füßen wegzuziehen.

Im echten Leben manifestiert sich das darin, dass wir uns nicht um den Job bemühen, der sich toll anhört, weil wir davon ausgehen, dass es eh nicht klappen wird. Oder wir bewerben uns erst gar nicht an der Uni, auf die wir am liebsten gehen würden, weil wir meinen, dass wir nicht den Hauch einer Chance hätten. Doch was, wenn wir dort eine Verbündete fürs Leben oder die große Liebe getroffen hätten? Oder ein Praktikum ergattert hätten, das uns zu unserem Traumjob führt? Schlussendlich werden wir so die farblose Version des Lebens, das wir eigentlich gern führen würden, leben, was uns wiederum darin bestätigt, dass das Leben kacke ist.

Das Ding ist: Sogar bei denjenigen, die es VERSUCHEN und sich ANSTRENGEN und TRÄUMEN kann das Leben ein Haufen Dreck sein. Der Unterschied ist nur, dass sich diese Leute abends hinlegen und morgens mit dem guten Gefühl aufwachen, dass sie es wenigstens versucht haben. Sie können sich damit trösten, dass sie alles gegeben haben. Die Schikanen des Lebens mögen außerhalb ihrer Macht stehen, aber dafür geben sie dem Leben die Schuld, nicht sich selbst.

Viele von uns haben das Träumen verlernt, oder es wurde uns erst gar nicht gestattet, da wir in einer Welt leben, die es denen, die nicht weiß, männlich, hetero, christlich, nichtbehindert und cisgender sind, ganz schön schwer macht. Wir unterliegen repressiven Strukturen, die darauf angelegt sind, uns nicht einen Zentimeter zu geben, wenn wir in Wahrheit einen Kilometer verdient haben. Wir werden gemieden und geringschätzig behandelt und ausgeschlossen von den Dingen, die uns zustehen. Wir befinden uns durchgängig im Überlebensmodus, deshalb stellt das Träumen ein Privileg und ein Extra dar, das wir uns nicht leisten können. Die Fantasie ist auch so ein Bonus, der uns entzogen worden ist, weil die Welt nun mal echt ungerecht ist. Die gläsernen Decken haben uns gezeigt, dass wir nur weiter mit dem Kopf gegen Grenzen stoßen, wenn wir mehr wollen. Und so wachen wir eines Tages auf und sind der Hoffnung beraubt worden, die wir so dringend brauchen, wenn wir eine reelle Chance auf etwas haben wollen, das Gleichberechtigung nahekommt.

Ich möchte träumen wie weiße Männer, denen nie erzählt worden ist, dass es Decken für sie gibt, ganz zu schweigen von Mützen. Ich denke da an die Geschichte von Summit und dem Powder Mountain.[7] Was Summit ist, möchtest du wissen? Ein exklusives US-amerikanisches Unternehmernetzwerk, dessen Zentrale sich auf seinem eigenen Berg befindet (Powder Mountain). Lass mich das wiederholen: Eine Organisation besitzt Wohneigentum auf einem Berg, der ihr Eigentum ist. WUSS-

7 Alyson Shontell: «It's Official: 4 Young Founders Just Bought a $40 Million Mountain to Party On» auf: *Business Insider*, 8. Mai 2013, https://www.businessinsider.in/its-official-4-young-founders-just-bought-a-40-million-mountain-to-party-on/articleshow/21130620.cms.

TEST DU, DASS BERGE KÄUFLICH SIND??? Ich jedenfalls nicht.

Darüber müssen wir reden. Ich erzähle dir die Kurzversion: Summit wurde ins Leben gerufen, weil eine Gruppe weißer Typen, die die Welt verändern wollten, ihre Kumpels zu Wochenendtrips in Chalets auf einem Berg in Utah einluden. Es gefiel ihnen dort, sie fuhren immer öfter hin und fragten sich irgendwann: «Moment mal, wenn wir so viel hier sind, warum kaufen wir den Berg nicht einfach und laden noch mehr Freunde ein? Da können wir ein Riesending draus machen.» Gesagt, getan. Sie kauften den Powder Mountain für vierzig Millionen Dollar und motivierten andere dazu, in ihren Traum zu investieren.

Ich habe da mal ein paar Fragen an die Jungs:

- Wie genau lief überhaupt das Gespräch ab, bei dem es um den Kauf eines Berges ging?

- Ist der Typ, der die Idee hatte, von irgendwem ausgelacht worden?

- Waren sie alle auf Drogen, und, wenn ja, auf welchen?

- Bevor alle übereinstimmten, den Berg zu kaufen, hatten sie auch ein bisschen Bammel vor der Aktion?

- Wen rufst du an, wenn du vorhast, einen Berg zu kaufen? Einen Eintrag in den Gelben Seiten gibt es dafür garantiert keinen. (Ja, ich bin mir bewusst, dass du jetzt dank dieses Bezugs mein Alter kennst.)

Die Verwegenheit dieser freien weißen Männer ist gigantisch. Das Einzige, was ich mir wirklich gern von ihnen abschneiden würde, ist dieses Nichtvorhandensein von Unterdrückung, das mir den Freiraum, den Mumm und die absolute Dreistigkeit gäbe, es überhaupt für möglich zu halten, einen Berg zu kaufen. So verwegen wäre ich gern. Das System, das weiße Männer zu ihrem Nutzen erschaffen und gestaltet haben, das alle anderen den eigenen Schatten fürchten lässt, während sie uns auseinandernehmen, ist schon echt gut gelungen, oder? Es funktioniert fantastisch.

Lass mich Folgendes klarstellen: Es ist keineswegs so, dass die Summit-Männer klüger oder mutiger als alle anderen sind, weil sie auf die Idee kommen, einen Berg zu kaufen. Nein. Ich meine, klug sind sie schon, aber (wie Millionen andere weiße Männer) profitieren sie davon, ständig in den Mittelpunkt gerückt, überhöht und umsorgt zu werden, deshalb ist ihnen im Gegensatz zum Rest der Welt nicht eingepflanzt worden, nicht zu viel von der Welt zu erwarten. Warum sollten sie also nicht auf die Idee kommen, einen Berg zu besitzen?

Wir müssen unverschämt und unbesonnen sein, damit wir uns trauen, so etwas für möglich zu halten – und gleichzeitig müssen wir viermal so gut, dreimal so qualifiziert und doppelt so professionell sein, um das zu kriegen, was ihnen auf dem Silbertablett serviert wird, wenn sie total verpennt in Cargoshorts in den Raum spazieren. Mit diesem Vorbehalt und ohne Naivität sage ich also: Große Träume zu haben, stellt an sich schon ein Privileg dar.

Kühn genug fürs Träumen zu sein, bedeutet: den tapferen Glauben aufbringen, dass unser Leben größer sein kann, als wir es uns je vorstellen könnten. Oft gelingt uns das nicht, weil wir Angst vor den Folgen haben, wenn sich unsere Hoffnungen nicht erfüllen. Wir fürchten uns vor der Enttäuschung und dem Kummer.

Dieses Risiko müssen wir auf uns nehmen und daran glauben, dass sich unsere Wünsche tatsächlich realisieren lassen. Das Träumen stellt an sich schon eine Geste des Muts dar. Beim Ausmalen unserer größtmöglichen Agenda müssen wir mutig genug sein, zu glauben, dass sie sich irgendwie verwirklichen lässt.

Auf meinem Weg als Zufalls-Autorin, -Texterin und -Rednerin hatte ich sehr oft Angst, ich könnte mir zu viel erträumen und würde dann bitter enttäuscht werden. Doch sobald sich eine Hoffnung erfüllt hatte, wurde mir wieder klar, dass es daran lag, dass ich sie ausgesprochen hatte, wenn auch nur vor mir selbst. Wie sehr hat sich mein Leben verändert, seit ich vor zehn Jahren meine Zukunftsvision niedergeschrieben habe! Aber lass mich noch ein Stück weiter zurück in die Vergangenheit gehen.

Schon als Kind wusste ich genau, was ich einmal werden wollte: Dr. Luvvie. Ich war nämlich ein Bücherwurm, und ich wollte Menschen helfen – der typische Traum von Einwandererkindern der ersten Generation. Er war eines der wenigen Dinge, die ich aus Nigeria mit in die USA brachte.

Während meiner gesamten Schullaufbahn musste ich mich für Einsen nicht besonders anstrengen. Meine Aufsätze schrieb ich entweder am Vorabend oder noch am Morgen des Abgabetermins und bekam eine Eins. Doch als ich an der University of Illinois mein vorbereitendes Medizinstudium mit Hauptfach Psychologie begann, passierte mir der Grundkurs Chemie.

Jeden Tag saß ich in diesem Kurs und bin in die Sprechstunden meines Professors und seiner Hilfskraft gegangen, aber es war ein einziger Kampf. Am Semesterende bekam ich meine Note: eine solide Vier. Vier für: vielleicht lieber nicht. Es war die erste Vier meiner Laufbahn, und ich schluchzte, als hätte irgendwer meinen Topf Reis anbrennen lassen.

Nach meiner persönlichen Erleuchtung – einer Stimme von oben «Sis, du kannst Krankenhäuser nicht ausstehen, du wärst die schlechteste Ärztin der Welt!» – ging ich schließlich zur Studienberatung, hängte die Medizin an den Nagel und beschloss, meinen Bachelor in Psychologie zu Ende zu bringen und anschließend einen Master in Industrie- und Organisationspsychologie zu machen. Damit wäre ich später immer noch in der Lage, Menschen zu helfen. YAY!

(Fun fact: Meiner Mom habe ich nicht erzählt, dass ich den medizinischen Teil meines Studiums hingeschmissen hatte, also fragte sie mich dreieinhalb Jahre später auf der Abschlussfeier: «Und wo ist jetzt das Zwischenzeugnis vom Medizinstudium?» Und ich so: «Na ja, es war so, dass ... ich eine Vier in Chemie bekommen habe. Diesen Traum habe ich also schnell verworfen. Aber hey, ich hab den Uniabschluss dafür in vier Jahren geschafft! Gut gemacht, Luvvie!» Ich bin eine ganz schöne Halunkin. Damals dachte meine Mom wahrscheinlich, da ich wenigstens den Abschluss in der Tasche und ihr auch kein Mensch von irgendwelchen Schwierigkeiten oder Dummheiten meinerseits berichtet hatte, dass es am Ende wohl mein Leben sei. Sie vertraute mir, und das war ein Geschenk, denn das Ganze hätte übel ausgehen können. HEY, IHR JUNGEN MENSCHEN, VERSCHWEIGT EUREN ELTERN BLOSS NICHTS. Ich hafte für nichts. Cool? Cool.

Während mein Ärztinnentraum ein Ende fand, begann sich ein neuer zu entwickeln. Meine Freunde gingen mir damit auf den Geist, ich solle doch einen «Weblog» schreiben. Und mit «auf den Geist gehen» meine ich: Es brauchte nur einen einzigen Vorschlag, und schon war ich dabei. Anfang 2003 begann ich meinen ersten Blog; er trug irgendeinen emomäßigen Titel wie *Consider This the Letter I Never Wrote*, und ich dokumentierte darin mein gesamtes Unileben. Ich schrieb von Prüfungen, für die ich nicht lernte, von meiner Vier, von Problemen in der WG. Der Blog nutzte Comic Sans als Typo, sah also absolut grässlich aus. Aber ich liebte dieses neue Hobby, und meine Psychologiekurse liebte ich auch. Ich absolvierte ein paar Marketing-Praktika und erkannte, dass mir Marketing ebenfalls gut lag.

Als ich 2006 meinen Abschluss machte, löschte ich meinen Studenten-Blog und rief ins Leben, was heute awesomelyluvvie.com ist. Neues Leben, neuer Blog! Von morgens bis abends arbeitete ich im Marketing, doch sobald ich nach Hause kam, bloggte ich. Und während ich darüber schrieb, wie ich die Welt sah, sprach sich mein Blog immer mehr herum. 2009 bekam ich meine erste Auszeichnung: Best Humor Blog der heute nicht mehr existierenden Black Weblog Awards. Ich flippte aus vor Freude wegen dieser Anerkennung meines Hobbys.

Hobby. Na ja.

Zieht es euch mal rein: Ich traute mich nicht, mich selbst als Autorin zu bezeichnen. AUTORIN? WO DENN? Ich fürchtete mich vor dieser Benennung und den dazugehörigen Träumen, die ich niemals würde erfüllen können. Toni Morrison und Maya Angelou und Zora Neale Hurston – das waren Autorinnen. Ich war nur eine junge Frau, die Blogeinträge über das, was ihr gerade in der Seele herumspukte, verfasste. Autorin? «Bye, Bitch. Da kommst du nie ran.» Das sagte ich mir jedenfalls selbst.

Ich mochte meinen Job als Marketing-Koordinatorin bei einem Nonprofit-Unternehmen, das andere Organisationen darin schulte, ihre Geschichten über digitale Medien zu erzählen. Ich verdiente genug, um über die Runden zu kommen. Mir ging es gut. Nur eben nicht wirklich. Der Job langweilte mich, und ich fühlte mich rastlos. Aber kündigen wollte ich nicht. Nee, so was tun wir nicht. Wir schlucken einfach weiter unser Unbehagen herunter und treten schön weiter jeden Morgen an.

Woran ich hätte denken sollen, war das ganze Mein-Grundwert-ist-Aufrichtigkeit-Ding. Mit den Lügen, die ich anderen und mir selbst erzählte, konnte es kein gutes Ende nehmen. Meine Arbeitsmoral ist eigentlich eine meiner größten Stärken, doch ich wurde allmählich eine miserable Mitarbeiterin. Ich erschien zur Arbeit und gab ein bisschen, aber nicht alles. Ich schrieb während der Arbeitszeit an meinem Blog weiter. Und eines Tages schlief ich während einer Besprechung einfach ein. Und zwar so richtig, mit geschlossenen Augen und herabsackendem Kopf und allem. WOOOUUH. Als Mitarbeiterin taugte ich jedenfalls immer weniger.

Im April 2010 wurde mir dann plötzlich gekündigt. Angeblich wegen Budgetkürzungen. Leute, ich besaß doch tatsächlich die Frechheit, überrascht zu sein. Die Dreistigkeit, mich überrumpelt zu fühlen. Du bist seit Monaten eine echt miese Mitarbeiterin gewesen, Sis! Genau genommen haben sie mir mit der Kündigung einen Gefallen getan, denn es wäre ihr gutes Recht gewesen, mich in hohem Bogen rauszuwerfen.

Diese Entlassung, der achtkantige Rauswurf war das Werk Gottes und des Universums, die mich zum Sprung ins Ungewisse, in meinen Autorinnentraum drängten, vor dem ich mich so fürchtete. Nur bin ich nun mal ein Sturkopf und wollte das nicht begreifen. Stattdessen trieb ich mich auf Monster.com herum und schickte meinen Lebenslauf in alle Richtungen hinaus, weil ich meine vierzehntägigen Lohnzahlungen und die Krankenversicherung brauchte! Meine Liebe für Schuhe finanzierte sich schließlich nicht von alleine.

Immer wieder gab es in dieser Phase Momente, in denen ich mich fragte, ob ich nicht lieber weniger Zeit aufs Bloggen verwenden sollte, aber ich konnte es einfach nicht lassen. Irgendetwas hielt mich davon ab. Ich betrachtete es immer noch als nebenberufliches Hobby, obwohl alles dafür sprach, dass es meine Bestimmung war, mit meinen Worten die Menschen zum Lachen und Nachdenken zu bringen und die Welt zu verbessern.

Ich war Autorin. Doch ich hatte Schiss, weil es keinen echten Plan oder Werdegang gab, dem ich hätte folgen können, außerdem fand ich den Beruf nicht handfest genug. Während ich also weiter auf Jobsuche war, verdiente ich mein Geld mit dem Gestalten von Websites und beriet kleine Betriebe und Blogger und Bloggerinnen, wie sie ihre Geschichten in den sozialen Medien besser rüberbringen konnten (meine Spezialität).

Nachdem ich etwas mehr als ein Jahr nach einer traditionellen Festanstellung gesucht (und weiter gebloggt) hatte, bekam ich schließlich einen Vollzeitjob als Social-Media-Managerin eines globalen Nahrungsmittelkonzerns. Herausgeputzt in meinen «Ich bin seriös»-Slacks und Hemdbluse ging ich also an meinem ersten Arbeitstag ins Büro. Als Allererstes sollte ich den Einstieg in eine Kampagne schreiben, und ich habe das Ding so was von gerockt! Dann wurde es 13 Uhr, und ich begann, mich eingekesselt zu fühlen. Ich schwöre, ich wollte von meinem schönen ergonomischen Stuhl runter auf den Boden rutschen und einfach liegen bleiben. Dieser Job und ich kamen nicht in Einklang. Noch am selben Abend schrieb ich meiner Chefin eine E-Mail, dankte ihr für die Anstellung und gab bekannt, dass dies mein erster UND letzter Arbeitstag gewesen sei. Nichts für ungut, aber es ging einfach nicht.

In der Zwischenzeit war der Strom von allen möglichen Jobangeboten, die mit meinem Schreiben zu tun hatten, nicht abgerissen. Und langsam begann ich mich zu fragen, warum ich eigentlich so viel Angst vor dem Autorinnensein hatte.

Einige Monate später war ich akkreditiert worden, um über den roten Teppich und den Backstage-Bereich der Oscarverleihung 2012 zu berichten. Die Wahl fiel auf mich, weil eine Produzentin meinen Blog toll fand. Und da war ich also, in meiner Rolle als Awesomely Luvvie, backstage bei den Oscars, aß Shrimps und Pralinen von Wolfgang Puck und stand neben Journalistinnen und Journalisten von BBC, CNN und *Entertainment Tonight*! Ich. Mein ganzes Ich! WOW.

Dieses Erlebnis verwandelte meine Welt: Ich stand in diesem Raum und schnupperte diese Luft aufgrund meines Talents für Worte. Wie sollte ich also KEINE Autorin sein? Ich war vielleicht nicht Toni Morrison oder Maya Angelou, aber ich war Luvvie, und die Angst vor der Autorinnnen-Bezeichnung hatte mich davon abgehalten, meine Bestimmung anzunehmen. Angst kann uns ganz konkret davon abhalten, die Dinge, die unsere Bestimmung sind, zu tun und zu sagen. Und als ich beschloss, mich nicht von Angst beherrschen und mir von ihr nicht vorschreiben zu lassen, was ich tue, wurden nach und nach meine wildesten Träume wahr.

Nach der Uni hatte ich vor allem zwei große Träume, die ich über die Jahre viele Male als Vision meiner Zukunft niedergeschrieben habe. Der erste war, eines Tages einen *New York Times*-Bestseller zu schreiben. Der andere war, meiner Mom bei ihrer Rente unter die Arme greifen zu können. Meine alleinerziehende Mutter, Yemi Ajayi, war schon immer ein riesengroßer Antrieb für mich, mich in dieser Welt emporzuschwingen. Die Opfer, die sie gebracht hat – alles zurückzulassen, um uns in die USA zu bringen, und aus zehn Cent irgendwie einen Dollar zu zaubern –, ermöglichten mir den Mut zu träumen. Und das tat sie mit solch einer Anmut, dass ich nicht einmal merkte, wie kurz davor wir waren, auf der Straße zu landen. Ich wollte sie schon immer stolz machen mit meinem Leben, und vor allem wollte ich, dass sie ihre letzten Jahrzehnte auf dieser Erde so sorglos wie möglich verbringen kann.

Als ich 2015 dreißig wurde, beschloss ich, dieses neue Lebensjahr unter den Stern «Angst? Tu's trotzdem» zu stellen. Ich wollte allem nachgehen, das mir Angst einjagte oder das ich normalerweise nicht tat, so wie in Shonda Rhimes' *Ja-Experiment.* Es war das Jahr, in dem ich Fallschirm sprang, in dem ich allein fünf Länder bereiste und in dem ich mein erstes Buch schrieb. Ich überwand meine eigenen Hürden und ergoss fünfundsiebzigtausend Wörter aufs Papier, aus denen *I'm Judging You: The Do-Better Manual* wurde. Dieses Buch konnte ich endlich schreiben, weil ich meine Furcht vor der Selbstbezeichnung als Autorin überwand. Der dazu benötigte Mut ergab sich nicht aus einem speziellen Kurs oder Diplom. Er ergab sich wortwörtlich aus einem Perspektivwechsel. Das Monster wurde nicht kleiner. Ich hatte mich einfach nur entschieden, dagegen in den Kampf zu ziehen.

Am 13. September 2016 wurde das Buch veröffentlicht, und am 21. September 2016 bekam ich den Anruf, dass es auf Platz 5 der Bestsellerliste geklettert war. Ich gehörte nun offiziell zu einem Club, der gewisse Privilegien mit sich brachte, und mein Leben wandelte sich augenblicklich. Meine Honorare verdoppelten sich, und es taten sich Türen auf, von deren Existenz ich nicht einmal etwas geahnt hatte, wodurch sich schließlich auch mein zweiter großer Traum erfüllte.

Einen Monat später rief ich meine Mutter an und sagte ihr, sie müsse nicht mehr arbeiten gehen, weil ich ab jetzt in der Lage sei, für uns BEIDE zu sorgen. Es war die größte Freude meines Lebens, ihr zeigen zu können, dass ihre ganze Arbeit und ihre ganzen Entbehrungen nicht umsonst gewesen waren. Dank meines Bestsellerbuchs konnte ich meiner Mom endlich den wohlverdienten Ruhestand ermöglichen. Und dieser Traum gab mir wiederum die Chance, dieses zweite Buch zu schreiben, das Yemís Mutter, meiner Großmutter Fúnmiláyọ̀, gewidmet ist.

Alles begann mit dem Blog einer jungen Frau, die dachte, sie wolle Ärztin werden, obwohl sie in Wahrheit Autorin war. Sie fürchtete sich aber vor dieser Bezeichnung und vor dem, was das Scheitern daran mit sich bringen würde. Dann kam Gott und meinte: «Mein eigensinniges Kind, ich habe etwas mit dir vor. Vertraue mir. Ruhe in diesem Vertrauen.» Und als mir starrköpfigem Ziegenbock die Entschuldigungen ausgingen und ich mich traute, diese Bezeichnung anzunehmen, fügte sich alles wie auf göttliche Weise.

Ich fürchtete mich, weil es kein exaktes Vorbild der Art Autorin gab, wie ich es war, doch ich wurde mein eigenes Vorbild. Und dadurch auch zu einem Vorbild für andere. Wir neigen dazu, etwas für unmöglich zu halten, wenn wir es noch nie in genau der Form gesehen haben, die wir uns vorstellen. Irgendwo auf der Welt kann eine junge Schwarze Frau jetzt vielleicht sagen: «Ich will Autorin werden, und ich kann es schaffen, schaut euch Luvvie an.» Wenn wir uns etwas wünschen, für das es keine Gebrauchsanleitung gibt, fürchten wir uns oft davor. Ohne Landkarte könnten wir uns schließlich ganz leicht verirren. Nun, vielleicht sind WIR es ja, die diese Landkarte zeichnen sollen, damit sich diejenigen, die nach uns kommen, nicht verlaufen. Erstelle die Landkarte, die du nie hattest. Das ist es, was ich getan habe. Wir müssen uns erlauben, der Mensch zu sein, der wir sein wollen, selbst wenn wir keinen exakten Plan dafür haben. Und dieser Weg beginnt mit einem Traum.

Ich fühle mich wahrhaftig gesegnet, dass ich meine Träume aussprechen (wenn auch nur zu mir selbst) und sehen kann, wie sie in Erfüllung gegangen sind. Ich weiß, dass es keine magische Traumfee gibt, die Wünsche erfüllt. Und ich würde das auch nicht unbedingt auf Glück zurückführen. Ich denke, einige meiner verrücktesten Träume sind deshalb wahr geworden, weil ich einen Haufen Arbeit hineingesteckt habe. Außerdem danke ich Gottes Gnade, weil es auf dieser Erde auf jeden Fall noch talentiertere oder noch fleißigere Leute gibt als mich, von denen wir aber leider nie erfahren werden.

Doch ich trage immer Hoffnung in mir. Wir kriegen vielleicht nicht genau das, was wir uns erträumt hatten oder in der Form, wie wir es uns erträumt hatten. Trotzdem bleibt das Träumen wichtig, selbst inmitten von Enttäuschung, weil es unseren Geist öffnet und uns Größeres sehen lässt.

Viele halten das Träumen für das Kreieren einer Scheinwelt, in der alles und deshalb gar nichts möglich ist. Für ein albernes Spiel. Für ein sinnloses Unterfangen. Manche finden es inspirierend, andere furchteinflößend. Doch wenn alles möglich ist und keine Parameter existieren, bedeutet das genau genommen: Es kann mehr geschehen, als wir ahnen.

Unser Leben ist voller lebendig gewordener Träume. Die Gegenstände, die wir jeden Tag nutzen, sind aus der Kühnheit von Menschen entstanden, die sie für möglich gehalten haben. Auf vielen meiner Reisen ergreift mich die Ehrfurcht darüber, dass ich in einer winzigen Blechdose im Himmel sitze. Wenn ich mich auf Augenhöhe mit den Wolken befinde und denke: «Meeensch, welche Ururvorfahren hätten gedacht, dass so etwas möglich ist?», fühlt es sich an wie Magie. Die Wissenschaft besteht aus Fantasien, denen freier Lauf gelassen wurde, und aus Träumen, die sich dann tatsächlich als realisierbar entpuppten.

Warum machen wir es nicht genauso?

Ich denke oft daran, was meine Großmutter alles überstehen musste, um schließlich die kämpferische Frau zu werden, die ich kannte. Mit siebzehn wurde sie Waise und musste ihr Leben noch einmal von vorn beginnen. Diese im Jahr 1931 geborene Frau tat Dinge und schenkte den Menschen das Leben, die letzten Endes mich hervorbrachten. Dadurch, dass sie von einem Leben geträumt hat, wie sie es sich wünschte, bin ich heute hier und kann auf ihren Erfahrungen aufbauen. Ihr Leben hat mich davon überzeugt und dazu gezwungen, meiner Fantasie freien Lauf zu lassen. Ich verdanke es also Olúfúnmiláyọ̀ Juliana Fáloyin, dass ich mir Luftschlösser mit meinem Namen drauf ausmalen kann.

Sie träumte davon, Kinder als gottesfürchtige und gute Menschen großzuziehen. Sie träumte davon, eine eigene Familie zu haben, der das Leid, das sie durchmachen musste, fremd ist. Sie träumte davon, mehr zu haben als das, was sie als junges Mädchen aus Lagos zu erwarten hatte. Als ein junges Mädchen aus Lagos, das seinen eigenen Weg fand in einer Welt, die sie zu besitzen glaubte. Ihr wilder Geist kniete vor keinem Menschen nieder, und selbst als Ehefrau bewahrte sie sich ihre Unabhängigkeit. Sie hat die Welt gesehen und lebte laut.

Wenn sie heute noch am Leben wäre, würde sie sämtlichen Freundinnen, Freunden und Bekannten erzählen, ihre Enkelin sei eine Bestsellerautorin, deren Name in aller Welt bekannt und niemals vergessen sein wird, die Jüngste ihrer Drittgeborenen. Dazu würde sich ihr typisches Grinsen im Gesicht breitmachen, bei dem du jeden einzelnen Zahn siehst. Jede Erwähnung ihres eigenen Namens würde sie einkreisen und jedem Menschen, den sie träfe, unter die Nase halten. In diesem Wissen schreibe ich dieses Buch. Ich denke daran, wie stolz sie darüber wäre, im Mittelpunkt eines Buchs zu stehen, von dem ich nun behaupte, dass es Millionen gedruckte Exemplare verkaufen und Menschen dazu inspirieren wird, ihr bestmögliches Leben zu leben (lass uns TRÄUMEN). Sie würde ins Taxi steigen und den Fahrer zum Anhalten und Lesen meines Buchs bewegen, während sie die Fahrt bezahlt. Sie würde ihm eintrichtern, er solle acht Stück für sich selbst und seine Kinder kaufen. Kein Mensch könnte das Buch und alles andere von mir so übertrieben gut vermarkten wie sie. Ich bin der verrückteste Traum meiner Großmutter, und ganz ehrlich, das ist der Stolz meines Lebens. Wenn ich auch sonst nichts erreiche, weiß ich: Das wenigstens habe ich geschafft.

Durch unser Träumen erlauben wir anderen, es uns gleichzutun.

Wenn wir große Träume haben, sagen wir damit den Leuten, die uns kennen, dass auch sie nicht klein sein müssen.

Wenn unsere Träume wahr werden, erweitern wir die Welt der anderen, weil sie nun wissen, dass auch ihre Träume wahr werden können.

Wir müssen träumen, wagemutig und ungeniert träumen.

Manchmal müssen wir so groß träumen, dass es anderen Unbehagen bereitet. Genau dann wissen wir, dass wir tun, was wir tun sollten: Wenn unser Gegenüber nach Luft schnappt. JAWOHL! SCHNAPP DU RUHIG NACH LUFT WEGEN MIR!

Vielleicht willst du jetzt entgegnen: «Moment. Soll ich jetzt allen von meinen Träumen erzählen? Das könnte Unglück bringen!» Nein, du sollst nicht jedem Menschen sämtliche deiner Träume erzählen. Mir ist wichtig, dass du die Träume zuallererst dir selbst erzählst. Die anderen müssen davon nichts wissen. Nicht alle haben ein Recht auf deine tiefsten Sehnsüchte. Manche verdienen keinen Einblick in deine Ambitionen. Dein Leben dreht sich nicht um diese Menschen. Und verhindern können sie unsere Träume ebenso wenig.

ABER … aber … es ist auch nicht der richtige Weg, unsere

Träume generell für uns zu behalten. Es ist mir schon oft passiert, dass ich bei irgendwem meine Ambitionen erwähnt habe und es dann hieß: «Warte mal, ich glaube, ich kenne da wen, der dir helfen könnte.» Manchmal werden meine Träume von einer Person vorwärtsgetrieben, die ich am richtigen Ort traf, als ich gerade mutig mit meinen Worten war.

2018 fühlte ich mich dann so ausgebrannt vom Reisen und harten Arbeiten, dass ich entschied, den Juli freizunehmen. Dass diese Entscheidung ein Privileg darstellt, ist mir bewusst. Ich erklärte mir selbst und meiner Leserschaft auf Instagram: «Ich werde nirgendwo hingehen und nicht in irgendein Flugzeug steigen, es sei denn, ich werde von Beyoncé oder Oprah angerufen.»

Und was passierte? Ich wurde von Yvette Noel-Schure, Beyoncés langjähriger Pressesprecherin, angerufen und zum ersten US-Konzert ihrer On-the-Run-II-Tournee eingeladen. OB ICH KOMMEN KANN? JA, KANN ICH!!! Ich legte auf und lachte und lachte, weil mein Leben einfach so schräg ist und ich diese schrägen Sachen ausspreche und sie tatsächlich wahr werden.

Ich habe die Erfahrung gemacht, dass mich das kühne Aussprechen meiner Träume, wenn auch nur vor mir selbst, weit gebracht hat. Ich staune darüber, wie oft das, was ich mich traute zu sagen, in Erfüllung gegangen ist. Das, wovon ich mir erlaubte zu träumen. Ich bitte, nicht mit Anspruchsdenken, sondern mit Hoffnung. Und magische Dinge passieren.

Sei kühn und träume und bitte um etwas. Hin und wieder macht das Universum / Gott aus deiner Bitte noch etwas viel Größeres, das ist die allerschönste Überraschung. Da die beiden deinen Wünschen Suya-Gewürzmischung und Maggi beifügen, kannst du nur gewinnen.

Wenn wir uns nicht gestatten zu träumen, wie sollen wir

uns dann gestatten zu blühen und zu gedeihen? Gib dir also die Erlaubnis, über das, was sich zu groß und zu weit weg anfühlt, nachzudenken.

Das Abenteuer Leben hat uns nie einen geraden Weg versprochen, und meist hält uns genau das auf. Und doch müssen wir träumen. Alles, was wir haben, selbst in den schlimmsten Momenten, sind die Träume von besseren Zeiten.

4. Kapitel

STEH ZU DEINER DOPENESS

Wir fürchten uns davor, arrogant zu wirken

Unser Leben lang bemühen wir uns, sittsam und bescheiden zu sein, weil uns ständig gesagt wurde, dass wir uns sonst über die anderen stellen. Wir investieren eine Menge Zeit darauf, bloß nicht zu stolz zu wirken. Ein Teil von mir ist total dabei zu sagen: «Ich bleib mal schön auf dem Boden und bilde mir nix ein.» Ein anderer Teil denkt aber: «ZUM TEUFEL MIT DER BESCHEIDENHEIT. DEN MISTSTÜCKEN ZEIG ICH'S.»

Manchmal müssen wir eine gewaltige Erscheinung abgeben und den Leuten so was von zeigen, dass wir da sind, damit sie uns Platz machen.

Es gibt ein gern gepostetes Zitat, das da lautet: «Herr, gib mir das Selbstbewusstsein eines mittelmäßigen weißen Mannes.» Im vorherigen Kapitel habe ich gefragt, wie es wohl wäre, sich eine Scheibe von ihrem Mumm abzuschneiden. Ich möchte diese Art des Selbstbewusstseins aber nicht übernehmen, weil es wahnsinnig farblos ist. Mag sein, dass ihre Haltung draufgängerisch ist, aber ihr fehlt der Swag. Mir ist es lieber, das Selbstbewusstsein einer älteren westafrikanischen Dame anzustreben, die in ihrem Leben so einiges durchgemacht und überstanden hat, aber nicht nach ihren schweren Zeiten aussieht. Es können tausend nutzlose Ziegen daherkommen und sie zulabern, sie lässt sich gar nichts erzählen.

Meine Grandma war die Königin der schönen Seiten des Lebens. Was ich damit meine? Sie scheute sich nicht davor, sämtliche Liebe anzunehmen, die ihr entgegengebracht wurde. Beim Heranwachsen konnte ich an ihr beobachten, was es heißt, sich nicht für seine wunderbaren Seiten zu entschuldigen. Nicht, dass sie überheblich gewesen wäre oder allen erzählt hätte, wie toll sie sei. Nee, das hatte sie gar nicht nötig. Die anderen erzählten vielmehr IHR, wie unglaublich sie sei. Und sie bedankte sich nicht nur dafür, sondern kostete das Kompliment voll aus und tankte ihr Herz damit auf. Weder lief sie davor weg, noch suchte sie nach Ausflüchten oder machte sich kleiner, um so bescheiden zu wirken, wie es sich gehört hätte.

Mama Fáloyin liebte Gott von ganzem Herzen. Und wie so viele Schwarze Großmütter in der Diaspora hatte auch sie eine Standleitung zu Jesus und Seiner Heiligen Gang. Wo war sie also sonntags zu finden? Natürlich in der Kirche. Sie war überzeugte Christin, genauer gesagt Mitglied einer Glaubensgemeinschaft namens Cherubim and Seraphim (C&S). Nein, ich korrigiere mich: Sie war eine Prophetin dieser Kirche. Nein, stop, das ist immer noch nicht der vollständige Ehrentitel. Ihr offizieller Titel lautete Höchstrangige Mutter-in-Israel Prophetin Fáloyin. Lies das bitte noch einmal. Meine Grandma besaß eine Urkunde dieser Kirche, die sie als die «Höchstrangige Mutter-in-Israel

Prophetin Fáloyin» krönte. Ich weiß nicht einmal, was dieser Titel eigentlich bedeutet, aber wenn Nigerianerinnen und Nigerianer eins lieben, dann sind es beeindruckende Titel. Je länger, desto besser. Je bombastischer, desto besser.

Die Mitglieder der C&S-Kirche trugen weiße Gewänder, räumten dem Lobpreisen und Beten eine zentrale Stellung ein und ließen ihre Gottesdienste deshalb fünf Stunden lang andauern. Grandma persönlich trug dazu bei, dass sie noch eine halbe Stunde länger dauerten. Ich werde dir auch erzählen, warum.

Der Gottesdienst begann um 10 Uhr morgens. Das Lobpreisen und Beten ging etwa eine halbe Stunde vor sich, bis Grandma gegen 10 Uhr 30 in Erscheinung trat. (Warum sollte sie auch pünktlich sein? Sie in ihrer ganzen FÜLLE?) Sobald Pastor und Chor erfuhren, dass sie sich anschickte, einzutreten, hielt ALLES an. Schlagartige Stille. Dann wurde ihre Anwesenheit verkündet, während sich die Türen öffneten und sie von einem regelrechten Empfangskomitee hineingeleitet wurde.

Anschließend fing die Musik wieder an, und meine Grandma, diese ewige Braut Christi, bewegte sich tanzend zum Altar. Als ob das nicht schon Sonderbehandlung genug gewesen wäre, tanzte Grandma fünf Schritte nach vorn, machte halt, und tanzte wieder zwei Schritte zurück. Ganz großes Kino. Sie ließ sich alle Zeit der Welt, und der Mini-Karneval zog die ganze riesige Kirche entlang bis zur Bank in der ersten Reihe und dem Platz, den nur sie einnehmen durfte. Wäre es ein Sport, «das Meiste» zu sein, wäre diese Lady eine Legende. Einlaufmusik? Empfangskomitee? Unterbrechung des laufenden Betriebs? Ums Leben tanzen? CHECK CHECK CHECK CHECK.

Die Kirche bestand regelmäßig auf dieser Prozedur, und da Granny nicht von der schüchternen Sorte war, protestierte sie allenfalls minimal. Sie suhlte sich darin. Und das an sich ist schon revolutionär, wo uns die Welt sonst eben nicht dazu ermutigt, uns selbst zu feiern.

Nicht jeder von uns ist eine wöchentliche Feier des eigenen Daseins mit Tanz und Musik vergönnt, aber lass uns kurz darüber reden, wie wir damit umgehen, sollte es doch mal passieren. Viele von uns sind nicht einmal in der Lage, Komplimente anzunehmen. Irgendwer meint, unsere Schuhe seien hübsch, und wir entgegnen gleich: «Was, die? Ach, komm, die hab ich gerade ganz hinten im Schrank gefunden», obwohl schon ein einfaches «Danke» so viel in uns bewirken könnte. Kriegen wir «Du siehst toll aus» zu hören, sagen wir «Quatsch, DU siehst toll aus». Es spricht natürlich nichts dagegen, Komplimente auszutauschen, aber wie oft tun wir das, weil es uns in Wahrheit unangenehm ist, gelobt zu werden? Wie oft loben wir uns selbst, wenn wir etwas gut gemacht haben? Wie oft genießen wir das gute Gefühl, GESEHEN zu werden, und nehmen es an und lassen es die andere Person auch wissen? Wir haben nichts davon, die selbstkritischste Person von allen zu sein. Oder diejenige, die sich am besten über sich selbst lustig macht. Wir haben so viel mehr davon, wenn wir zu unserer eigenen Dopeness stehen. Und diese Kunst erlernen wir jetzt.

Von meiner Großmutter habe ich mir abgeschaut, wie wir uns erlauben, richtig gefeiert zu werden. Besonders uns Frauen ist nämlich eingebläut worden, Bescheidenheit sei ein obligatorisches Charaktermerkmal. Und irgendwie hat sich diese Bescheidenheit in beständige Selbstkritik verwandelt. Uns ist eingeredet worden, je mehr wir unsere Dopeness kleinreden, desto besser für die Welt. Als ob es irgendwie eine Gefahr fürs Klima wäre, wenn wir wüssten, dass wir super sind. Als ob die Ölpreise stiegen, weil wir uns unserer Wunderwerke bewusst sind und akzeptieren, dass sie gefeiert werden. Als ob es den Hunger in der Welt größer machte, wenn wir erkennen, dass sich unsere Vortrefflichkeit schon morgens beim Pinkeln Bahn bricht.

Dieses Phänomen durchzieht die gesamte Art und Weise, wie wir durchs Leben gehen. Wenn du nicht gewohnt bist, zu deiner Dopeness zu stehen, verschleierst du wahrscheinlich normalerweise lieber, wie toll du bist. Du lässt dich nicht so hochjubeln, wie es angebracht wäre – und was heißt das konkret? Du verkaufst dich unter Wert.

Manchen von uns fällt es schwer, von eigenen Errungenschaften und guten Neuigkeiten zu erzählen, weil es uns so vorkommt, als würden wir angeben. Dabei sind unsere Errungenschaften schlichte Tatsachen. Sie nicht zu erwähnen, heißt nicht, dass sie nie passiert sind. Und weißt du was? Wenn irgendwer meint, du prahltest damit, na und? WAS SOLL'S?!

Du schreibst einen Post oder eine Textnachricht über irgendetwas, das du gut hingekriegt hast. Wer deswegen mit den Augen rollt, tut es, WEIL DU ETWAS GUT HINGEKRIEGT HAST. Vielleicht entfolgt diese Person dich daraufhin. Oder löscht deine Nummer. Aber möchtest du so einen Menschen in deinem Leben haben? Möchtest du so einen Menschen jeden Tag neben dir sitzen haben? Möchtest du so einen Menschen zu dir nach Hause einladen? Nein? Okay. Warum ist diese Person dann wichtig? Warum macht ihre Meinung dir dann etwas aus? Und was, wenn es sich um eine Person handelt, die du nicht einmal kennst und noch nie zu Gesicht bekommen hast, die nicht alle Tassen im Schrank hat und dich arrogant nennt, weil du permanent gewinnst? Was geht dich so eine Person an? Soll sie der Grund dafür sein, dass du deine Erfolge für dich selbst behältst? Soll sie dich daran hindern, dich selbst zu feiern?

NEIN.

Lasse nicht zu, dass dir irgendwer ein schlechtes Gefühl gibt, weil du erfolgreich, großartig und talentiert bist. Weil du du bist. Wenn sich die Leute darüber ärgern, dass du eine gute Nachricht verkündest, sind das nicht deine Leute. Diese Leute verdienen deine Dopeness nicht. Und diese Leute dienen keiner wichtigen Bestimmung in deinem Leben. Wer sich darüber ärgert, dass ich mich gut schlage, steht meiner Entwicklung im Wege, und so einen Menschen brauche ich nicht in meiner Nähe.

Seien wir realistisch. Wenn wir hundert Prozent zu unseren Stärken stehen, uns also nicht dafür entschuldigen, wird das manche Menschen gegen uns aufbringen. Weil wir ihnen zum Teil ihre eigenen Schwächen spiegeln. Sie sehen ihre eigenen Fehler in uns. Wir kriegen also ihre Verachtung ab, weil sie uns das Selbstvertrauen übelnehmen, das sie selbst gerne hätten. Sollen sie ruhig. Glücklicherweise fühle ich mich vom Hass anderer Leute nicht motiviert, doch wenn es so wäre, hätte ich daheim ein Pokalregal voller großer und kleiner Fläschchen, in denen ich die Tränen all meiner Miesmacherinnen und Miesmacher gesammelt habe.

Die eigene Dopeness zu feiern, bedeutet nicht, dass uns alle anderen mögen sollen. Es kommt vor allem darauf an, dass wir uns selbst mögen. Eins meiner Lieblingssprichwörter lautet: «Wo es keinen Feind im Inneren gibt, kann uns der Feind im Außen keinen Schaden zufügen.» Wenn du in dir ruhst und stark bist, machen dir die Handlungen der anderen nicht mehr so viel aus.

Es gibt wirklich schlimme Leute, die sich für die Größten halten. Und es wird ihnen deshalb abgekauft, weil sie anderen eingeredet haben, dass diese selbst nichts taugen. Es macht mich so was von wütend, wie viele unterdurchschnittliche und mittelmäßige Knallköpfe da draußen denken, sie verdienten unendliche Lobeshymnen und alles Gute dieser Welt, während dein AUSSERGEWÖHNLICHES Ich sich am laufenden Band anzweifelt. Vertraue mir: Da draußen gibt es Menschen, die weit weniger kompetent sind als du und sich trotzdem nicht von dem Glauben abbringen lassen, ihnen zu Ehren sollte jeden Tag ein Fest gefeiert werden. Es machen sich Menschen zum König, die es nicht ansatzweise mit dir aufnehmen können. Die Wirkung von Selbstvertrauen darfst du niemals unterschätzen. Wenn du daran glaubst, dass du die coolste Frau auf Erden bist, wirst du vielleicht auch andere davon überzeugen, einfach nur, weil du dabei eine solche Willensstärke an den Tag legst.

Wir sollten langsam akzeptieren, was für wunderbare Geschöpfe wir sind. Dazu musst du nicht in einem T-Shirt herumlaufen, auf dem «Ich bin die Größte» steht. Dazu musst du auch nicht überheblich sein. Mir geht es hauptsächlich darum, dass unsere Auffassung von Bescheidenheit meist total schädlich für uns ist. Dass wir uns auf keinen Fall kleinmachen dürfen. Darin haben wir so viel Übung, dass wir völlig überfordert sind, wenn es an der Zeit ist, Raum für uns zu beanspruchen. Selbst wenn wir gerufen werden, rennen wir davon. Selbst wenn wir gefeiert werden, sagen wir, es sei zu viel. Selbst wenn wir zum Reden aufgefordert werden, fangen wir an zu flüstern. Warum? Wem helfen wir damit, dass wir eine gedämpfte Version unserer selbst sind?

Manche von uns machen sich nicht nur klein, sondern entschuldigen sich sogar für ihre bloße Existenz, als sei sie eine Art Verbrechen. Wir sagen «Sorry», wenn irgendwer auf dem Gehweg an uns vorbeimöchte, als ob wir nicht beide das Recht hätten, da zu sein. Wir entschuldigen uns sogar für unser GESICHT. Ich habe erlebt, wie Leute unter ein selbst gepostetes Bild schreiben: «Sorry, dass mein Gesicht so aussieht.» Moment. Du bittest Leute um Vergebung für dein Angesicht? WIE BITTE? Was hat ihnen dein Gesicht denn angetan?

Aber ich verstehe, worum es geht. Vieles hat mit früheren Traumata zu tun, mit einem niedrigen Selbstwertgefühl, das durch jahrelange Kritik und anderweitige Vorbelastungen entstanden ist. Die Welt hat uns schon mit so vielen Dolchen beworfen, dass Löcher geblieben sind. Dies ist nicht das Buch, das dir dabei helfen wird, sie zu überwinden (weil das ein ganz eigenes Buch wäre). Was ich in diesem Buch von dir verlange, ist nur, dass du aufhörst, dich für deine Existenz und alles, was mit deinem Körper zu tun hat, zu entschuldigen. Auch wenn dein Gefühl dir sagt, das solltest du, sage ich dir hiermit: Solltest du nicht.

Wenn du es nicht für dich selbst tust, dann tu es für ein kleines Kind in deinem Umfeld, das sieht, wie du dich für deine Lebenskraft entschuldigst. Höre auf, um Verzeihung für dich selbst zu bitten, damit das Kind weiß, dass es sich ebenso wenig entschuldigen muss für das, was es ist. Dass seine Existenz nicht entschuldigt, sondern gefeiert werden muss. Dass die Welt besser dran ist, weil es da ist.

Es macht mich unendlich traurig, dass wir uns kleinmachen, besonders die Frauen.

Irgendwann fingen sie an, uns weiszumachen, unser Glitzern sei Asche. Machten uns weis, was wir anfassten, verwandle sich zu Staub, nicht zu Gold. Redeten uns ein, unsere Blutung sei eine Strafe, statt die Erfüllung eines Zwecks. Irgendwann fingen sie an, unsere Magie herabzusetzen. Wir seien gewöhnlich, sagten sie, nicht der lebende Beweis eines Wunders. Und wir begannen, ihnen zu glauben. So war es. Wir ließen uns einreden, wir müssten uns für unser Dasein entschuldigen. Müssten höflich, aber abgehärtet sein, sexy, aber nicht zu freizügig, souverän, aber nicht großspurig, mütterlich, aber nicht matronenhaft. Müssten die Ecken und Kanten, die sie in uns schufen, verstecken und sanft, aber nicht unseriös sein.

Und Schwarze Frauen? Nun, uns ist erzählt worden, wir seien Maultiere, obgleich wir die Mütter von allem sind. Wir sind Juwelen. Wir sind der Anlass für Gedichte, für kitschige Liebesbriefe voller Metaphern, die übertrieben erscheinen, aber mehr Wahres enthalten, als du ahnst.

Irgendwann fingen sie an, uns weiszumachen, wir seien nicht genug, obwohl wir wahrlich ALLES sind. Wir sind das buchstäbliche EWIGE LEBEN. Wir sind Gottes Gefäß. Der Wissenschaft sind wir ein Rätsel. Wir sind magisch. Lass dir nichts erzählen: Du bist aus Feenstaub gemacht. Viele können nur einfach nichts damit anfangen.

Mir selbst wären beinahe ein Riesensegen und eine Riesenehre entgangen, weil ich nicht zu meiner Dopeness gestanden habe. Pass auf.

Anfang 2016 bereitete ich mich auf das *I'm Judging You*-Jahr vor. Mein erstes Buch sollte im September veröffentlicht werden, also fokussierte ich mich darauf.

Im März erhielt ich eine E-Mail vom Oprah Winfrey Network (OWN), in der mir dazu gratuliert wurde, es auf Oprahs allererste «Super Soul 100»-Liste geschafft zu haben. Auf dieser Liste standen hundert Personen, die Oprahs Meinung nach die Menschheit nach vorne bringen. Ich las die E-Mail und lachte, weil ich wusste, das kann nur Spam sein. Das muss aus der Feder desselben nigerianischen Prinzen stammen, der angeblich ein 342 Millionen schweres Erbe für mich hat. LMAO. Guter Witz.

Dann erhielt ich eine SMS von einer Agentur, die mit dem

OWN-Team zusammenarbeitet. Darin hieß es, ich solle bitte meine Mails checken, ich hätte etwas Wichtiges bekommen. Und ich: «Was? War diese E-Mail etwa echt??» Ich musste sie aus meinem Spam-Ordner fischen. Tatsächlich, es war kein Fake. Ich war unter die hundert Leute gewählt worden, die Oprahs Meinung nach richtig coole Sachen machen. BROOOOOOOOO, ich schnall ab.

Nachdem ich es geschafft hatte, den Mund zu schließen und kreischend ein paar meiner Liebsten anzurufen, las ich die E-Mail noch einmal genau und sah, dass ich zu einem «Super Soul 100»-Brunch für die Auserwählten von Lady O eingeladen war.

Als ich dort erschien, saß ich mit Sophia Bush am Tisch. Ich schaute zum nächsten Tisch hinüber und erblickte Ava DuVernay und Arianna Huffington. Dann sah ich mich um und entdeckte Janet Mock und Zendaya. Es haute mich wirklich um. In meinem Kopf schrie es andauernd: «Wie bin ich inmitten dieser Giganten gelandet? WIIIEEEEEE? War das vielleicht ein Irrtum?»

Es war kein Irrtum. Ich bin dope. Ich gehöre hier hin. *Own it. OWN it.* Weg mit dem Hochstaplersyndrom, los geht's. Gib dir die Erlaubnis, gefeiert zu werden, auch neben solchen Berühmtheiten. Du gehörst dazu.

So habe ich schließlich Oprah persönlich kennengelernt, nachdem ich über die Jahre schon oft mit ihr in einem Raum gewesen war, aber nie den Mut hatte, mich vorzustellen. Dreimal hatte ich vorher verkündet, wenn ich sie irgendwann tatsächlich träfe, würde sie meinen Namen kennen. Ja, und jetzt war ich von ihr zu einem solchen Treffen auserkoren worden. Und ich konnte es immer noch nicht fassen.

Das alles hängt miteinander zusammen. Wenn du nicht richtig dazu stehst, wie großartig du bist, und die Gunst anzweifelst, die dir zuteilwird, dann treibt das Hochstaplersyndrom sein Unwesen. Wie oft lassen wir es zu, dass unser mangelndes Vertrauen in unsere Großartigkeit unser Glück sabotiert? Diese Frage gehen wir im nächsten Kapitel an.

Meine Großmutter hat sich immer gefeiert. Ich sehe noch vor mir, wie sie ihr ganzes Gesicht zum Lachen brachte, wenn sie uns berichtete, was sie gerade wieder ausheckte oder angestellt hatte. Ihr Stolz auf sich selbst war aufrichtig, und sie schmälerte dabei weder sich selbst noch sonst irgendwen. Außerdem ließ sie keinen Menschen an ihrer Stelle reden. Ich weiß noch, wie ich sie zu einem Arzttermin begleitete. Der Arzt, der beim Anblick dieser älteren nigerianischen Dame davon ausging, sie spräche kein Englisch, wendete sich an mich und fragte: «Wann ist sie geboren?» Ohne zu zögern und breit lächelnd, meinte sie: «Fragen Sie mich. Ich wurde am 31. Juli 1931 geboren.» Und ich saß nur da und dachte: «Sie haben die Lady gehört.»

Ich möchte sein wie sie. Sollte das Schlimmste an mir meine Überheblichkeit sein, dann hätte ich echt gewonnen. Wenn es ein Fehler ist, eine hohe Meinung von sich selbst zu haben und sich selbst zu bejahen, dann möchte ich wie die Steilwände des Grand Canyon sein.

Sprich von dir und deiner Arbeit mit Ausrufezeichen, nicht mit Fragezeichen. Wenn du gefragt wirst, wer du bist und was du beruflich machst, rede mit Bestimmtheit. «Ich bin Autorin.» Nicht: «Na ja, ich schreibe ab und zu ein bisschen?» Wenn du es selbst nicht weißt, wissen es die anderen auch nicht. In einer Welt, die nicht möchte, dass wir uns selbst achten, müssen wir genau das tun und auf keine Erlaubnis von irgendwem warten.

Aber vor allem: Stelle nie die Gunst infrage, die dir zuteilwird.

5. Kapitel

VERTRAUE DARAUF, WO DU GERADE STEHST

Wir fürchten den Erfolg

Was wäre, wenn du als die bestmögliche Version deiner selbst in Erscheinung trätest? Wie viele Ausreden fielen dir dann noch ein? Wie würde sich dein Leben verändern? Wer in deinem Umfeld würde sich ändern? Was würde sich in deinem Alltag ändern?

Wir reden oft von unserer Angst vor Fehlern, dabei ist die Angst vor dem Erfolg genauso real, wenn nicht sogar noch realer. Häufig wissen wir, wir haben alles, was wir brauchen, um unsere Ziele zu erreichen oder unsere Träume zu verwirklichen, fürchten uns aber davor, wie grenzenlos unsere Möglichkeiten tatsächlich sind. Vielleicht jagt es uns Angst ein, dass wir unseren Leistungen wirklich gerecht werden könnten. Vielleicht sind wir unsicher, ob wir den Erfolg aufrechterhalten können, wenn wir einmal in den Genuss gekommen sind. Oder wir sorgen uns, ob wir mit den ganzen Begleiterscheinungen umgehen können. Was würden sie für uns bedeuten?

Meine Angst vor Erfolg ist definitiv echt, schließlich weiß

ich, dass neue Treppenstufen auch immer neue Tücken mit sich bringen. Oftmals ist es genau das, wovor ich mich fürchte, weniger vor dem Scheitern.

Ein Großteil dieser Sorge lässt sich auf das Hochstapler-Syndrom zurückführen: Wir fragen uns, ob wir die jeweilige Chance überhaupt verdienen und reden uns deshalb das Gewinnen schon aus, bevor wir überhaupt an den Start gegangen sind. Warum fürchten wir uns so sehr vor dem, was sein könnte, dass wir uns die Chance aufs Weiterkommen verwehren?

Meine Großmutter musste die Highschool abbrechen, denn als sie achtzehn war, starben ihre Eltern, und sie musste von da an für sich selbst und ihre kleine Schwester sorgen. Einen großen akademischen Abschluss hat sie nie gemacht, trotzdem wäre kein Mensch je auf die Idee gekommen, sie gehöre irgendwo nicht hin, sei es in einen Raum mit dem Staatspräsidenten oder in einen Raum voller Taxifahrer. Sie vergeudete nicht ihre Zeit damit, sich selbst permanent infrage zu stellen.

Der TED-Talk, den ich bereits erwähnt habe und der mein Leben verändert hat, indem er Millionen Klicks bekam: Diese Rede schrieb ich auf einem Businesstrip frühmorgens im Taxi auf dem Weg zum Flughafen, weil ich unbedingt eine Absage kassieren wollte. So sehr habe ich mich davor gefürchtet. Nicht vor den Folgen eines möglichen Scheiterns, sondern des möglichen Erfolgs.

Zuvor war ich im Juli 2017 von der Kuratorin Pat Mitchell, der legendären Journalistin und Korrespondentin, eingeladen worden, auf der TEDWomen-Konferenz eine Rede zu halten. Eigentlich wollte ich zusagen. Zwei Vorträge für TEDx hatte ich schon gehalten, aber hier ging es um die offizielle TED-Konferenz! An diesem Datum war ich allerdings schon für eine Konferenz in einer anderen Stadt eingeplant, also hockte ich mich hin, heulte und sagte ab. Luxusproblem, ich weiß. Trotzdem.

Zwei Wochen vor der Konferenz (die am 1. November stattfand) erhielt ich dann den Programmplan für die andere Tagung, und wie sich herausstellte, fand am ersten Tag gerade mal eine VIP-Party statt, bei der die Teilnahme nicht zwingend war. Ich dachte: «Moment mal, dann könnte ich doch auf der TEDWomen in New Orleans vorbeischauen und meine Freundinnen anfeuern und danach erst nach New York fliegen.» Also meldete ich mich bei den Veranstaltern und sagte, ich hätte gern ein Tagesticket. Worauf sie wiederum meinten: «Warum halten Sie dann nicht gleich den Vortrag?» Ich: «HALT. WAS?!?» Pat Mitchell wollte mich auf der Bühne sehen.

Das war der Zeitpunkt, an dem ich in Panik geriet und das tat, was uns um Lichtjahre zurückkatapultiert: Ich ließ mich von meiner Angst leiten.

Das Ding ist: TED ist ziemlich anspruchsvoll, was die Speaker und deren Vorbereitung anbelangt. Dir werden Coaches zur Seite gestellt, deine Rede wird überprüft, und wenn du die Bühne betrittst, bist du top gewappnet worden. Die TED-Talks sind nicht ohne Grund so erfolgreich. Dahinter steckt eine Menge Arbeit! Und dann werde ich zwei Wochen vor einer dieser Konferenzen gebeten, mich einfach auf die Bühne zu stellen. Durch meinen Kopf schoss nur: «WAS IST MIT DEN COACHES? ICH HAB DIE REDE NOCH NICHT MAL GESCHRIEBEN. OMG, ZWEI WOCHEN SIND GAR NICHTS.»

Ich wollte nicht die Bühne entern und es direkt versemmeln. Ich wollte nicht zulassen, dass ich mich vor diesem großen Publikum blamiere und Schande über meinen Familiennamen bringe. In letzter Sekunde noch aufzuspringen – was dachte ich eigentlich, wer ich bin? NICHT MIT MIR. Ich beschloss also, (erneut) abzulehnen und Pat zu sagen, ich würde stattdessen klatschend im Publikum sitzen. Ich entwarf eine ellenlange E-Mail mit drei Absätzen, in der ich mein Bedauern darüber zum Ausdruck brachte, wie gern ich teilnehmen würde, es mir aber schlicht unmöglich sei. Nach einem mit Terminen für meine landesweite Together-Tournee vollgepackten Herbst sei ich erschöpft und wolle nur ungern weniger als hundert Prozent auf der Bühne geben. Kurzum fürchtete ich, mit wehenden Fahnen unterzugehen. Kurz bevor ich auf Senden klickte, schoss mir in den Kopf, meine Freundin Eunique Jones Gibson anzurufen.

ICH: Sis, ich soll einen TED-Vortrag halten, und zwar schon in ungefähr anderthalb Wochen. Ich glaube, ich sage ab, ich bin noch nicht so weit. Alle anderen bereiten sich schon seit Monaten vor und werden gecoacht, und jetzt soll ich auf den letzten Drücker noch reinrutschen.

EUNIQUE: Okay, aber du bist nicht alle anderen.

ICH: Okay. Shit.

EUNIQUE: Du stehst seit sechs Wochen zweimal die Woche auf der Bühne. Du wirst seit fast einem Jahrzehnt als Rednerin engagiert. Alles, was du bis jetzt getan hast, hat dich gecoacht. Alles hat dich auf diese Aufgabe vorbereitet. Du bist so weit.

ICH: Whoa.

EUNIQUE: Und wenn die nicht glauben würden, dass du es draufhast, hätten sie dich nicht gefragt. Du machst das.

ICH: Verdammt. Dann musst du mich an den Haaren dahin schleifen! Mein Haaransatz, hier, bitte schön, nimm ihn!

Eunique: Alles klar. Jetzt mach die Leitung frei und setz dich an deinen TED-Talk. Kill it. **Legt auf.**

Leute, sie hat mir SO WAS von gezeigt, wo's langgeht. Nach dem Gespräch bin ich direkt in meinen Entwürfeordner und habe die E-Mail an Pat gelöscht. Ein Teil von mir war aber immer noch erschüttert.

Am nächsten Tag schrieb ich meine Rede. Während ich in einem Taxi saß. Auf dem Weg zum Flughafen. Die einstündige Fahrt lang arbeitete ich meinen Text aus und klickte auf Senden, als der Wagen vor dem O'Hare-Flughafen von Chicago anhielt.

Ich ging davon aus, dass es vom TED-Team heißen würde: «Luvvie, was ist denn das für ein Quatsch? Na ja, macht nichts. Da haben wir uns wohl geirrt.» Und ich hätte mit den Achseln gezuckt und gesagt: «Ja, klar! Puh.» Es hätte mir nichts ausgemacht, weil mir jeder Grund recht gewesen wäre, mich zu drücken. Aber sie fanden meine Rede toll! WIE BITTE?

Dann meinten sie, ich solle zwei Tage vor der Konferenz anreisen, damit ich Zeit zum Üben hätte, was bei allen Rednerinnen und Rednern vorausgesetzt würde. Ich konnte es allerdings nicht vor dem 1. November nach New Orleans schaffen, weil mir einen Tag vorher eine Auszeichnung verliehen werden würde (immer schön von euch selbst prahlen, Leute!). Wieder ein Luxusproblem. Ich dachte: «Okay, jetzt sagen sie mir aber ganz bestimmt ab. Macht nix.» Stattdessen meinten sie: «Ah. Okay, dann proben wir eben per Videochat.»

Die Konferenz ging um 18 Uhr los. Um es zu meinem anderen Termin zu schaffen, würde ich den letzten Flug um 20 Uhr nehmen müssen. Das ließ ich sie wissen und war mir ganz sicher: «So, jetzt haben sie die Schnauze endgültig voll.» Pat entgegnete, das sei alles kein Problem, sie würde mich als erste Rednerin auf die Bühne bitten, damit ich den Flieger noch erwische.

Jedes Mal, wenn ich dachte, es würde heißen: «Das geht so nicht. Dann verzichten wir lieber», fanden sie wieder eine Lösung für meine (stichhaltigen) Ausreden.

An dieser Stelle wollte sich mein innerer Lump flach auf den Boden werfen. Mir waren endgültig die Entschuldigungen ausgegangen, ich musste es jetzt WIRKLICH machen. Und ich würde die Eröffnungsrede halten.

ICH MEINE: Krasses Vertrauensvotum!

Am Abend vor dem Auftritt probte ich daheim vor einem Ein-Personen-Publikum: meinem Ehemann Carnell. Er meinte: «Ziemlich gut, aber irgendetwas fehlt noch.» Also setzte ich mich an den Computer und las die Rede wieder und wieder und begann, sie umzubauen. Ehe ich michs versah, hatte ich die Hälfte geändert. Ich wollte wirklich das meiste herausholen. In die neue Version hatte ich meine persönliche Geschichte viel mehr mit einfließen lassen. Jetzt war sie besser. Viel besser. In den darauffolgenden zwei Stunden übte ich sie noch mehrmals und betete zu Gott, dass ich auf diese Bühne steigen und nicht versagen würde.

Am nächsten Morgen saß ich völlig k. o. und übermüdet im Flugzeug, weil ich wenig geschlafen hatte und weil ich meine Koffer immer auf den letzten Drücker packe. Ich sah ziemlich fertig aus und hatte dunkle Ringe unter den Augen. Doch statt zu schlafen, lehnte ich mich mit dem Kopf gegen das Fenster und ging meine Rede wieder und wieder durch, weil ich sie auswendig vortragen wollte und immer noch nicht auswendig konnte.

Als ich ankam, las ich mir weiterhin unablässig meine Aufzeichnungen durch, weil ich außer den PowerPoint-Folien keine Notizen mit auf die Bühne nehmen wollte. Kein Teleprompter oder Ähnliches würde mir helfen. Ich hatte Schiss. Das war keine Rede, die ich schon einmal gehalten hatte.

Normalerweise habe ich vor solchen Vorträgen kein großes Lampenfieber, aber bei dem hier? War ich KRASS nervös. Und dann war ich auch noch als Erste dran! Für eines musste wenigstens gesorgt sein: gutes Aussehen. Mein gelber Blazer über der schwarzen Bluse und schwarzen Jeans in Kombination mit handgefertigten italienischen Schuhen war meine Version eines Sicherheitspolsters. Wenn ich es versaute, sollten die Leute wenigstens sagen: «Ihre Rede war hundsmiserabel, aber sie sah HAMMER aus.» Ich trug meinen unverkennbaren roten Lippenstift und fügte noch etwas mehr Swag in Form von Diamantschmuck hinzu. Auf sie mit Gebrüll!

Die Zeit für meinen Auftritt rückte schneller an, als ich dachte, weil die Zeit manchmal einfach ein Blamage-Komplott gegen dich schmiedet. Pat kündigte mich an, und ich trat auf die Bühne, in den roten TED-Kreis, und erblickte das Publikum. Doch bevor ich den Mund aufmachen konnte, fiel mir das Mikro hinten von der Hose herunter.

Ha! Megastart. Ich musste also vor diesen ganzen Leuten auf der Bühne stehen und warten, bis der Tontechniker kam und es wieder richtete. Seltsamerweise beruhigte mich das *total*, denn hey, Shit happens. Ich nutzte die Gelegenheit für ein «HEY, IHR ALLE!! Wie geht's euch?» Das brachte mich ein bisschen herunter, schließlich war ein Teil, der schieflaufen konnte, jetzt bereits schiefgelaufen, und ich war noch nicht gestorben. Es war nicht mal ein großes Ding.

Und dann fing ich mit meinem Vortrag an. Innerhalb von zehn Minuten feuerte ich siebzehnhundert Worte ab, mit denen ich die Leute aufforderte, mit Worten und Taten stets der Wahrheit verpflichtet zu sein, auch wenn es schwer sei, denn nur so kämen wir vorwärts. Ich erzählte von mir selbst als bestem Beispiel. Wie sich mein Leben veränderte, als ich beschloss, mich nicht mehr von Angst leiten zu lassen. Ich bezeichnete mich selbst als Dominostein, denn der erste Stein, der umkippt, bringt die anderen dazu, es ihm nachzutun.

Zehn Minuten und vierundfünfzig Sekunden am Stück. Ohne Pause. Man kann die Rede im Netz anklicken.[8] Es ist nicht an ihr herumgezaubert worden. Ich hielt kein einziges Mal inne, weil ich einen Satz vergaß. Ich rannte nicht hinter die Bühne, um in meine Aufzeichnungen zu schauen, weil ich den Faden verloren hatte. Meine Stimme zitterte nicht. Es floss aus mir heraus, als hielte ich denselben Vortrag schon seit Jahren.

Ich trug meine letzten Sätze vor: «Es ist unsere Aufgabe, unsere Pflicht, gegenüber den Mächtigen für die Wahrheit einzutreten. Der erste Dominostein zu sein, nicht nur, wenn es schwer ist – sondern gerade dann, wenn es schwer ist. Danke.»

Ich eilte sofort von der Bühne, schließlich war mir nicht entfallen, dass ich noch einen Flieger erwischen musste (zu diesem Zeitpunkt war es 18.25 Uhr). Doch bevor ich abhauen konnte, hielt mich der Stagemanager fest und sagte: «Geh doch bitte noch mal raus und sieh dir die Standing Ovations an, die du gerade bekommst.» Also ging ich zurück auf die Bühne und sah, wie die Leute dastanden und mir zujubelten.

Ich war überwältigt im besten Sinne. Ich hätte weinen können, aber dafür blieb keine Zeit! Ich verbeugte mich und eilte direkt wieder von der Bühne herunter.

Ich sprang ins Auto und kam um 19.10 am Flughafen an. Ich rannte durch den Flughafen und schaffte die 20-Uhr-Maschine mit dreißig Minuten Luft. Ich war abgekämpft, aber euphorisch. Euphorisch, Leute. Ich wusste, ich hatte das Ding gerockt. Ich hatte etwas geschafft, worauf ich stolz sein konnte.

---

8 Auf http://go.ted.com/luvvieajayi

Eine Woche später erhielt ich eine Nachricht darüber, dass sie meinen Vortrag gern ab dem 1. Dezember auf der TED-Homepage zeigen würden. Ich wäre fast vom Stuhl gekippt, weil TED eigentlich keine Zusagen darüber macht, wann die Vorträge hochgeladen werden. Teilweise dauert es ein halbes Jahr, bis sie das Licht der Welt erblicken, und meiner würde schon in weniger als einem Monat hochgeladen werden.

Und als es dann so weit war, prangte «Get Comfortable With Being Uncomfortable» an vorderster Stelle auf der TED-Homepage. Innerhalb eines Monats hatte der Vortrag eine Million Klicks. Das Wichtigste aber waren die Nachrichten von Menschen aus aller Welt, die mir erzählten, wie mein Vortrag sie zu etwas ermutigt hatte, das sie sonst nie getan hätten. Sie haben mich tief beeindruckt.

Dieser Vortrag. Dieses eine Event. Ich spreche davon, sich nicht von der Angst lenken zu lassen, doch manchmal muss ich mir das selbst vor Augen halten. Ich hätte beinahe zugelassen, aus Angst, noch nicht bereit zu sein, alles abzublasen. Aber in dem Moment, als ich die Bühne betrat, war ich mein eigener Dominostein. Mit diesem Akt habe ich mir meinen eigenen Standpunkt verdeutlicht. Es geht nicht darum, keine Angst zu haben, sondern darum, es trotzdem zu tun. Wenn wir unseren Gaben Ehre erweisen wollen, müssen wir zu ihnen stehen.

Das Hochstapler-Syndrom ist die Cousine der Angst. Beide sind maßlose Monster.

Beim Hochstapler-Syndrom haben wir das Gefühl, wir trügen eine Maske und spielten nur eine Rolle. Es kommt zum Tragen, wenn du glaubst, du oder deine guten Leistungen seien pures Glück und dass du alles den anderen zu verdanken hättest. Viele von uns haben das schon erlebt, besonders diejenigen, die in der Kreativbranche arbeiten. Warum? Weil wir uns selbst die schlimmste Feindin sind und uns nicht genügend Anerkennung zollen.

Mir hat das Hochstapler-Syndrom sowohl eingeredet, ich gehörte nicht auf diese TED-Bühne, als auch, dass Oprahs Einladung ein Witz sei. Ich wiederhole. Ich habe mir vom Hochstapler-Syndrom glauben machen lassen, ich verdiente den mir dargebotenen Platz und die darin liegende Chance nicht. Doch das Hochstapler-Syndrom lügt.

Wie oft haben wir uns vom Hochstapler-Syndrom einreden lassen, wir sollten Nein antworten auf absolute JA-Fragen? Wie oft haben wir den Schlüssel zur Tür, die wir aufstoßen sollten, fallen lassen, weil wir dachten, wir seien noch nicht bereit? Wie oft haben wir uns von der Angst Räume ausreden lassen, die unser Leben hätte verändern können?

Wie oft hat uns das Hochstapler-Syndrom nahegelegt, das Buch nicht zu schreiben, nicht zum Vorsprechen für das Theaterstück zu gehen, uns nicht auf die Stelle zu bewerben, für die wir die richtigen Kenntnisse und Erfahrungen besitzen? Wie oft hat uns das Hochstapler-Syndrom davon abgehalten, unsere Arbeit zu machen?

Die Stimmen in unserem Kopf denken sich Geschichten über angebliche Unzulänglichkeiten aus, und wir schenken ihnen Glauben. Wir schauen in den Spiegel und fragen uns, ob es sonst noch irgendwer merkt, dass wir allen nur etwas vorschwindeln. Diese Stimme, die unser Selbstvertrauen mit Hass bewirft, hat das Ruder übernehmen dürfen, und wir sitzen da und denken, wir spielten eine Rolle, zu der wir gar nicht befähigt sind. Wir lassen uns von ihr einreden, wir seien nicht gut genug.

Das Hochstapler-Syndrom gaukelt uns vor, wir müssten perfekt sein, sonst versagten wir. Dabei ist Perfektion nur eine Illusion und behindert unser Weiterkommen. Wenn du andauernd nach Perfektion strebst, hast du solche Angst vor dem Scheitern, dass du nichts zustande bringst, weil du denkst, nichts sei gut genug. Kein Mensch kriegt die Früchte deiner Arbeit zu sehen, weil du zu beschäftigt damit bist, sie zu perfektionieren. Und so wird kein Mensch je die Qualität deiner Arbeit erkennen. Nimm den Druck raus!

Das Hochstapler-Syndrom macht uns glauben, unser Anderssein mindere unseren Wert, dabei ist genau das Gegenteil der Fall. Wie im zweiten Kapitel beschrieben, ist das Anderssein in Wahrheit unsere Superkraft. Als professionelle Rednerin, die schon überall auf der Welt Bühnen erklommen hat, finde ich mich oft in Räumlichkeiten wieder, in denen ich die EINZIGE Schwarze Frau bin, und dann auch noch die Hauptrednerin. Anstatt mich dadurch FREMD machen zu lassen, nutze ich diese Tatsache, um die Wichtigkeit meiner Arbeit und meiner Stimme zu bekräftigen.

Bei solchen Anlässen dient mir mein Schwarzsein als Anker. Wenn ich den Raum verlasse, werde ich nicht in Vergessenheit geraten. An Scott und Tim wird sich nicht unbedingt irgendwer erinnern, an Luvvie aber schon, die mit ihrem Fedora, ihren roten Lippen und manchmal mit einem Paar freshen Jordans angetanzt kam. Ich muss mir ins Gedächtnis rufen, dass ich nicht hier bin, weil mir irgendwer einen Gefallen getan hat. Ich bin hier aufgrund meines Beitrags, mit dem ich mich einbringe. Meine Chancen entstammen keinem Mitleid, sondern meiner beständigen harten Arbeit über einen langen Zeitraum hinweg. Diese Tatsache zu leugnen, wäre ein Verrat an mir selbst und meinen erbrachten Leistungen. Fahr zur Hölle, Hochstapler-Syndrom.

Mein Job in diesen Räumlichkeiten ist es, etwas Wertvolles beizusteuern und herauszufinden, wie ich dafür sorgen kann, dass ich das nächste Mal nicht mehr die EINZIGE bin. Ich muss meine Privilegiertheit erkennen und erforschen, wie ich sie einsetzen kann, um die Tür hinter mir offen zu lassen für Menschen, die wie ich aussehen. Weil ich das nächste Mal nämlich nicht die EINZIGE (Schwarze Person, Frau, Person mit Rhythmusgefühl und so weiter) sein will.

Warum sollte ich mir fehl am Platz vorkommen? Weil ich nicht wie die anderen Anwesenden bin? Klar. Auf irgendeine Weise weniger bin ich deshalb aber noch lange nicht. Wie haben es die anderen hierhin geschafft? Nicht zwangsweise, weil sie mehr wissen als ich. Nicht unbedingt, weil sie klüger sind. Sie haben vielleicht einfach nur die richtigen Schummeltricks drauf oder die richtigen Beziehungen.

Das Hochstapler-Syndrom will uns weismachen, dass alle anderen besser sind als wir, weil sie uns scheinbar etwas voraushaben oder das Leben besser geregelt kriegen als wir. Es will uns weismachen, dass wir ersetzbar sind und deshalb weniger verdienen, als wir eigentlich wert sind. Das Hochstapler-Syndrom wird uns anzweifeln lassen, was die Leute Gutes über uns sagen. Wenn es heißt, wir seien klug, talentiert und begnadet, und unsere Arbeit sei wichtig, tun wir es als falsch ab. Doch in dem Moment, wo uns irgendwer etwas Gegensätzliches erzählt, nehmen wir es für bare Münze. Denkt irgendwer schlecht von uns, glauben wir es sofort. Geben uns fünf Menschen positives Feedback über uns, stellen wir es infrage.

Was wäre, wenn wir nicht die negativen Dinge verinnerlichten, sondern die positiven? Dann hätte uns das Hochstapler-Syndrom vielleicht nicht so stark im Griff. Warum lassen wir uns nicht vom ganzen positiven Feedback pushen, wenn wir das nächste Mal denken, wir seien nicht bereit für diese uns dargebotene Chance, diese Geschäftsgründung, diese Beförderung?

Das Hochstapler-Syndrom belügt uns. Es belügt uns, und

trotzdem halten wir seine Aussagen für wahr. Wie kämpfen wir dagegen an? Wie schlagen wir uns seine Aussagen aus dem Kopf oder drehen sie zumindest leiser?

Ich halte mir Folgendes vor Augen:

Ich bin nicht die Beste. Das muss ich auch nicht sein. Ich bin gut genug. «Das Beste» ist stets nur temporär. Die Gewinnerin eines Rennens hat einmal gewonnen. Das nächste Mal gewinnt sie vielleicht schon nicht mehr. Ist sie wenigstens unter den ersten drei? Hat sie die Zeit des letzten Rennens übertroffen? Wir können es durchaus anstreben, die Beste zu sein – aber uns für Verliererinnen zu halten, nur weil wir nicht Erste geworden sind, ist die beste Methode, sich innerlich verrückt zu machen.

Ich habe mir den Arsch aufgerissen. Selbst wenn ich nicht die Beste bin, WEISS ICH, dass meine harte Arbeit mir Zugang zu diesem Raum verschafft hat. Dank meiner Plackerei habe ich aber einen Fuß in die Tür bekommen. Und das kann ich mir zugutehalten.

Selbst wenn ich nur zufällig und ohne mein eigenes Zutun in diesem Raum gelandet bin, BIN ICH JETZT HIER. Jetzt ist es kein Zufall mehr. Jetzt bin ich es automatisch wert. Wie kann ich diese Gelegenheit für mich nutzen? Was ist mein Auftrag, während ich die Luft hier drinnen atme? Ich nutze die Chance, von den Besten zu lernen. Ich ziehe inspiriert davon, mit dem Vorsatz, mich zu verbessern. Wenn ich das nächste Mal wieder dort bin, fühle ich mich zu Hause.

Ich bin schon mit Menschen, für die ich die größte Bewunderung hege, zusammen in einem Raum gelandet, und jedes Mal frage ich mich, wie das passieren konnte. JEDES EINZELNE MAL. Wenn ich dann darüber nachdenke, halte ich mir wieder vor Augen: Ich habe hart für diese Chance gearbeitet. Ich muss nicht die Beste sein. Ich bin gut genug. Da ich nun hier bin, kann es kein Versehen mehr sein. Anschließend weiß ich, dass ich weitermachen muss mit der Arbeit, die mich hierhergeführt hat, und dass ich sie weiterhin gut machen muss.

Einen Vorteil hat das Hochstapler-Syndrom: Es lässt uns demütig bleiben. Es lässt uns neugierig bleiben. Zweifel haben hin und wieder einen Nutzen. Wenn wir unsere Arbeit für nicht gut genug halten, sind wir bestrebt, sie zu verbessern und besser zu sein. Wir werden zu lebenslangen Aufsteigerinnen, die letzten Endes überall dazugehören, weil wir beständig an unseren Fertigkeiten arbeiten.

Diejenigen, die bei ihren Fähigkeiten über jeden Zweifel erhaben sind, verbessern sich auch nicht. Sie glauben, sie seien so gut, dass sie einfach nur in Erscheinung treten müssten. Sie stagnieren, weil sie sich selbst beweihräuchern und sich auf die Schulter klopfen und nicht den Drang verspüren, sich weiterzuentwickeln.

Wer viel übt und trainiert, wird besser. Wer etwas richtig gut beherrscht, hat es wieder und wieder getan und sich der Langfristigkeit verschrieben.

Ich in meinem gelben Blazer, meiner schwarzen Bluse und dem roten Lippenstift – ich stand auf dieser TED-Bühne und war exakt die, die ich bin. Ich bekam vor Augen geführt, dass ich mich exakt so entfaltet habe, wie es vorherbestimmt war.

Wenn ich daran denke, dass ich beinahe NEIN gesagt hätte. Wo doch mein JA mein Leben auf bestmögliche Weise verändert hat. Dazu musste ich darauf vertrauen, wo ich gerade stand, und darauf vertrauen, dass ich für alles bereit war.

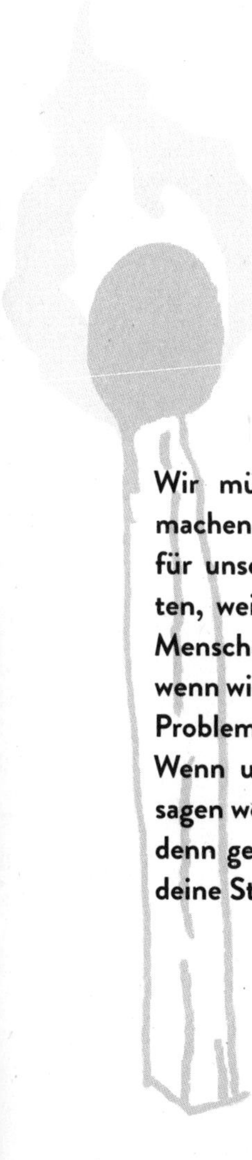

SAGEN

Wir müssen von unserer Stimme Gebrauch machen. In diesem Teil fordere ich uns dazu auf, für unsere Wünsche und Bedürfnisse einzutreten, weil unser Schweigen nicht den richtigen Menschen nützt. Wir tun uns keinen Gefallen, wenn wir mit unserer Lebensgeschichte, unseren Problemen und Lektionen hinterm Berg halten. Wenn unsere Stimme zittert, wenn wir etwas sagen wollen, sollte uns das nur weiter antreiben, denn gerade dann ist es am allernötigsten. Soll deine Stimme ruhig zittern. Mach trotzdem den Mund auf.

«AUCH WENN UNSERE STIMME DABEI ZITTERT, MÜSSEN WIR DIE SCHWIERIGEN DINGE ANSPRECHEN.»

– **Luvvie Ajayi Jones**

6. Kapitel

SAG DIE WAHRHEIT

Wir fürchten die Macht der Wahrheit

Wir fürchten uns vor der Wahrheit. Es ist einfach so. Wir möchten sie weder hören, noch teilen, noch sehen. Die Wahrheit kann unser Feindbild sein. Was total verrückt ist, denn für eine gut funktionierende Gesellschaft ist sie essenziell. Wie läuft es nämlich, wenn die Wahrheit nicht willkommen ist, geschweige denn an oberste Stelle gesetzt wird? Gar nicht gut.

Wir fürchten die Ehrlichkeit, weil sie die Rauheit des Lebens und unsere Fehler offenlegt, die wir nur allzu gerne ignorieren. Sie bringt uns auf den Boden der Tatsachen zurück, zwingt uns, die Hässlichkeit des Offengelegten zu betrachten. Zwingt uns vielleicht sogar zum Handeln. Die Wahrheit fordert uns dazu auf, etwas zu verändern und besser zu machen, und das sind große Aufgaben.

Wir trauen uns nicht, Staub aufzuwirbeln, was mit dem Aussprechen der Wahrheit oft einhergeht. Wir möchten nicht den Frieden stören, und das ist nun mal meistens der Fall, wenn wir das Bestehende oder Erwartbare infrage stellen. Radikal offen und ehrlich zu sein, ist für mich deshalb sehr mutiges Verhalten.

Eines meiner Lieblingszitate lautet: «Ehe die Wahrheit die Stiefel angezogen hat, ist die Lüge schon dreimal um die Welt gelaufen.» (Google weiß nicht, von wem es ursprünglich stammt, weil es ungefähr fünf toten alten weißen Männern zugeschrieben wird, aber es ist eine Tatsache!) Eine Studie der University of Massachusetts[9] ergab, dass die meisten Menschen schon während eines zehnminütigen Gesprächs mindestens einmal lügen. So sind wir nun mal, wir sind derart an Behaglichkeit und Harmonie gewöhnt, dass sie für uns oberste Priorität besitzen. Es ist keineswegs so, dass wir um der Lüge willen lügen; wir tun es aus Selbstschutz und weil wir gemocht werden wollen. Oftmals schießen wir uns damit aber ein Eigentor. Wenn wir mit uns und der Welt nicht im Reinen sind, liegt es zum Teil auch daran.

Ob ich auch lüge? Na klar. Das tun wir alle. Ich stelle mich nicht hierhin und behaupte das Gegenteil, denn das wäre eine Lüge. Ich gebe mir aber die größte Mühe, keine Unwahrheiten abzusondern, und das ist schon seit meiner Kindheit so. Mir ist seit Langem bewusst, dass ich nicht gut lügen kann, weil ich

9 Amherst College, University of Massachusetts: «UMass Researcher Finds Most People Lie in Everyday Conversation», auf: *ScienceDaily*, 12. Juni 2002, https://www.sciencedaily.com/releases/2002/06/020611070813.htm

überhaupt kein Pokerface habe. Mein Gesicht ist meine Stimme im Außen, sämtliche meiner Gedanken stehen hörbar darauf geschrieben. Wenn ich lüge, siehst du es mir sofort an.

Ich war kein Kind, das Ärger bekam, weil es auf Bäume geklettert oder mit Feuer gespielt hat. Ich war ein sehr selbstbewusstes Kind, und wenn ich Ärger bekam, dann wegen meines vorlauten Mundwerks. Ständig verteidigte ich entweder mich selbst oder andere. «Das ist ungerecht!», war einer meiner Lieblingssätze als Mini-Mensch. Genau genommen bekam ich oft deshalb Ärger, weil ich derart direkt war, dass es unverschämt wirkte. Und dann bekam ich noch mehr Ärger, weil ich das Gesagte zu rechtfertigen versuchte. Ich konnte absolut nicht nachvollziehen, warum alle sauer auf mich waren, obwohl ich einfach nur die Wahrheit gesagt hatte.

Meine sehr nigerianische Mom wollte mir bestimmt einige Male den Mund zuhalten, und sehr wahrscheinlich hat sie es auch mal getan. Wenn sie mich bestrafte, sagte ich ihr, ich fühle mich gekränkt und verdiene eine Entschuldigung. Ich schrieb ihr Briefe, in denen ich meine Enttäuschung zum Ausdruck brachte und darlegte, wie missverstanden ich mich fühlte. Ich habe es echt versucht. Klein und frech.

Obwohl ich sämtliche Strafen auf mich nahm, wurde mir vor langer Zeit klar, dass die Wahrheit den Menschen tiefes Unbehagen bereiten kann. Und was habe ich als alte Profi-Unruhestifterin getan? Es zum Beruf gemacht. Aber das ist tatsächlich nebenbei passiert.

Als ich 2003 als Studienanfängerin meinen ersten Blog ins Leben rief, war das noch vor der Ära von Facebook, Twitter und Instagram. MySpace konnte sich damals gerade noch so über Wasser halten. Es machte mir Spaß, über mein Uni-Leben und den damit zusammenhängenden Heckmeck zu schreiben. Meine Gedanken im Netz niederzuschreiben, war ein Geschenk an mich selbst, weil es mir erlaubte, auf die für mich authentischste, wahrhaftigste Weise zu schreiben.

Das Bloggen wurde damals nämlich noch als «Im-Internet-Herumdaddeln» betrachtet. Dadurch hatte ich eben auch nicht das Gefühl, ich könnte damit scheitern – und das war ein Geschenk. Ich hatte keine großen Erwartungen, also zog ich meine Schreibe oder meine Stimme nicht in Zweifel. Und wenn du mit dem Gedanken im Hinterkopf schreibst, es wird kein Mensch außer dir deine Worte lesen, kommen sie in der reinsten und ehrlichsten Form aus dir heraus. Es stecken nämlich einfach keinerlei Absichten dahinter. Weshalb ich wiederum auch solche Dinge schreiben konnte, die den Leuten Unbehagen bereiteten. Und so bekam ich allmählich eine Leserschaft. Die Leute sahen das geschrieben, was sie zwar auch dachten, sich aber nicht zu sagen trauten.

Als mein Blog größer und größer wurde und erste Auszeichnungen erhielt, wurde mir klar, dass meine Texte für richtig gut gehalten wurden. Das irritierte mich, und zwar nicht mal aus einer dämlichen Pseudo-Demut heraus. Ernsthaft, ich dachte: «Warum? Ich schreibe doch nur darüber, wie ich die Welt sehe und spreche meine persönlichen Wahrheiten aus.» Dann fragte ich mich, wie es die anderen machen. Labern die nur Mist? Verhalten die sich nicht korrekt da draußen?

Es sollte noch Jahre dauern, bis ich begriff, dass ich einfach deshalb aus der Masse herausstach, weil ich sehr ehrlich und direkt war. Ich schrieb ohne List und Tücke.

Insgesamt betrachtet, sind wir Ehrlichkeit nicht gewohnt. Nicht weil wir schlechte Menschen sind. Doch wir drücken uns so oft selbst bei den kleinsten Kleinigkeiten vor der Wahrheit, dass uns die richtigen Worte oder das Vermögen fehlen, wenn es um Großes geht. Wie sollen wir bei der Konfrontation mit wirklich wichtigen und wirkmächtigen Dingen klarkommen, wenn wir schon in zwanglosen Gesprächen lügen? Uns fehlt einfach die Übung.

Hier ein kleines Beispiel. Eine Freundin kommt auf dich zu und sagt: «Hier, ich war bei einem neuen Friseur und hab mal was Neues ausprobiert. Gefällt's dir?» Du betrachtest deine Freundin, ihr Pony ist irgendwie krumm und schief, und ihr Haar wellt sich auch nicht mehr so schön. Der Friseur hat es verpfuscht.

Instinktiv möchtest du sofort entgegnen: «Ja, klar, sieht toll aus.» Weil du in dem Moment nicht die Gefühle deiner Freundin verletzen oder für schlechte Stimmung sorgen möchtest. Das verstehe ich. Doch dann macht sie ein Selfie und postet es auf Instagram. Mit dem neuen Blickwinkel auf ihre Frisur meint sie nun: «Ach, verdammt. So wollte ich das doch gar nicht. Das sieht richtig billig aus!» Wieder wendet sie sich an dich: «Ich hab gerade ein Foto von mir auf Insta hochgeladen. Warum hast du mir nicht gesagt, dass der mein Pony ruiniert hat? Ich habe dich gefragt, ob dir meine Frisur gefällt, und du hast ja gesagt.»

Jetzt weiß deine Freundin, dass du sie angelogen hast. Du fandst ihre Frisur gar nicht toll. Klar, du wolltest ihre Gefühle nicht verletzen, doch in Zukunft kann sie mit gutem Grund deine Worte in Zweifel ziehen. Das nächste Mal, wenn sie deine Meinung hören möchte, wird sie sich vielleicht fragen, ob du wirklich die Wahrheit sagst oder nur wieder unaufrichtig und beschwichtigend antwortest.

Lass uns nicht noch eine dieser Personen sein, denen die anderen ständig misstrauen müssen. In dieser Welt gibt es sowieso schon an jeder Ecke etwas, dem wir mit Skepsis und Argwohn gegenüberstehen sollten. Lasse uns stattdessen die Freundin oder Dorfbewohnerin sein, bei der sich alle darauf verlassen können, dass sie in den anderen das Beste sieht und es keinem Menschen einfach nur recht machen will. So gesehen ist die Ehrlichkeit eine Sprache der Liebe. Gib mir Bestätigung mittels Fakten. Ich kann nicht behaupten, meiner Bruder oder Schwester Hüterin zu sein, wenn von mir erwartet wird, dass ich sie ständig belüge. Wie soll ich mich gut um sie kümmern, wenn ich nicht offen und ehrlich mit ihnen sein kann?

Wie würde ich also mit dieser Situation der verpfuschten Frisur umgehen? Na ja, auf zwei Arten. Wenn sie wirklich schlimm aussieht UND die Farbe missraten ist, würde ich es wohl sagen müssen, da ich ja gefragt wurde. Wenn die Frisur einfach nicht meinem persönlichen Geschmack entspricht, würde ich etwa so in der Art antworten: «Hauptsache, dir gefällt sie. Wenn sie dir gefällt, geht sie für mich auch klar.» Seeehr geschmeidig. Kein Mensch kann mich der Lüge bezichtigen. Wobei ich natürlich auch an Folgendes glaube: Freundinnen lassen ihre Freundinnen nicht mit einer schäbigen Frisur herumlaufen, ohne es ihnen zu sagen.

Was aber, wenn wir eine wirklich wichtige Frage gestellt bekommen oder irgendwer ein Problem an uns heranträgt und fragt: «Was sagst du dazu?» Was, wenn uns Unrecht getan oder Schaden zugefügt wird und wir die Gelegenheit haben, es anzusprechen? Um Spannungen zu vermeiden, schieben wir die Wahrheit womöglich beiseite.

Berufliche Meetings sind für mich ein Mikrokosmos unserer Welt und wie wir uns darin bewegen. Spiele das Leben in einem Meeting durch, und es kann im *Herr der Fliegen* enden. Wer von uns ist schon in einem Meeting gewesen, auf dem irgendwer eine Idee vorträgt, die im schlimmsten Fall furchtbar und im besten Fall schlecht durchdacht ist? Wir alle. Die Antwort lautet: wir alle. Wenn das passiert, wird es oft still im Raum, und die Leute überlegen, ob sie etwas dagegen sagen sollen. Oft genug sagt keiner der Leute etwas dagegen. Jedes Mal, wenn ich von einer heftigen öffentlichen Gegenreaktion gegen einen taktlosen Werbespot oder eine geschmacklose Kampagne erfahre, frage ich mich, wer bei der ursprünglichen Präsentation anwesend gewesen ist. Wer hat damit hinterm Berg gehalten, wie beknackt das Ganze ist? Wenigstens eine Person muss gewusst haben, dass dieser Shit nicht gut ankommen wird. Warum hat diese Person nicht den Mund aufgemacht?

Person Nr. 1: Sie hatte es satt, immer diejenige zu sein, die den Mund aufmacht, und legte deshalb jetzt mal eine Pause ein.

Person Nr. 2: Sie hatte das Gefühl, es gehörte nicht in ihren Verantwortungsbereich und ginge sie deshalb nichts an.

Person Nr. 3: Sie hatte das Gefühl, es würde nicht gern gesehen.

Person Nr. 4: Sie hatte das Gefühl, sie würde für diese Kritik bestraft werden.

Sämtliche dieser Einwände haben ihre Berechtigung.

Person Nr. 1, dich verstehe ich auf spiritueller Ebene sehr gut. Die Pause hast du dir echt verdient, und ich hoffe inständig, eine andere Person wird für die unliebsame Aufgabe antreten. Dir nehme ich das schon mal nicht übel.

Person Nr. 2, ich kann verstehen, dass du dich um deinen eigenen Kram kümmern willst. Leider ist das hier nun mal auch dein Kram. Wenn dein Unternehmen von den Konsequenzen dieser Kampagne schwer getroffen wird, kann sich das auch auf dich persönlich auswirken. Wer weiß, ob dann nicht Stellen gestrichen werden müssen. Und schon ist es zu deiner Angelegenheit geworden. Wir befreien uns nur allzu bereitwillig von jeglicher Verantwortung für das, was in unserer Mitte geschieht. Unter dem Vorwand, dass wir uns nur um unseren eigenen Kram scheren. Letzten Endes ist das aber nur zu unserem Nachteil. Wenn das Haus unserer Nachbarn Feuer fängt, können wir nicht sagen, es gehe uns nichts an, weil das Feuer schon bald auf unser eigenes Haus übergreifen könnte. Es liegt in unserem ureigenen Interesse, beim Löschen zu helfen. Das Wohlergehen aller sollte die ganze Gemeinde etwas angehen.

Person Nr. 3 hat womöglich Manipulation oder gar psychischen Missbrauch am Arbeitsplatz beobachtet und fühlt sich nicht ermächtigt, den Mund aufzumachen. Person Nr. 4 hat wahrscheinlich erlebt, wie eine Kollegin darunter leiden musste, dass sie Tacheles geredet hat. Person Nr. 3 und Nr. 4, ihr habt mein tiefes Mitgefühl. Ihr möchtet euch schützen, weil ihr die negativen Reaktionen auf ein solches Verhalten beobachtet habt. Ihr habt alles Recht der Welt, nicht mit Aufrichtigkeit zu hantieren, weil es sehr gut möglich ist, dass sie als Waffe gegen euch eingesetzt wird. Zwar können viele ein Lied davon singen, doch es sind besonders Schwarze Frauen, die diesem Phänomen regelmäßig ausgesetzt sind.

Schwarze Frauen haben auf der Arbeit keinen Raum für Fehler und keinen Menschen, der sich für sie einsetzt, schon gar nicht, wenn es wirklich darauf ankommt. Was mich angeht, ich weiß, dass ich selbstständig arbeiten SOLL. Warum? Nach allem, was ich (täglich) darüber höre, wie Schwarze Menschen damit fertigwerden müssen, dass ihre weiße Kollegenschaft nicht ansatzweise mit der Wahrheit klarkommt, begreife ich: Mir fehlt das Rüstzeug, um in einem Unternehmen angestellt zu sein. Schwarze Menschen müssen nämlich ihren Job machen UND permanent aufpassen, die zarten Gefühle von Chad und Becky nicht zu verletzen. Das kostet eine Menge Kraft.

Hätte ich einen Bürojob, bekäme ich im Jahresgespräch zu hören, ich sei «aggressiv» und würde letzten Endes gefeuert werden. Das weiß ich, weil ich einfach nicht das nötige Rüstzeug besitze.

Ich glaube fest daran, dass Schwarze Frauen die Erwachsenen in jedem Raum der Welt sind. Nicht weil wir diese Rolle der Aufpasserin unbedingt spielen wollen, sondern weil wir oft gar keine andere Wahl haben. Wir stellen uns vor die Klasse, weil wir wissen, dass der ganze Laden sonst mit wehenden Fahnen untergehen wird. Für mich sind Schwarze Frauen der moralische Mittelpunkt des Universums, und kein Mensch kann mir etwas anderes weismachen. Obwohl sie unsere Köpfe mit Füßen treten, uns durchgehend dissen und behandeln, als seien wir frei verfügbar, treten wir in Erscheinung. Wir machen den Mund auf, wir glänzen, und wir treten für andere ein, selbst wenn sie es gar nicht verdient haben. Wir kriegen dafür einen Riesenärger.

Doch die Leute hören nicht so auf uns, wie sie sollten. Alles wäre so viel ruhiger, wenn die Welt unsere Stimmen mehr ehrte. Es gäbe weniger Chaos, mehr Gleichberechtigung und weniger Leid, wenn die Leute begreifen würden, dass Schwarze Frauen Lösungen parat haben. Im Grunde gehören wir dem größten Gruppenprojekt ever an, und die Benotung hängt leider von den anderen ab. Wir sind diejenigen, die keine Sechs bekommen wollen und deshalb die ganze Arbeit übernehmen. Von der daraus resultierenden Eins profitieren dann aber alle, obwohl wir allein sie uns verdient haben.

Der von uns verspürte Druck, sich selbst schützen zu müssen, ist mehr als gerechtfertigt, und ich verneige mich vor den *Sistas*, die damit auf die ihnen bestmögliche Weise umgehen. Ich verneige mich vor denjenigen, die täglich mit den Mikroaggressionen, den Mikroanerkennungen und den Megavorurteilen klarkommen müssen. Ich sehe euch. Ihr seid Superheldinnen. Wenn ihr trotz alledem den Mund aufmacht, ist das ein Geschenk. Ein Geschenk, das wir nicht stillschweigend voraussetzen dürfen. Jetzt brauchen wir auch die anderen. Auch sie müssen antreten und die Stimme erheben.

Ich werde dich nicht anlügen. «Folge deinem Herzen, sprich die Wahrheit, dann wird dir schon nichts passieren», wirst du von mir nicht zu hören bekommen, nein. Es kann scheiße laufen, und es kann Konsequenzen geben. Es ist definitiv riskant, kein Blatt vor den Mund zu nehmen. Trotzdem würde ich lieber diese Risiken eingehen, als das Risiko, meine Tatenlosigkeit oder mein Schweigen zu bereuen. Mir gehen die Fragen der Dichterin Audre Lorde durch den Kopf: «Welche Worte fehlen euch noch? Was wollt ihr sagen? Wie sieht sie aus, die Tyrannei, deren Zumutungen ihr täglich aufs Neue schluckt und die ihr zu verinnerlichen versucht, bis sie euch, noch immer schweigend, krank macht und tötet?» Ich selbst möchte diese Tyranneien nicht einfach aushalten. Von mir selbst enttäuscht zu sein, ist für mich weit schlimmer, als wenn andere von mir enttäuscht sind.

Wie bringen wir also den Mut auf, die Stimme zu erheben, wenn wir wissen, es kann ein Nachspiel haben? Um diese Frage zu beantworten, müssen wir uns zuallererst vor Augen halten, vor welcher Konsequenz wir uns konkret fürchten. Um was handelt es sich dabei genau? Und was würde es im schlimmsten Fall nach sich ziehen? Würdest du von der Personalabteilung abgemahnt werden, oder spränge der Kunde ab, weil du seine Idee abgelehnt hast? Oder würdest du vielleicht sogar gefeuert werden, wenn du den Mund aufmachst? Vor was genau fürchtest du dich am meisten, wenn du jetzt, in diesem Moment, die Wahrheit sagst?

Und FALLS diese Folgen tatsächlich eintreffen sollten, kämst du irgendwie durch? Falls dir gekündigt würde und du dann nicht wüsstest, woher du etwas zu essen bekommen sollst, feile dir in diesem Meeting um Himmels willen einfach nur die Nägel und sieh zu, wie die Sache den Bach heruntergeht. Ein Großteil der US-Amerikanerinnen und -Amerikaner kommt gerade so über die Runden, da verheißt eine Lohnunterbrechung nichts Gutes.

Meine Aufforderung gilt den finanziell Abgesicherten, die nicht akut von Wohnungslosigkeit bedroht sind, wenn sie zwei Monate lang nicht arbeiten gehen können. Anders gesagt: Sind deine physiologischen Sicherheitsbedürfnisse der maslowschen Bedürfnispyramide erfüllt? Dann bist du gemeint. Du bist in der Lage, ein paar Risiken einzugehen. Ja, du. Oft fürchten wir uns so sehr vor den Konsequenzen des Mundaufmachens und Menschen-Unbehagen-Bereitens, dass wir uns gar keine Gedanken darüber machen, was alles im Idealfall passieren könnte.

Falls du in der Folge gefeuert würdest: Möchtest du in diesem Betrieb überhaupt arbeiten? Wenn du dafür gefeuert wirst, eine Idee in einem einzigen Meeting zu hinterfragen: Ist dieser Betrieb deine Zeit und Energie überhaupt wert? Falls du in der Folge eher nicht gefeuert oder abgemahnt würdest: Was steht wirklich auf dem Spiel, wenn du den Mund aufmachst? Wirst du dann vielleicht nicht mehr gemocht von der Person, deren Gedanken oder Taten du infrage stellst?

Ich selbst habe Karriere damit gemacht, eine ehrliche Haut zu sein. Nicht, weil ich morgens aus dem Haus gehe und denke: «YAY, ES IST MAL WIEDER AN DER ZEIT, DEN LEUTEN UNBEHAGEN ZU BEREITEN», sondern weil mir klar ist: Wenn ich auf bestmögliche Art in Erscheinung treten will, dann kann ich unmöglich schweigen, wenn vor meiner Nase etwas nicht klargeht. Dann kann ich gar nicht anders, als meine Meinung zu sagen.

Als Mensch, der den anderen stets reinen Wein einschenkt, hast du natürlich kein leichtes Leben. Es zehrt an den Kräften, andauernd das Gefühl zu haben, die einzige Erwachsene im Raum zu sein. Es ist ermüdend, die Beschwerdeführerin zu sein und keine Rückendeckung zu haben. Gleichzeitig finde ich, es hebt die Moral der Menschen im Raum, wenn wir anwesend sind. Sie bringen dann weniger Mist auf den Tisch, weil sie wissen, du nimmst ihn und wirfst ihn hochkant hinaus. Die Leute wissen, sie müssen sich so korrekt wie möglich verhalten, damit sie nicht deine Meinung zu hören kriegen.

Ähnlich verhält es sich, wenn du mit dem Menschen in einem Raum bist, der mit den wichtigen Fragen zu dir kommt. Dieser Mensch weiß: Wenn er sich bei dir erkundigt, ob eine Idee maximal gut durchdacht und weitsichtig ist, wirst du nicht mit unausgegorenen Beurteilungen daherkommen. Wenn wir in einer Welt leben, in der alle das Beste von uns erwarten, werden wir genau das in den Raum hineintragen.

Menschen oder Systeme anzufechten, fällt selbst denjenigen nicht leicht, die es ihr ganzes Leben lang getan haben. Es ist immer wieder aufs Neue eine bewusste Entscheidung.

Um meinen dreißigsten Geburtstag herum bin ich, wie bereits erwähnt, Fallschirmspringen gegangen, weil mich einer meiner Freunde darum gebeten hatte, ihn zu begleiten. Als er mich fragte, sagte ich so schnell Ja, dass ich es nicht zurücknehmen konnte. Es war ein derart überzeugtes Ja, dass selbst ich geschockt war. Da ich zu meinen Worten stehe, blieb es auch dabei. Wir fuhren also zu irgendeinem abgelegenen Ort auf

Long Island und unterschrieben alle möglichen Formulare, die im Grunde sagten: Wenn wir irgendwo aufklatschen, können wir keine Menschenseele dafür haftbar machen. Wir stiegen ins Flugzeug und flogen etwa vier-, fünftausend Meter hoch. Ich wurde an den Fallschirmprofi geschnallt, der mit mir sprang, und irgendwann war ich so eng an ihm dran, dass ich vom Sitz abhob. Mein ganzes Gewicht lastete auf ihm, und das beruhigte mich irgendwie, weil ich dachte: «Jetzt geht es für dich um was. Wenn ich sterbe, stirbst du mit mir. Perfekt, ich bin bereit.»

Dieser flüchtige Moment des Muts verschwand augenblicklich, als wir am Rand des Flugzeugs saßen und ich die Erde unter mir sehen konnte. Ich dachte: «Oh, ganz schlechte Idee. Ich habe in meinem Leben schon einige dumme Sachen gemacht, und das hier ist eine davon. Warum tue ich mir das an? Ich bezahle irgendwen dafür, dass er mich aus einem voll verkehrstüchtigen Flugzeug wirft.» So viel zu First World Problems.

In dem Moment, als wir aus dem Flugzeug fielen, vergaß ich drei Sekunden lang zu atmen. Es war, als sagten meine Körperreflexe: «Nein, nein, das können wir nicht. Nein.» Und dann mein Körper: «Weißt du noch? Das Ding mit der Lunge? Atme!» Irgendwann holte ich tief Luft, als wir im freien Fall waren, der Fallschirm sprang auf, wir schwebten im Himmel, und mein Springer machte mit mir einen Rundflug über New York. Es war atemberaubend schön, und ich war so froh, dass ich so etwas Beklopptes tatsächlich getan hatte! Am Ende landete ich sogar auf den Füßen!

Jedes Mal, wenn ich etwas sagen will, das sich unangenehm oder schwierig oder ein Stück zu groß für mich anfühlt, denke ich an den Moment zurück, als ich aus dem Flugzeug sprang und kurz aufhörte zu atmen. Ich denke daran, wie ich wieder zu Atem kam und anschließend in der Lage war, voller Staunen die Erde zu betrachten. Und alles, was ich sah, war wunderschön.

Es war das Beste, was ich hatte tun können. Und es fühlte sich selbst dann richtig an, als ich vor Angst fast erstarrte.

Obwohl ich Dinge anfechte, jagt es mir jedes Mal aufs Neue Angst ein. Das sage ich, weil viele glauben, es fiele den Beschwerdeführerinnen und Beschwerdeführern leicht, die Wahrheit auszusprechen. «Ach, das machst du schon so lange, da bist du dran gewöhnt. Das ist doch easy für dich.» Nein, es ist nie wirklich easy. Du gewöhnst dich einfach nur daran, trotz der beängstigenden Gefühle den Mund aufzumachen.

Wenn du an die Menschen denkst, die Dinge anfechten, die anderen mit ihren Wahrheiten Unbehagen bereiten oder die auf bestmögliche Weise in Erscheinung treten, egal, in welchem Raum sie sich befinden – denkst du dann: «Ich wünschte, ich könnte das auch?» Dann bin ich hier, um dir zu sagen: Du kannst es.

Woher weißt du, wann du kein Blatt vor den Mund nehmen oder irgendwen hinterfragen sollst und wann nicht?

Als Unruhestifterin hast du nicht zum Ziel, den Leuten ein unangenehmes Gefühl zu geben oder eine Querulantin zu sein oder Spannungen zu kreieren. Beim Anfechten geht es darum, das Beste aus allen herauszuholen und dafür zu sorgen, dass sie die Schwachstellen sehen. Wie stellst du das an?

Sei menschlich. Wir müssen uns mit Empathie durch die Räume bewegen. Wir müssen sehen, wo die Leute stehen, wir müssen ihre Menschlichkeit anerkennen. Ist es richtig schwierig, eine Person zu kritisieren, sage ich manchmal: «Als Ihr Mitmensch auf dieser Erde fühle ich mich verpflichtet, Sie so zu hinterfragen.»

Auch mithilfe von Fragen können wir unsere Mitmenschen anfechten. Genauso läuft es auch in der Psychotherapie. Im Grunde stellt dir deine Therapeutin eine Menge Fragen, ohne viel dazu zu sagen, und lässt dich die Lösungen selbst finden. Die bescheuerte Idee im Meeting? Halte ihr entgegen: «Haben Sie sich schon tiefer damit beschäftigt? Gibt's noch irgendwelche anderen Blickwinkel? Auf welche Widerstände könnten wir stoßen, wenn wir diese Idee umsetzen?» Irgendwer erzählt einen rassistischen Witz? Frage die Person: «Können Sie mir den bitte erklären?», damit sie ihren Rassismus in Worte fassen muss.

Taktloses Verhalten beim Erzählen der Wahrheit haben wir alle schon erlebt (vielleicht sogar bei uns selbst). Und genau diese Erfahrung beschwören wir herauf, wenn wir ans Unruhestiften denken. Wir denken an die Person, die etwas auf die falscheste Art auf den Boden der Tatsachen gebracht hat. Sei nicht wie diese laute, querulantische und grausame Person. Sei rücksichtsvoll.

Ich behaupte nicht, dass du dann keinen Menschen gegen dich aufbringen wirst. Sofern du dich jedoch bemühst, so gut informiert wie möglich zu sein, verringerst du zumindest die Gefahr. Mehr kannst du nicht tun. Ich persönlich stelle mir drei Fragen, bevor ich etwas sage, mit dem ich mir Ärger einhandeln könnte.

Meine ich das auch so? Glaube ich da wirklich dran?

Kann ich meine Meinung auch verteidigen? Wenn ich etwas anfechte, muss ich auch bereit sein, mich hinterfragen und anschubsen zu lassen. Meine Gedanken müssen näher untersucht werden. Bin ich in der Lage, zu ihnen zu stehen und sie zu rechtfertigen? Habe ich Belege?

Kann ich es rücksichtsvoll oder liebevoll rüberbringen? Habe ich wirklich gute Absichten? Ich mag meine Empörung für gerecht halten, aber bringe ich sie auch rücksichtsvoll oder liebevoll zum Ausdruck? So gerecht und so wahr es sich auch anfühlen mag – wenn ich es hasserfüllt sage oder so, dass die anderen sich erniedrigt oder kleiner fühlen, wird meine Botschaft nicht ankommen.

Meinst du es ernst? Kannst du deine Meinung verteidigen? Kannst du sie rücksichtsvoll rüberbringen? Wenn die Antwort auf alle drei Fragen Ja lautet, dann lass ich es drauf ankommen. Egal, ob ich etwas in einem Meeting, bei einer Freundin oder bei meiner Mom anspreche: Diese Checkliste gehe ich jedes Mal innerlich durch, damit ich nicht dauernd Gefahr laufe, taktlos zu sein. Die Liste zieht mich zur Verantwortung und hält mich in Schach.

Das ist zwar keine todsichere Methode, und ich mache natürlich trotzdem ab und an etwas falsch oder sage etwas, das ich nicht hätte sagen sollen. Gut gemeint kann wie gesagt das Gegenteil von gut sein, aber es ist ein guter Anfang. Sei also so rücksichtsvoll, wie du kannst. Wie deine Worte am Ende verfangen, liegt nicht in deiner Macht. Solange du dir Gedanken gemacht hast, nicht impulsiv handelst oder hasserfüllt redest, hast du dein Bestes getan.

Jede dieser Fragen hilft mir, auf einem soliden Fundament zu stehen. Mit ihnen überprüfe ich mich. Selbst wenn ich wütend oder aufgebracht bin, stelle ich mit ihnen sicher, dass ich kurz innehalte: «Stopp. Lohnt es sich wirklich, das zu sagen? Willst du wirklich so in Erscheinung treten?» Das schenkt mir den Mut zu sagen: JA, genau so.

Worüber wir uns außerdem im Klaren sein sollten, bevor wir den Mund aufmachen: Wie viel Macht besitzen wir? In meinem ersten Buch habe ich von einem «Privilege Walk» an der Uni erzählt, den ich mal mitgemacht habe. Bei dieser Übung stellen sich die Teilnehmenden in einer Reihe nebeneinander auf, die Hände jeweils auf den Schultern der Nebenstehenden. Anschließend liest die moderierende Person eine Reihe Fragen vor, bei denen die Teilnehmenden je nach Antwort entweder einen Schritt nach vorn oder einen Schritt nach hinten gehen sollen. Zum Beispiel: «Tritt einen Schritt nach vorn, wenn du in der Drogerie ohne Probleme ein Pflaster in deiner Hautfarbe auftreiben kannst.» – «Tritt einen Schritt nach hinten, wenn dein Name häufig falsch ausgesprochen wird.» – «Tritt einen Schritt nach vorn, wenn von vorneherein feststand, dass du studieren wirst.» Während es die Teilnehmenden immer weiter auseinanderzieht, müssen sie sich zwangsläufig von ihren Nachbarinnen und Nachbarn trennen. Am Ende stehen alle woanders im Raum. Macht und Privilegiertheit werden hier körperlich dargestellt und damit unglaublich gut veranschaulicht.

Aufgrund meiner eigenen Privilegien als heterosexuelle, christliche, cisgender Frau mit gebildeten Eltern landete ich ungefähr in der Mitte. Ich erinnere mich noch, dass sich bei mir unmittelbar ein Verantwortungsgefühl einstellte, als ich mich umdrehte und einige meiner Kommilitoninnen hinter mir erblickte. Ich wollte sie neben mir haben. Die Tatsache, dass ich mich von ihnen trennen musste, weckte Schuldgefühle in mir. Damals wurde ich mir einer meiner Bestimmungen bewusst: dafür Sorge tragen, dass ich keinen Menschen hinter mir sehen muss. Und wenn ich hinter mir Menschen stehen sehe, dann muss ich einen Weg finden, sie an meine Seite zu holen.

Das ist wichtig. Wenn ich nämlich einen Raum betrete, muss ich mir im Klaren sein über die Macht, die mit mir ist. Diese

Klarheit lenkt meine Stimme und versichert mir, dass ich den schwierigen Kram aussprechen soll. Lassen wir unsere Macht zurück oder erkennen nicht einmal, dass wir welche haben, fühlen wir uns dem schwierigen Kram womöglich nicht gewachsen.

Als professionelle Rednerin weiß ich: Solange ich auf der Bühne stehe, bin ich die einflussreichste Person im Raum. Warum? Weil ich die mit dem Mikro bin. Das ändert sich vielleicht, sobald ich von der Bühne steige, doch in den fünfundfünfzig Minuten dort oben habe ich das Ruder in der Hand. Mein Job ist es, alles aufzuwirbeln und mithilfe meiner Macht den Menschen mit weniger Einfluss das Gefühl zu geben, genauso wichtig zu sein und gesehen zu werden. Oder den Menschen ohne Mikro das Gefühl zu geben, trotzdem gehört zu werden. Ich stehe nicht dort oben, um der Geschäftsführung ein gutes Gefühl zu geben. Ich stehe dort, um für die Praktikantin zu sprechen, die beim Meeting nicht zu Wort gekommen ist.

Von Brittany Packnett Cunningham, einer meiner Freundinnen (die zufällig eine geniale Aktivistin und Lehrerin ist), kenne ich den Ausdruck «Spend your privilege». Er stammt von Rebecca Cokley, die sich für die Rechte von Menschen mit Behinderung einsetzt. Was sie damit meint: Die Privilegien auf dieser Welt sind endlos und werden sich niemals erschöpfen. Es ist nicht so, dass wir heute unsere Stimme einsetzen und morgen dafür eine Verlängerung beantragen müssen. Macht ist unendlich, also wird sie auch nicht weniger, wenn wir sie für andere einsetzen. Wir müssen unseren Einfluss, unsere Möglichkeiten und unser GELD für höhere Ziele aufwenden.

Ich verlange nichts von anderen, das ich nicht zuallererst von mir selbst verlange. Oft müssen wir erst sehen, wie eine andere Person das Wagnis eingeht, bevor wir es uns selbst zutrauen. Im Lauf meiner Karriere hat es eine Menge riskante Situationen gegeben, und daran können sich andere vielleicht ein Beispiel nehmen. Ich bin als Schwarze Frau in einigen prunkvollen Räumen gelandet, obwohl ich oft ein Großmaul bin.

Diesen Job erwarte ich nicht von denen unter uns, die ohnehin am Rand der Gesllschaft stehen. Ich fordere vor allem diejenigen dazu auf, die reich, weiß, heterosexuell und cisgender sind. Wartet nicht auf den Rest der Welt. Und wenn ihr beschließt zu warten, macht euch in der Zwischenzeit nützlich.

Aber zurück zu den Meetings. Wenn du nicht die Person bist, die die Dinge beim Namen nennt, dann stärke der Person, die es tut, den Rücken. Wenn du nicht der erste Dominostein sein willst, sei der zweite. Ich bin meistens diejenige, die losprescht und die anderen auffordert, etwas zu überdenken. Wenn sich daraufhin irgendwer zustimmend einklinkt, tut das gut und ist für mich enorm hilfreich. Das gibt mir Rückendeckung, und gemeinsam sind wir stark. Kein Mensch möchte gern vollkommen allein dastehen.

Trotzdem kommt es vor, dass ich nicht diejenige sein möchte, die den Mund aufmacht, dass ich dasitze und denke: «Heute werde ich einfach mal nichts sagen. Ich werde nichts und niemanden herausfordern. Ich werde keine Fragen stellen.»

Häufig wälzen wir die Verantwortung auf andere ab, weil wir denken, die Dinge beim Namen zu nennen, sei eigentlich ihre Aufgabe. Aber was, wenn die anderen mal eine Pause brauchen? Wir können nicht stillschweigend davon ausgehen, dass sie den Job übernehmen. Denn es ist unser aller Job. Wir alle müssen auch mal in die Angriffsposition gehen. Alle warten auf Superman, obwohl sie doch einen eigenen roten Umhang besitzen.

Die Tatsache, dass wir gemeinsam stark sind, ist für Frauen besonders wichtig, denn wir werden andauernd unterbrochen. Oder aber ein anderer sagt exakt dasselbe, was wir gerade gesagt haben, und erntet dafür die Anerkennung. Eine Stimme lässt sich leicht ignorieren, bei zwei Stimmen wird es schon schwierig und bei drei Stimmen fast unmöglich. Gemeinsame Stärke ist beim Unruhestiften unabdingbar!

Viele von uns bleiben im entscheidenden Moment still und teilen stattdessen im Anschluss an das Meeting Mikroanerkennungen aus: «Oh mein Gott, ich bin so froh, dass du das gesagt hast». Aber du sagst mir das, wenn kein Mensch zuhört. Von dieser Währung kann ich mir nichts kaufen, und kein Mensch ist da, der sie sehen könnte. Wenn du mir nicht im Meeting selbst den Rücken stärkst, bringt uns das rein gar nichts. Lasst uns so etwas seltener tun und stattdessen klar Stellung beziehen, wenn es darauf ankommt. Stelle dich wortwörtlich neben die Person. Bekräftige die Person laut und deutlich und verleihe ihr dadurch mehr Glaubwürdigkeit und Durchschlagskraft.

Es gibt so viele Menschen, die tagtäglich mit solchen Situationen fertigwerden müssen, und ich möchte, dass es weniger werden. Ich verneige mich vor all den Angestellten, die mit Leuten zusammenarbeiten, die ihnen nicht oder nur nachträglich mutig zur Seite stehen, was eben kein echter Mut ist.

Ich selbst wäre als Angestellte definitiv schon mehrmals gefeuert worden. Wäre ich die Empfängerin einer Mikroanerkennung, würde ich so etwas sagen wie: «Weißt du was, lass stecken.» Daraufhin hätte mich irgendwer bei der Personalabteilung gemeldet, und das wär's dann gewesen. Ich fokussiere mich einfach weniger auf Nettigkeiten. Ich möchte gut zu dir sein, indem ich mich für dich einsetze, indem ich für dich den Mund aufmache, wenn du zu viel Angst davor hast. Was passiert aber, wenn ich den Mund einmal nicht aufmachen möchte? Wer springt dann für mich ein? Wer springt für die Angreiferin ein?

Viele fragen sich, warum sie so oft angelogen werden. Ich verrate dir, woran das liegt: Sie haben sich als Personen entpuppt, die Wahrheiten als Waffe einsetzen, deshalb vertraut ihnen kein

Mensch mehr etwas an. Haben die Leute ein Umfeld kreiert, in dem das Aussprechen der Wahrheit bestraft wird, müssen sie mit miesen Arbeitsleistungen klarkommen. Und wer jedes Mal auflegt, wenn Freundinnen von ihren dämlichen Entscheidungen erzählen, wird sich auch weiterhin im Team «Miese Entscheidungen» abplagen müssen, weil die Teammitglieder in Zukunft schweigen werden. Wie sich die Leute gebettet haben, so liegen sie dann auch.

Du wünschst dir mehr Ehrlichkeit in deinem Umfeld? Dann fordere sie ein. Wir müssen Räume schaffen, in denen sich alle wohlfühlen können, wenn offen geredet und Dinge angefochten werden. Suche die Person auf, die normalerweise schweigt: «Hey, ich würde echt gern hören, was Sie zu sagen haben. Mich interessieren Ihr Feedback und Ihre Fragen. Ich weiß, einige von uns haben das Gespräch gekapert, aber Ihre Stimme ist wichtig. Lassen Sie uns bitte wissen, was Sie denken?»

Sage nicht nur deinen Facebook-Freundinnen und -Freunden, sondern auch deinen Familienmitgliedern die Wahrheit. Was bringt es, wenn wir uns bei wahllosen Leuten im Internet lautstark über Rassismus oder Homophobie oder Transphobie oder das Patriarchat beklagen, wenn wir nicht diejenigen angehen, die wir im echten Leben kennen? Wir denken teilweise, es wäre eine Riesenleistung, wenn wir im Netz den Mund groß aufmachen. Und dann schweigen wir in den Räumen, in denen wir uns aufhalten, schweigen in Gegenwart von Menschen, die wir anfassen können, schweigen in den Situationen, in denen wir tatsächlich Einfluss haben können. Sag den Menschen die Wahrheit, die dir nahestehen, nicht wahllosen Menschen vor dem Bildschirm.

Viele meinen, sie hätten keine Plattform, doch das stimmt nicht. Deine Plattform sind deine Verwandten, deine Gang, deine Kolleginnen und Kollegen. Engagiere dich in deinem

Nahbereich, das hat weitreichende Folgen. Die Worte unserer Liebsten bewegen uns am meisten.

Ich muss oft daran denken, wie ich einmal fast geschwiegen hätte, weil es hieß, es könnte Konsequenzen haben. Ich muss daran denken, wie zutiefst unwohl ich mich fühlte, weil ich einen großen Batzen meines Lebensunterhalts hätte verlieren können, als ich meine Stimme gegen eine Konferenz erhob, die sich für mehr Lohngleichheit einsetzte. Und ich muss an das Angstgefühl denken, mit dem ich mich diesen Situationen stellte. Denn was nutzen meine Macht und meine Privilegien, wenn ich nur in einfachen Situationen die Wahrheit sage? Die Wahrheit muss in den richtig schwierigen Momenten gesagt werden. Dann bewirkt sie nämlich am meisten.

Und ja, wir fürchten uns vor dem schlimmsten aller Fälle, aber was, wenn der beste aller Fälle eintritt? Was, wenn wir in den jeweiligen Räumlichkeiten das System oder die Menschen, über die wir stolpern, verändern? Dadurch, dass wir uns trauen, in Erscheinung zu treten und die Stimme zu erheben?

Ich sage das als Schwarze Frau, die ständig den Mächtigen die Wahrheit vorhält, die sich bemüht, dies auf die authentischste Art zu tun, die ihr möglich ist, und die auch mal danebentritt. Groß sind wir, wenn wir in den richtig heiklen Momenten mutig sind. Wenn alles total beängstigend ist, wenn wir am liebsten im Erdboden versinken würden, wenn es heißt, wir sollen ruhig sein. Gerade dann dürfen wir nicht ruhig sein. Wenn wir das Gefühl haben, wir müssen etwas Bestimmtes tun oder sagen, dann soll es wahrscheinlich auch genau so sein.

Wir müssen die Wahrheit an oberste Stelle setzen, denn die Welt ist voller Phänomene, auf die wir aufmerksam machen müssen, voller Ungerechtigkeiten, gegen die wir angehen müssen und voller Strukturen, die wir niederreißen müssen. Wenn wir nicht mit Ehrlichkeit beginnen, woher sollen wir dann wissen, welche Probleme wir anpacken müssen? Du reparierst ja nichts, das deines Wissens nicht kaputt ist. Mit Lügen kommst du der Gerechtigkeit nicht näher, mit Kuscheln ebenso wenig. Für das größere Wohl müssen wir persönliche Integrität und kollektive Offenheit aufbringen, und damit fangen wir an, indem wir ehrlich sind, wo auch immer wir uns aufhalten.

Viele von uns riskieren mit der Wahrheit weniger, als uns bewusst ist. Die ECHTEN Wahrheitsverfechterinnen und -verfechter, das sind die Freiheitskämpferinnen und Freiheitskämpfer, die verprügelt, eingesperrt oder getötet wurden, weil sie es wagten, den Status quo anzugehen. «Black Panthers» werden wir nicht, wenn wir in unseren Räumen aus Glas sitzen und lediglich Angst davor haben, irgendwem «Das ist keine so gute Idee» zu sagen. Was wir aufs Spiel setzen, ist keineswegs unsere Freiheit oder unser Leben.

Kein Mensch hat behauptet, dass es leicht wird; die lohnenswerten Dinge sind eben meistens nicht leicht. Das war klar. Das Aussprechen der Wahrheit ist wie ein Muskel, den wir trainieren und nutzen müssen, damit er sich aufbaut. Ich hasse dieses Training, und wer sagt, es mache Spaß, der lügt. Und trotzdem tue ich es, weil ich weiß, es wird zu meinem eigenen Nachteil sein, wenn ich es sein lasse. Ich selbst werde am meisten darunter leiden. Die Hüterin der Wahrheit zu sein, erfordert Übung.

Als ich begann, Vorträge zu halten, war meine Stimme immer die ersten fünf bis zehn Minuten am Zittern. Ich weiß nicht, ob es irgendwer bemerkte, aber ich bemerkte es auf alle Fälle. Ich redete trotzdem weiter, und irgendwann wurde es besser. Ich erinnere mich nicht genau, wann, doch eines Tages stieg ich auf die Bühne und merkte, dass meine Stimme überhaupt nicht mehr zitterte.

Mir gehen die Worte des weltverändernden GUTEN Unruhestifters John Lewis durch den Kopf: «Wenn du etwas siehst, das nicht richtig, nicht fair, nicht gerecht ist, hast du die moralische Pflicht, etwas dagegen zu tun und zu sagen, statt zu schweigen.» Wir sind moralisch dazu verpflichtet, die Wahrheit zu sagen. Die Wahrheit zu sagen, auch wenn unsere Stimme zittert. Die Wahrheit zu sagen, auch wenn es den Frieden stört. Die Wahrheit zu sagen, auch wenn es Konsequenzen für uns haben könnte. Denn das an sich macht uns schon couragierter als die meisten Menschen auf der Welt.

Wende die drei Fragen an, sei dir bewusst, dass deine Stimme wichtig ist, und halte den Mächtigen die Wahrheit vor. In einer Echokammer der Lügen vermag schon ein Flüstern etwas zu bewirken.

7. Kapitel

SCHEITERE MIT PAUKEN UND TROMPETEN

Wir fürchten uns vor dem Versagen

Scheitern ist ätzend. Wir haben Angst, dass die anderen es bemerken und dadurch etwas über uns herausfinden, das ihnen Munition für eine Attacke gegen uns gibt. Wir haben Angst, das Falsche zu tun oder zu sagen, also tun und sagen wir aus reinem Selbstschutz lieber nichts Bemerkenswertes. Hallo, Eintönigkeit.

Wenn du ein buntes, ein bedeutsames, ein bemerkenswertes Leben lebst, wirst du unweigerlich Fehler machen. Du wirst Dinge verhauen. Du wirst offenbaren, was für eine ewige Närrin du bist, die zusehen muss, dass sie ihren Shit geregelt kriegt. Und das ist völlig okay. Denn Scheitern ist wichtig. Weil es wichtig ist, dass wir ein Leben mit Pauken und Trompeten leben. Scheitern ist schmerzhaft, kommt meist unerwartet und kann uns komplett aus der Bahn werfen.

Ich bin schon oft gescheitert, und ich bin krachend laut

gescheitert. Das ist ein Initiationsritus für unser größeres Wohl, und wir müssen daraus lernen.

Am Tag als Aretha Franklin im Jahr 2018 starb und wir alle gemeinsam um sie trauerten, wurde darüber debattiert, wer bei ihrem Gedenkkonzert mitwirken solle. Welche Künstlerinnen und Künstler würden Mrs. Franklin musikalisch gerecht werden? Im Netz wurde mit Namen um sich geworfen, und irgendwer schlug einen beliebten R&B-Sänger vor, der seine Hochphase Anfang der 1990er hatte.

Da ich lange nichts von ihm gehört und seit mindestens fünfzehn Jahren von keiner neuen Veröffentlichung erfahren hatte, twitterte ich impulsiv, wie ich gelegentlich bin, drauflos: «Unter welchem Stein haben sie denn den Namen ausgegraben?» Einige meinten: «Ich finde den Vorschlag gut.» Und noch viele mehr meinten: «Der wäre mir dafür aber auch nicht als Erstes eingefallen.» Dann gingen die Diskussionen weiter, und immer mehr Namen wurden in die Runde geworfen.

So weit, so gut. Dachte ich zumindest.

Am nächsten Morgen wachte ich auf und sah, dass sich mein Twitteraccount in ein Schlachtfeld verwandelt hatte. Die Diskussion hatte sich dahingehend verlagert, dass ich nicht in den USA geboren, also keine richtige Afroamerikanerin sei und deshalb mit meiner Meinung bitte hinterm Berg halten solle.

Und dann nahm mein bislang größter öffentlicher Fehlschlag seinen Lauf.

Meine Freundinnen und Freunde fingen an, mich darauf anzusprechen, weil sie das Ganze inzwischen in ihrer eigenen Timeline sahen, und ich fragte sie um Rat. Sollte ich darauf reagieren? Sollte ich es einfach laufen lassen? Sollte ich mich verteidigen? Sollte ich so tun, als wäre nichts gewesen, und einfach irgendwelche anderen Sachen twittern, die nichts damit zu tun hatten?

Ich entschied mich fürs Aussitzen und blieb mehrere Stunden dabei. Doch dann wurde etwas über mich getwittert, das ich als abschätzig empfand, und mein Ego riss das Ruder an sich. Ich antwortete, dass hier nun offensichtlich Othering im Spiel sei, und dann warf ich noch etwas in die Richtung ein, wie sich die Leute von einem so simplen Tweet derart bedrängt fühlen könnten, ich hätte doch nur nachgefragt, wo die Person den Namen ausgegraben hätte.

Damit goss ich reichlich Öl ins Feuer, und das Ganze explodierte.

Mein Name wurde zum Twitter-Trend. Eine Stunde lang war er auf Platz acht der Themen, über die in den ganzen USA am meisten getwittert wurde. Die Hälfte der Leute nannte mich alles, nur nicht ein Kind Gottes, und die andere Hälfte wunderte sich, warum plötzlich überall dieser Name *Luvvie* in ihrer Timeline auftauchte. Ich, die ich normalerweise mehr als gern das Kritisieren übernahm, wurde jetzt selbst scharf kritisiert. Und zwar mit Pauken und Trompeten.

Ich loggte mich aus. Was im Folgenden passierte, muss schlimm gewesen sein, denn ich bekam jede Menge Nachrichten von Leuten, die sich nach mir erkundigten. «Alles okay bei dir? Ich sehe gerade, was hier abgeht. Tut mir leid. Sag Bescheid, wenn ich dir helfen kann.»

Es hieß, ich hielte mich als Nigerianerin für etwas Besseres und hätte keine Ahnung, wovon ich rede. Die Leute durchforsteten meine Tweets und versuchten zu beweisen, dass ich etwas gegen US-Amerikaner*innen und Schwarze US-Amerikaner*innen hatte, oder sonst wie beleidigende Dinge schrieb. Es wurden Beiträge über mich veröffentlicht, und es fühlte sich an, als stünde mein Name überall. Alles, was ich je über das Dasein als Schwarze in den USA gesagt hatte, war auf dem Prüfstand.

Ich hatte das Gefühl, alle trampelten auf mir herum und verbreiteten Lügen über mich. Ich reagierte mit einem Blogbeitrag, in dem ich mich erklärte und begreiflich machen wollte, dass ich überhaupt nicht so wäre, wie jetzt alle dachten. Kurz und gut: Ich bin es nicht richtig angegangen, weil ich mich kein einziges Mal ordentlich entschuldigte.

Der Beitrag löste nur einen neuen Shitstorm aus, und einige setzten sich nun richtig vehement für meinen Untergang ein. Eine Person postete auf Facebook: «Ich will ihre Karriere zerstören.» Eine andere erstellte einen anonymen E-Mail-Account, von dem aus sie jeder Marke, mit der ich eine Partnerschaft hatte, und jeder Organisation, die mich als Rednerin engagiert hatte, eine Nachricht schrieb mit dem Ratschlag, sich von mir zu distanzieren. Ein populärer Feind von Schwarzen Menschen und Frauen hetzte mir seine Fans auf den Hals, die jede Menge Kommentare à la «Geh zurück nach Afrika!» und «Stirb, Bitch!» auf meiner Plattform hinterließen.

Ich war am Boden zerstört. Was war von dem dicken Fell oder dem Selbstbewusstsein, das ich glaubte zu haben, übriggeblieben? Diese Stiche gingen tief. Ich fühlte mich wie in der Schlacht der Bastarde, als die Heere mit allen möglichen Waffen über Jon Snow herfallen und er sie einfach nur in stiller Hoffnung anschaut. Ich war Jon Snow, ein Jon Snow, der heulend auf dem Sofa lag und sich selbst hasste.

Ich konnte nichts essen. Ich weigerte mich, zu essen. Mein Schatz lud mich sogar zum Krebsessen ein, was ich abgöttisch liebe, aber ich saß nur da und starrte diese perfekt gewürzten Köstlichkeiten an, ohne sie wirklich anzurühren. Es heißt, Gott sei ziemlich sauer auf die Menschen, wenn sie an etwas Lilafarbenem vorbeigehen, ohne es zu registrieren. Wie angepisst muss er erst sein, wenn du ein feudales Krebsessen in den Sand setzt. Innerhalb einer Woche nahm ich dreieinhalb Kilo ab. Ich bringe ohnehin gerade mal 54,5 Kilos auf die Waage – an einem gefräßigen Tag, wenn ich klitschnass bin und literweise getrunken habe. Du kannst dir also ungefähr vorstellen, wie grässlich ich aussah.

Und ich war auch noch selbst schuld daran. An allem. So schlimm, wie ich mich für diese Aktion fertigmachte, konnte mich sonst kein anderer Mensch fertigmachen. Andere zu enttäuschen, ist das eine. Es ist ätzend. Aber sich selbst zu enttäuschen, ist noch viel ätzender. Ich schämte mich, wie ich mich noch nie zuvor geschämt hatte. Ich ärgerte mich so über mich selbst, weil ich etwas gesagt hatte, das ich nicht hätte sagen sollen. Ich hätte es besser wissen müssen. Ich hätte es besser machen, hätte besser sein sollen.

Die Leute waren auf der Suche nach Gründen, um wütend auf mich zu sein, doch es war MEINE Schuld, dass es überhaupt Gründe gab. Es war meine Schuld, dass sie behaupten konnten, ich sei kaltherzig. Oder taktlose Dinge sagte. Oder dass ich einfach nur dämlich sei. Hätte ich ihnen keine Gründe dafür gegeben, hätten sie auch nichts gefunden, mit dem sie mich hätten in den Dreck ziehen können.

Ich wusste, dass ich mich falsch verhalten hatte. Ich war nicht so sehr das Opfer von Niederträchtigkeit als das Opfer meines eigenen großen Mundwerks, das hin und wieder nicht so rücksichtsvoll ist, wie es sein sollte, oder einen Witz reißt, der keiner ist, weil er andere herabsetzt. Meine beiden Beine, die so fest im Boden verankert schienen, so sehr in der Liebe zu mir selbst verwurzelt gewesen waren, fühlten sich auf einmal sehr wackelig an. Heftige Gegenreaktionen kannte ich, aber nicht in diesem Ausmaß und nicht in dieser Länge. Sie fühlten sich erbarmungslos an.

Also tauchte ich komplett aus der Social-Media-Welt ab. Meine Freunde riefen mich an, um sich zu erkundigen, wie es mir ging, und um mich in den dunkelsten Momenten daran zu erinnern, wer ich wirklich war. Inmitten ihres Zuspruchs wuschen sie mir aber auch den Kopf und hielten mich davon ab, mich noch tiefer im Kaninchenbau der Schande zu verlieren. Mein Mann meinte: «Du hast den Leuten erlaubt, dir dein Leuchten zu stehlen.»

Ich machte einen Termin bei meiner Therapeutin, weil: SOS! Mir geht's nicht gut! Als ich einige Tage später bei ihr saß, sagte sie, ich zeige Symptome einer posttraumatischen Belastungsstörung: Schlafstörungen, Appetitlosigkeit und selbst in den harmlosesten Momenten ein akutes Gefühl von Gefahr.

Dieser Vorfall zog mir fundamental den Boden unter den Füßen weg. Ich war komplett neben der Spur, rannte weg und versteckte mich. Ich hatte Angst, dass ich mich nie mehr davon erholen würde und dass mein Name irreparablen Schaden genommen hatte. Ganz im Ernst, ich wollte alles hinschmeißen, in irgendeine kleine Stadt ziehen und dort als Bibliothekarin arbeiten. Weil: hochdramatisch.

Das Schlimmste aber war, dass ich von da an Angst vor meiner eigenen Stimme hatte. Ich stellte meine Urteilsfähigkeit infrage. Bis dahin war ich stets mit großem Vertrauen in meine Stimme durchs Leben gegangen, die größte Gabe Gottes an mich. Nach diesem sehr öffentlichen Gegenschlag, der sich aus dem achtlosen Gebrauch meiner Stimme ergeben hatte, begann ich nun, an meiner Gabe zu zweifeln. Ich fürchtete mich allmählich vor meinem eigenen kühnen Schatten: «Shit, kriege ich wieder Ärger, wenn ich das sage?» Jedes Mal, wenn ich etwas sagen wollte, bekam ich Magenflattern und richtige Angst und wurde zu dem Moment zurückkatapultiert, als ich meinen Namen auf der Twitter-Trendliste erblickte. Ich hörte auf zu schreiben. Ich hörte auf, das Wort zu ergreifen. Ich versteckte mich.

Ein Jahr lang schrieb ich auf meiner Website nichts außer den kurzen Zusammenfassungen von Fernsehsendungen, für die ich beauftragt worden war. Auf Twitter gab ich total acht, bloß nicht die falschen Leute zu verärgern, damit ich nicht wieder in der Trendliste auftauchte. In den anderen sozialen Medien schrieb ich immer noch das nieder, was mir im Kopf herumging, aber ich tat es mit einer Extraportion: «Sicher, dass du das sagen willst?»

Dass ich meine Stimme nicht nutzte, rechtfertigte ich mit: «Vielleicht muss ich mich ja vom Bloggen wegentwickeln. Vielleicht müssen meine Texte einfach anders aussehen. Und hey, ich sage trotzdem noch das, was ich sagen muss, aber eben auf anderen Kanälen, auf meinem Podcast und so.»

Die Demütigung tat immer noch weh, deshalb wollte ich die ganze Sache möglichst vergessen. Aus mir sprach mein Ego. Aus mir sprach das Scheitern. Die Angst.

Meine Literaturagentin fragte mich: «Was soll das Thema deines zweiten Buchs sein?» Ich sagte ihr, ich müsse noch darüber nachdenken. Worüber sollte ich bloß schreiben? Was hatte ich noch zu sagen?

Fast genau ein Jahr später bewegte der Tod einer anderen Legende die Welt: Toni Morrison verstarb am 5. August 2019. Die Autorin, die ich auf Seite zwei von *I'm Judging You: The Do-Better Manual* zitierte mit: «Wenn es ein Buch gibt, das du lesen möchtest, es aber noch nicht geschrieben wurde, dann musst du es selbst schreiben.» Mrs Morrison hat uns das ans Herz gelegt, und wer war ich, mich dem zu widersetzen? Ihre Worte sind für mich buchstäblich eine Gebrauchsanweisung fürs Leben. Sie war die Frau, wegen der ich davor zurückschreckte, mich Autorin zu nennen. Ich hielt ihre Worte schlicht für zu groß, um mich in die gleiche Kategorie einzuordnen.

Doch diese Frau hatte die Erde verlassen, und ihr Tod hatte mich überführt. Ich hatte sie nie persönlich kennengelernt, doch dass sie für immer fort sein sollte, rüttelte meinen Geist wach. Sie drohte mir mit dem Finger, weil ich mich hinlegte, statt das zu tun, wofür ich nun mal da bin.

Ich bekam vor Augen gehalten, dass Autorinnen und Autoren nicht einfach mit dem Schreiben aufhören dürfen, wenn sie kritisiert werden, egal, wie hart diese Kritik ausfällt. Sie kehren ihrer Kunst nicht den Rücken zu, weil sie sich missverstanden oder verletzt fühlen. Sie wenden sich nicht von ihrer Bestimmung ab, weil es laute Lästerzungen gibt. Sie nehmen die Fehler, die sie begangen haben, und lassen sich davon zu noch besseren Werken anspornen. Gott sagte, es würden Waffen geschmiedet. Wenn du ihnen nicht erlaubst, dich von deiner Kunst abzuhalten, werden sie nichts gegen dich ausrichten können.

Das Erste, was ich schrieb, war eine Hommage an Toni und was sie mir bedeutete, meine Lieblingslehrerin, die ich nie kennengelernt hatte. Anschließend hatte ich die Idee zu diesem Buch. Ein ganzes Jahr lang hatte ich damit verbracht, mich vor mir selbst, meiner Stimme und meinem Talent zu fürchten. Jetzt durfte ich die Angst nicht länger mein Leben beherrschen lassen.

Mein Weg besteht wahrlich immer wieder darin, die Angst zu bekämpfen.

Ich war mit Pauken und Trompeten und in aller Öffentlichkeit gescheitert. Doch wie sollte ich diese Erfahrung in den Dienst eines höheren Ziels stellen? Nun, das Gefühl des Versagens diente zunächst meiner persönlichen Entwicklung. Nur wenn ich mich durch diese Erfahrung nicht veränderte, wäre sie umsonst gewesen. Ich fragte mich: Wieso ist alles so gekommen, wie es gekommen ist? Und wie komme ich weiter? Was sollte ich daraus lernen?

So viele Lektionen.

Wenn wir scheitern, fangen wir an, uns Geschichten über uns selbst auszudenken. An diesem Punkt brach bei mir die Schande über mich ein. Es fühlte sich an, als sei ich in aller Öffentlichkeit kalt und mit nacktem Hintern erwischt worden. Ich fühlte mich schutzlos und wund, und ich dachte, alles, was ich bisher erreicht hatte, sei in Wahrheit Lug und Trug gewesen, weil es jetzt ja wohl vorbei damit sei. Die Leute zeigten mit dem Finger auf irgendeinen problematischen Kram, der ihnen an meinem vierundzwanzigjährigen rabiaten, dämlichen Krawall-Ich nicht gefiel, und ich schämte mich.

Lektionen gab es genug.

Ich brauchte mein früheres Ich

In der Therapie wurde mir klar, dass ich wieder wie das Mädchen von damals sein musste, weil aus ihr die Frau erwachsen ist, die ich heute bin. Ich musste mich für ihre ganze Arbeit bedanken und für ihre Persönlichkeit, denn sie hat mich bis hierher geführt. Anschließend musste ich mich bei meinem heutigen Ich bedanken, das inzwischen in den Dreißigern war, und sich selbst, die Kraft seiner Stimme und die Welt besser kennt als früher. Ohne das Mädchen konnte ich nicht sein und musste mich daher auch nicht für sie schämen. Meine Aufgabe war es nun, mir selbst Gnade zu schenken und mir meine Fehler zu verzeihen.

Ich musste freundlich mit dem Mädchen von damals umgehen, das Mädchen, das sich nicht Autorin zu nennen traute, weil sie dachte, sie würde dieser Bezeichnung niemals gerecht. Das Mädchen hätte dieses Buch nicht schreiben können, hätte nicht an all diesen Orten, an denen ich war, selbstbewusst in Erscheinung treten und ihr Bestes abliefern können. Die Person, die den Mund aufmachte, ohne vorher darüber nachzudenken, könnte nicht die Person mit der großen Plattform von heute sein, mit der sie inzwischen verantwortungsvoll umzugehen weiß. Und die Person, die 35 000 Dollar im Jahr verdiente, konnte auch nicht dieselbe Person sein, die einen Buchvertrag mit einem sechsstelligen Honorar unterschrieb. Ich hätte nicht einmal die Steuern dafür geregelt bekommen, ganz zu schweigen davon, dass ich gewusst hätte, was ich mit dem übrig gebliebenen Geld anfangen sollte.

Und doch musste es dieses Mädchen geben, damit ich über sie und ihre Fehler und die Dinge, die sie durch ihren Gang durchs Feuer gelernt hatte, schreiben konnte. Luvvie 1.0 musste sein, damit sie zu Luvvie 3.0 heranwachsen und dieses Buch schreiben konnte.

Niemand gehört aufs Podest gestellt

Keine Einzige und kein Einziger. Wir sind voller Fehler und erscheinen durch unseren Job manchmal größer, als wir in Wahrheit sind. Ich weiß, ich kann Mist bauen und mich auch mistig verhalten. Ich bin nicht unfehlbar oder schlauer als irgendwer sonst, nur weil ich eine Plattform habe. Nein. Ich bin von meinem Podest gestürzt worden, und ich hoffe, kein Mensch hat mich wieder draufgestellt. Ich verdiene es nämlich nicht. Lasst mich schön dort unten bleiben, weil kein Mensch einer solchen Grandiosität gerecht werden kann. Ich werde dich enttäuschen. Ich werde dich im Stich lassen. Ich werde etwas verhauen. Aber ich werde hoffentlich nie aufhören zu lernen, wie ich auf die mir bestmögliche Weise in Erscheinung trete. Ich werde nicht aufhören zu wachsen. Ich werde nicht aufhören, mich in die Verantwortung zu nehmen für das, was ich behaupte zu sein.

Wenn mit uns abgerechnet wird, müssen wir Lehren daraus ziehen

Eine weitere Lektion für mich war: Über die Richterin wird gerichtet werden. Ich fordere die Leute oft dazu auf, es besser zu machen. Somit ist es ihr gutes Recht, von mir das Gleiche zu verlangen. Auch ich werde vor dem Gericht der öffentlichen Meinung stehen, weil ich zwangsläufig Fehler mache. Die Frage ist, wie ich damit umgehe und weiterkomme. Das ist es, worüber wirklich geurteilt wird, und das war es, wofür ich verachtet wurde.

Ich hätte mich entschuldigen sollen, ohne mich dabei zu rechtfertigen oder zu erklären. Die Leute möchten gehört und gesehen werden, wenn wir sie verletzt haben. Ich musste Buße tun, die Verantwortung übernehmen und versprechen, das nächste Mal anders in Erscheinung zu treten. Ich habe Schaden angerichtet, und das hätte ich gleich eingestehen sollen.

Eine ordentliche Entschuldigung hätte wohl ungefähr so ausgesehen:

> Hey, ihr alle, heute ist ein schlimmer Tag gewesen, und meinen Namen auf diese Art im Scheinwerferlicht zu sehen, darauf bin ich bestimmt nicht stolz. Ich hab's verbockt, und es tut mir leid. Meine Worte haben andere beleidigt. Ob ich dabei gute oder schlechte Absichten hatte, spielt keine Rolle, denn wie wir alle wissen, ist gut gemeint oftmals das Gegenteil von gut. Ich sollte es besser wissen und es besser machen. Ich muss dafür

> sorgen, dass ich rücksichtsvoller bin, wenn ich in der Welt in Erscheinung trete. Ich habe eine große Plattform, und dadurch werden automatisch größere Erwartungen an mich gestellt. Diesen werde ich nicht immer gerecht werden. Im Gegenteil, ich gehe sogar davon aus, dass ich ihnen irgendwann wieder nicht entsprechen werde. Aber ich kann es mir wenigstens zum Ziel setzen, besser zu sein, als ich es bin. Es tut mir leid.

Demut hätte mir eine Menge Ärger ersparen können, weil ich nämlich falsch lag. Nicht nur in dem, was ich sagte, sondern auch in meiner Reaktion darauf, angefochten zu werden. Ich hätte den Kopf hinhalten und vorwärtskommen sollen.

Nach diesem ganzen Vorfall ist mir außerdem klar geworden, dass mein Name größer war, als ich gedacht hatte. Ich bin nicht irgendeine aus Nigeria stammende junge Frau aus Chicago, die mit ihren Freundinnen und Freunden twittert und Witze reißt. Ich bin die Marke Luvvie mit insgesamt über einer Million Followern in den sozialen Medien. Ich repräsentiere das Unternehmen Awe Luv. Sosehr ich mich auch als junge Frau sehe, die eines Tages mit dem Schreiben anfing und daraufhin coole Sachen erlebte – steuere ich doch eine riesige Reichweite an, was auch mit wachsender Verantwortung einhergeht. Meine Stimme hat Bedeutung, und meine Plattform ist gewachsen, und deshalb bin ich einem Publikum, das breiter ist als je zuvor und größer, als ich je gedacht hätte, nur meine besten Seiten schuldig. Dementsprechend muss ich mich auch verhalten.

Das heißt nicht, dass ich meine Stimme ändere, aber ich muss schon ein bisschen anders damit umgehen. Früher war ich ein David, heute bin ich ein Goliath, und das musste ich erst einmal verdauen. Ich bin nicht länger ein Underdog, der Knochen nach anderen werfen kann, sondern ein großer Hund, der mit Knochen beworfen wird. Und das jagt mir Angst ein. Über wen oder was ich spreche, muss jetzt anders sein, weil meine Plattform eine größere ist.

Der ganze Vorfall fühlte sich so an, als hätte Gott mich gepackt und gesagt: «Du befindest dich jetzt auf einem neuen Level. Ich möchte, dass du dich von nun an anders bewegst und verantwortungsvoller handelst.» Ich meine, musste es wirklich so wehtun, Herr im Himmel? Wahrscheinlich ja. Diesen Realitätsschock hat mein Dickkopf wohl gebraucht. Botschaft angekommen, Eure Heiligkeit.

Ich bin daran erinnert worden, nach OBEN zu schlagen, nicht nach unten. (Wenn du «nach oben schlägst», gehst du eine Person an, die mehr Macht besitzt als du. Wenn du «nach unten schlägst», besitzt diese Person weniger Macht als du.) Ja, nach oben schlagen muss ich, aber wen das genau betrifft, hat sich verändert, da ich nun mehr Einfluss und Gewicht auf die Waage bringe. Wenn ich mir dieser Dynamik und meiner Fülle an Privilegien nicht bewusst bin, könnte es passieren, dass ich nach unten schlage. Humor ist deshalb auch etwas Dynamisches, und die Comedians müssen im Lauf der Jahre ihre Gewohnheiten ändern. Die Comedy-Legende, die mit Netflix-Auftritten 50 Millionen Dollar verdient, kann nicht mehr die gleichen Witze reißen wie damals, als sie noch auf kleinen Bühnen stand und gerade so über die Runden kam.

Die ganze Sache hat mich außerdem gelehrt: Ich kann stolz auf meine Arbeit sein, sollte aber nicht meinen Selbstwert von ihr abhängig machen, sonst verflüchtigt er sich schnell wieder. Die Menschen können uns nämlich am einen Tag lieben und schon am nächsten Tag HASSEN. Zu unserer Dopeness sollten wir also unbedingt stehen, aber der Beifall von außen darf uns nicht zu Kopf steigen.

Diese ganze Erfahrung machte mich aber auch zu einem

gütigeren Menschen, denn solchen Hass entgegengeschleudert zu bekommen, ist grauenvoll. Meine Kritik an anderen war in der Vergangenheit oft scharf und verletzend gewesen, und diese Bewährungsprobe musste sein, damit ich davon ein bisschen runterkomme. Erwachsen werden heißt gütiger werden.

Dass mir dieser Sturm entgegenschlug, hielt mir außerdem vor Augen, dass ich anderen Schwarzen Frauen helfen muss, wenn es ihnen ähnlich ergeht. Besonders als exponierte Schwarze Frau legst du dich darauf fest, wieder und wieder beschimpft zu werden, in der Hoffnung, dass dein Herz nicht zu großen Schaden nimmt. Mittlerweile lege ich Wert darauf, mich bei den prominenten Damen zu erkundigen, wie es ihnen geht, wenn sie an der Reihe sind und in der Schusslinie stehen. Mitfühlende Worte helfen immer, selbst wenn sie nicht von Menschen stammen, die dir super nahestehen.

Außerdem möchte ich Schwarze Frauen seither energisch verteidigen, wenn sie für Fehler an den Pranger gestellt werden, die nicht von Hass motiviert sind. Diese Plattform und diese Stimme sind nicht nur für die angenehmen Zeiten da. Wenn mir die Leute ankreiden, dass ich eine von ihnen verteidigt habe, kein Problem. Ich werde geliebt und wertgeschätzt. Selbst an meinen miesesten Tagen verdiene ich es, beschützt und verteidigt zu werden, und so auch die anderen.

Es gehört schon eine Menge dazu, eine prominente Schwarze Frau zu sein. Beyoncé, Serena und Oprah bewundere ich für mehr als ihre Arbeit. Ich habe den größten Respekt davor, welch würdevolle Anmut sie bei dem ständigen Druck an den Tag legen. Sie lassen sich fotografieren, wenn ihr Gesichtsausdruck als dubios gedeutet werden könnte, und erscheinen im Anschluss tagelang auf der Trend-Liste, weil sich alle möglichen Leute ganze Geschichten über ihren Geisteszustand ausdenken. Und sie halten die ganze Zeit lang die Füße still. Das ist es, was mir noch fehlt und was ich versuche zu erlernen: die Kunst, die verdammte Klappe zu halten, wenn die Leute hinter mir her sind.

Einer meiner Fehler bei der ganzen Sache war, dass ich auf diese Leute überhaupt reagiert habe. Normalerweise bin ich es, die ihren Freundinnen rät, ruhig zu bleiben, wenn es ihnen ähnlich ergeht. Ich habe mich also nicht an meinen eigenen Ratschlag gehalten, und es ist spektakulär nach hinten losgegangen. Ich habe das Feuer entfacht. Ja, meine Gefühle waren verletzt, aber wir müssen uns auch nicht auf jeden Kampf einlassen, zu dem wir aufgefordert werden. Das nächste Mal stelle ich mir die Frage: «Was würde Beyoncé tun?» Sie würde so tun, als hätte sie es nicht mal bemerkt. Und während sich die Leute über sie das Maul zerreißen, würde sie weitermachen und neue wunderbare Kunst hervorbringen. Deshalb musste ich jetzt auch anfangen, für meine Beyhive-Mitgliedschaft zu zahlen. Diese Frau verdient es, angehimmelt zu werden.

Meine Gebete müssen sich ändern

Mehr als mich bemühen, stets rücksichtsvoll zu sein und aus meinen Fehlern zu lernen, kann ich nicht tun. Ich kann nicht behaupten, nie wieder einen Fehler zu machen. Wenn ich also den nächsten begehe, werde ich dann wieder den Rest des Jahres am Boden zerstört sein, weil ich all diesen Hass entgegengeschleudert bekomme?

Ich werde also in meinen Gebeten um Wehrhaftigkeit bitten, denn die Leute werden nicht einfach damit aufhören, falsche Behauptungen anzustellen. Was ich auch behaupte, irgendwer wird sich garantiert angegriffen fühlen, richtig? Denn wer sich angegriffen fühlen möchte, der wird sich auch angegriffen fühlen.

Wehrhaft muss ich sein, auf dass die Waffen nichts ausrichten können, wenn sie gegen mich geschmiedet werden. Gottes Auftrag kann ich nicht nicht erfüllen, nur weil mich einige Menschen nicht mögen. Ich muss beten, dass meine Rüstung jeden Tag stärker wird, dass meine Beine noch fester und stabiler auf der Erde stehen als je zuvor. Ich muss dafür beten, dass ich als Wortführerin vorführe, wie Scheitern und Aufstehen und Weitermachen aussieht.

Ich denke an meine Großmutter, in deren Gebete ich jeden einzelnen Tag mit einbezogen werde, das weiß ich. Bestimmt habe ich meinen Erfolg ihren dreistündigen Gebeten mitten in der Nacht zu verdanken, denn ich habe es trotz und wegen mir selbst bis hierher geschafft.

Als Besserung gelobende Arschgeige werde ich jede Bauchlandung nutzen, um besser, klüger, tougher, gütiger und würdevoller zu sein. Ich bin meiner 4 in Chemie dankbar. Ich bin so froh, dass ich bei meinem Marketing-Job gefeuert wurde. Und dass ich wegen meiner rücksichtslosen Worte auf der Twitter-Trendliste gelandet bin, war ein echter Segen. Jedes Mal, wenn ich auf die Schnauze falle, ist das ein kosmischer Neustart und ein Umlenken, das mich meiner Bestimmung näherbringt. Es ist eine Neujustierung des GPS meines Lebens. Jedes Scheitern hebt mich auf eine höhere Ebene.

Ich muss nichts bereuen, denn das Fallen ist wichtig, damit ich lerne, was ich noch nicht weiß (und davon gibt's genug). Wir alle können auf die Nase fallen und danach in der Asche unseres alten Selbst emporsteigen, als bessere Menschen.

Weil ich mit mir selbst und meiner Seele im Reinen bin, kann ich nachts gut schlafen. Ich wache morgens auf, schaue in den Spiegel und kann die Frau, die mich anschaut, richtig gut leiden. Sie hat megaviele Fehler, doch sie kann mit Sicherheit sagen, dass sie heute ein besserer Mensch ist als früher. Und sie weiß, es sind nicht ihre Fehler, die sie ausmachen, sondern die Lektionen, die sie gelernt hat.

Ebenso wenig bist du dein schlimmster Moment oder dein schlimmster Fehler. Du weißt, wer du bist (gehe zurück zum ersten Kapitel – diese Übung ist sehr nützlich, wenn du dich gerade mitten im Feuersturm befindest). Wenn ein Fehler gerade ganz akut ist, kann es sich manchmal anfühlen, als ginge die Welt unter oder als ob du dich nie mehr davon erholtest. Aber nichts, nicht einmal die schlimmsten Momente, sind von Dauer. Demütigung ist nicht von Dauer. Der akute Schmerz ist nicht von Dauer.

Gnade und Verantwortlichkeit können miteinander koexistieren. Gnade ermöglicht es dir, dir deine Fehler zu verzeihen. Verantwortlichkeit weist dich darauf hin, dass du die gelernte Lektion nicht vergessen und diese Fehler nicht wieder und wieder begehen darfst. Das ist der Tanz, den du tanzen musst.

Durch Scheitern lernen wir das Allermeiste, und nur wenn wir aus unseren Tälern rein gar nichts mitnehmen, sind wir wirklich gescheitert.

8. Kapitel

BITTE UM MEHR

Wir fürchten uns vor Enttäuschungen

Eins meiner Lieblingsmantras, das ich vor langer Zeit aufgeschnappt habe und immer noch hochhalte, lautet: «Es ist besser, das Leben nach dem Motto ‹Egal, weiter geht's› als nach dem Motto ‹Was wäre wenn?› zu leben.» Viele von uns führen das «Was wäre wenn?»-Leben, weil wir nicht wissen, wie wir um das, was wir wollen, was wir brauchen und was uns gefiele, bitten sollen. Weil wir Angst vor dem Nein haben, das da kommen möge, lassen wir ständig Dinge an uns vorbeiziehen, die gut für uns sein könnten. Wir möchten uns nicht mit dem Schuss vor den Bug auseinandersetzen müssen, den uns das Hervorwagen einbrocken könnte, und werden so zu Menschen, die niemals etwas erbitten.

Was wäre, wenn uns die Erlaubnis erteilt würde, ständig um mehr zu bitten, vom Leben, vom Universum, von Beziehungen, von den Vorgesetzten und der Kollegenschaft. Was, wenn uns klar wäre, dass uns ein NEIN nicht umbringt und ein JA unser Leben verändern könnte?

Ich liebe die Geisteshaltung des wunderbaren Paulo Coelho, der eines meiner Lieblingsbücher, nämlich *Der Alchimist*, geschrieben hat: «Allein der Gedanke, unser Traum könnte sich tatsächlich verwirklichen, erfüllt uns mit Schuldgefühlen. Wir blicken um uns und sehen all jene, die nicht erreicht haben, was sie wollten, und finden dann, auch wir wären es nicht wert, zu erreichen, was wir wollten. Wir vergessen all die Hindernisse, die wir überwunden haben, alles, was wir aufgeben mussten, um bis hierher zu gelangen.»

Unser Unvermögen, etwas für uns zu fordern, rührt von den Enttäuschungen, die wir in diesem Zusammenhang erfahren haben. Wir sind nicht eines Tages aufgewacht und waren plötzlich stumm, als es darum ging, um etwas zu bitten. Wir mussten nur eben alle schon die Erfahrung machen, wie riskant das ist. Wir sind entweder Team «Ich Komm Schon Alleine Klar» oder Team «Verstanden, Passt Schon». Und das hat seine Gründe.

Bei einigen von uns ist dieses Verhalten aus der Not heraus geboren worden. Unsere Eltern sind körperlich oder emotional nicht für uns da gewesen. Oder wir hatten keine Freundinnen und Freunde, auf die wir zählen konnten. Womöglich hat nie ein Mensch für uns gesorgt, und wir waren ganz auf uns allein gestellt. Womöglich waren die Einzigen, die für uns gesorgt haben, wir selbst. Vielleicht gab es sonst keinen Menschen, der zuverlässig, loyal und stabil genug war, um so für uns da zu sein, wie wir es gebraucht hätten.

Oder wir sind zu diesem Menschen geworden, weil wir einige schmerzhafte Erfahrungen mit dem Um-etwas-Bitten gemacht haben. Vielleicht ist es uns einmal zu viel um die Ohren geflogen, sodass wir uns nun davor fürchten. Vielleicht ist uns im Streit unter die Nase gerieben worden, was irgendwer für uns getan hat, und dieses Erlebnis ist ein Grund mehr für uns, andere nie wieder um etwas zu bitten.

Was auch immer der Grund dafür sein mag: Er hat seine Berechtigung, und ich mache dir keinen Vorwurf. Da ich selbst schon mehr als einen «Was sollte *das* denn?»-Moment im Zusammenhang mit einer Bitte hatte, kann ich dich gut verstehen. Auf spiritueller Ebene weiß ich genau, wie es dir geht. Wir passen zusammen wie Kino und Popcorn. Und genau deshalb bin ich hier, um dir zu sagen: BITTE TROTZDEM UM MEHR.

Allen guten Grund dafür zu haben, das Bitten sein zu lassen, beschert dir leider trotzdem nicht weniger Nachteile oder Hemmungen. Und du wirst nie alles das kriegen, was das Leben dir zu bieten hat. Ist uns das Leben etwas schuldig? Nicht wirklich. Doch das Leben hält einen riesigen Schatz an Dingen bereit, die wir nie kriegen, wenn wir nicht danach fragen. Wie heißt es in Jakobus 4:2: «Ihr erhaltet nichts, weil ihr nicht bittet.» Ganz so schwarz-weiß ist es natürlich nicht, aber ich sage mir diese Passage gern innerlich auf, weil sie mich darin bestätigt, was ich tun soll und was in meiner Macht liegt. Ich bin weniger auf das Ergebnis fokussiert, wenn ich weiß, dass ich meinen Teil getan habe: darum bitten. Alles andere kommt on top.

Ich habe erst durch eine Therapie begriffen, dass ich mich trotz all meiner Kühnheit nicht traute, um mehr zu bitten. Lassen Sie mich erzählen, wie meine Therapeutin, eine gütige Schwarze Frau mittleren Alters (die alles zwischen fünfunddreißig und fünfundsechzig sein könnte, weil wir nicht zu altern scheinen und unser Schwarz sich weigert, zu reißen, zu knistern oder zu platzen), mir mein Leben erklärt hat.

Ich gehe gern zur Therapie, weil ich gerne dafür zahle, dass mir der Kopf gewaschen wird. In manchen Sitzungen kotze ich mich einfach über meinen Stress aus. Ich rühme mich dafür, meinen beruflichen und persönlichen Scheiß geregelt zu kriegen, egal, was passiert, und gut mit Druck umgehen zu können, aber sogar Atlas fing irgendwann an zu zucken, oder etwa nicht?

Eines Tages war ich besonders gestresst von der Arbeit und von meinem ganzen Privatkram, und meine Therapeutin meinte: «Haben Sie Ihren Partner mal um Hilfe gefragt?»

ICH: Nein, ich hab's auch so hingekriegt. Er hat selbst genug auf dem Zettel. Das muss ich schon alleine hinkriegen.

SIE: Warum? Glauben Sie nicht, er möchte Ihnen unter die Arme greifen, so gut er kann?

ICH: Doch, ja. Er hat sogar gefragt, ob er mir bei irgendwas helfen kann.

SIE: Warum sagen Sie ihm dann nicht, was er Ihnen abnehmen kann?

ICH: Na ja, ich hatte ihm ja gesagt, dass ich's hinkriege, da wollte ich dann auch zu meinem Wort stehen.

SIE: Ich verstehe, warum Sie so gestresst sind. Ihr Mann sieht das auch und hat gefragt, ob er Ihnen helfen kann, aber Sie lassen ihn nicht. Was, glauben Sie, hat das zur Folge?

ICH: Es frustriert mich, weil ich Hilfe brauche, und es frustriert ihn, weil er mir … Oh, Sie versuchen mich gerade mit meiner eigenen Weisheit zu schlagen!

SIE: [ausdrucksloses Gesicht]

Ich: Sie haben recht. Ich spinne gerade.

Sie: Glauben Sie, Sie haben Hilfe verdient?

Und dann hat es mich total umgehauen. Ob ich glaube, dass ich Hilfe verdiene? Autsch, Volltreffer. JA, STELL MICH NUR BLOSS! ZIEH MIR DIE HOSEN RUNTER! WIRF MICH DEN GEIERN ZUM FRAASS VOOOR!

Anschließend haben wir durchleuchtet, warum ich mir Felsblöcke auflade, während andere Steinchen tragen. Weil ich mir lieber alles selbst aufhalse. Zum einen, weil ich denke, ich kriege die Dinge eher gedeichselt, zum anderen, weil ich denke, ich hätte keine Hilfe verdient. Wo die anderen doch noch viel mehr schultern müssten als ich. Derweil breche ich aber zusammen. Und das alles nur, damit ich das Gefühl habe, ich greife den anderen unter die Arme.

Erkennst du dich darin wieder? Dann heiße ich dich willkommen im Klub «Ich Krieg's Hin, Lasst Mich Ruhig Zusammenbrechen». Wir treffen uns jeden zweiten Dienstag. Bitte Snacks mitbringen, die kein Sodbrennen verursachen.

Ich analysiere mich mal für dich: Ich hatte schon immer ein riesiges Verantwortungsgefühl für mich selbst, meinen Weg und mein Handeln. Als Siebenjährige musste mir nie gesagt werden, ich solle lernen oder meine Hausaufgaben machen, weil ich es sowieso längst tat. Ich bekam nur Einsen und verdammte mich für die Zweien, bevor es irgendwem sonst einfiel.

Kein Mensch soll sich wegen mir Sorgen machen. Die Welt ist sowieso schon ein unberechenbarer Schrottplatz. Meinen Liebsten und Nächsten wollte ich nie einen Anlass geben, sich zu ängstigen, zu ärgern oder zu stressen. Wäre ich eine Superheldin, wäre ich SuperUnabhängig. Ich brauche nichts von niemandem. Seit meinem siebzehnten Lebensjahr habe ich nicht mal irgendwen um Geld gebeten, auch nicht meine Mom. Und das habe ich lange Zeit als Ehrenabzeichen getragen.

Neben dem Beharren darauf, keinem Menschen zur Last zu fallen, verpflichtete ich mich außerdem noch dazu, für das Wohlergehen der Menschen in meiner Nähe zu sorgen. Da es mir gut ging, musste ich mich also darum kümmern, dass es ihnen auch gut geht. Das machte aus mir eine ewig Gebende, die selbst nichts erbittet, und das ist ein Problem.

Schönen Gruß an alle GEBENDEN. Wir definieren uns darüber, wie viel wir anderen geben. Unsere Nächstenliebe ist ein Grundwert, auf den wir sehr stolz sind. (Du erinnerst dich an das erste Kapitel? Yeah, Tante Großzügig hier.) GEBENDE sind jedoch meistens schlecht darin, NEHMENDE zu sein, und das stellt eine Belastung dar.

Es gibt so viele Menschen, die dir ihr letztes Hemd geben, aber nicht einmal in der Lage sind, ein einfaches Kompliment anzunehmen, ohne es gleich zurückgeben zu wollen. Ich selbst bin eine ständig Gebende in Genesung, das heißt, ich konnte früher nicht um Hilfe bitten oder ein Geschenk annehmen, ohne das Gefühl zu haben, ich schulde den anderen etwas.

Wenn wir immer nur geben und nicht imstande sind zu empfangen, müssen wir unsere Beweggründe checken. Wie sollen wir anderen erlauben, uns ihre Liebe zu zeigen, wenn wir ihnen nicht erlauben, sich uns gegenüber großzügig zu erweisen? Wir lieben doch das Gefühl, wenn wir sagen können: «Hey, ich habe gerade das und das für soundso getan.» Warum gestehen wir dann anderen nicht dasselbe Gefühl zu, wenn sie uns etwas geben, sei es ein Kompliment, ein Geschenk oder ihre Zeit?

Wenn du ausschließlich gibst und nie empfängst, überlässt du womöglich unbewusst deinem Ego die Führung. Tief drinnen liebst du es vielleicht, wenn dir die Leute dankbar sind. Ohne es zu wissen, fütterst du vielleicht dein Ego damit, Captain Bitte Schön zu sein. Wir lieben das gute Gefühl des Gebens. Außerdem hilft uns die Großzügigkeit, unsere Verletzlichkeit zu verstecken. Anderen immer nur zu helfen und nie selbst um Hilfe zu bitten, gewährleistet, dass wir nicht schwach erscheinen. Oder wir denken, wir verdienten diese guten Dienste nicht. Wir möchten nicht, dass die Leute denken, wir nutzten sie aus. Wir möchten nicht als bedürftig in Erscheinung treten. Das ist ein Problem, denn weder zu uns selbst noch zu den anderen sind wir dann vollkommen ehrlich.

Ein Großteil von uns muss erst einmal in eine handfeste Krise geraten, bevor wir sagen: «Ich brauche Hilfe.» In diesen Momenten der Überforderung ist es sehr wahrscheinlich, dass wir gar nichts geben können, weil wir uns bis an die Schmerzgrenze verausgabt haben. Dabei sollte es nicht davon abhängen, ob wir direkt etwas zurückgeben können. Wir müssen nicht schon am Untergehen sein, bevor wir die Hand ausstrecken und um Hilfe bitten.

Als mir anfing zu dämmern, dass ich etwas empfangen darf, ohne bei einem Menschen in der Schuld zu stehen, wurde ich freier. Ich habe immer noch eine Menge Arbeit vor mir. Doch inzwischen kann ich Danke sagen und es auch so meinen. Inzwischen kann ich geben und wissen, die oder der andere sind mir dafür ebenfalls nichts schuldig.

Ich muss meiner Familie, meinen Freundinnen und Freunden und meiner Community dafür danken, dass sie mich gezwungen haben, ein Mensch zu werden, für den das Erbitten und Empfangen von Hilfe kein Problem ist. Dass meine Liebsten für mich da sind und mir so viel von ihrer Zeit und Energie und ihrem Geld, ihrem Rat und ihrer Gegenwart geben, hat mich dazu gezwungen, Dinge von ihnen ANZUNEHMEN.

Liebe war ihre Maßnahme, mit der sie mich entwaffnet und mir geholfen haben, bevor ich überhaupt darum bitten konnte. Ihre Liebe hat mich gelehrt, dass ich sie FRAGEN darf, wenn ich etwas von ihnen brauche.

Meine Community hat mir außerdem beigebracht: Manche Taten sind so bedeutsam, dass es dafür kein Quidproquo geben kann, egal, wie sehr ich mich bemühe, sie zurückzuzahlen. Jeder Akt der Nächstenliebe steht nämlich für sich selbst. Da gibt es nichts, was ein gerechter Tausch sein könnte. Wenn dir eine Frau eine Niere schenkt, kannst du dich schließlich nicht umdrehen und ihr deine Lunge schenken. So läuft das nicht.

Ich habe in meinem Leben schon richtig große Geschenke bekommen, die mich vor Staunen erstummen ließen und mir diese Tatsache vor Augen führten. Nehmen wir meinen Junggesellinnenabschied. Neun meiner Freundinnen flogen mit mir nach Anguilla, in der ersten Klasse. Sie entführten mich auf eine sechstägige Reise ins Paradies und kümmerten sich um alles. Kein einziges Detail ist ihnen entgangen. In Erinnerung an den Trip kreierten sie sogar eine eigene Website, für die wir den Hashtag #BridalLuvv erfanden.

Der Trip war laut, schrill und teuer AF (wir schliefen in den Four Seasons Villas). Ich, die ich mir erst seit Kurzem schöne Dinge leisten konnte. Mir ging noch im Kopf herum, wie ich mir in der Vergangenheit mit Freundinnen ein Bett geteilt hatte, weil wir unbedingt auf Reisen gehen mussten, obwohl wir kaum über die Runden kamen. Mir schoss in den Kopf, dass ich das Four Seasons in meiner Lebensvision erwähnt hatte. Jetzt waren wir tatsächlich dort, im echten Leben, und ich hatte Freundinnen, die mir dieses Erlebnis unbedingt ermöglichen wollten.

Auf dieser Reise verspürte ich tiefe Dankbarkeit dafür, dass neun Menschen fanden, ich verdiente derart viel von ihrer Zeit und Energie, von ihrem Geld und ihrer Liebe. Ich dachte an die

Worte meiner Therapeutin: «Meinen Sie nicht, Sie haben das verdient?» Die ganzen sechs Tage verbrachte ich in ehrfürchtigem Staunen, weil ich dachte: «Wow, das bin ich also wert?» Oft können wir nämlich deshalb nichts annehmen, ohne zu meinen, wir schuldeten der oder dem anderen etwas, weil wir glauben, das Geschenk nicht verdient zu haben oder ihm nicht gerecht werden zu können. Das wurde mir damals klar.

Ich hätte es nicht ansatzweise zurückzahlen können, also musste ich einfach alles in mich aufsaugen und dankbar sein. Das war eine bahnbrechende Erfahrung. Kein Mensch ist verpflichtet, etwas für uns zu tun, doch manchmal werden dir Geschenke und Liebe allein deshalb zuteil, weil du du bist. Wenn das der Fall ist, nimm es an. Versuche, es nicht zu hinterfragen. Versuche, nicht zu denken: «Warum ich?» Warum denn *nicht* du?

Was du tun kannst: weiterhin freundlich und großzügig sein. Und Hilfe oder Geschenke dabei nicht so schnell ablehnen. Du hast sie verdient.

Wenn ich frustriert war, jammerte ich gern darüber, dass ich IMMER schon alles allein schaffen musste und deshalb auch keinen Menschen brauchte, der irgendetwas für mich tat. Derweil bin ich für andere bis ans Ende der Welt gelaufen, selbst, wenn sie nicht darum gebeten hatten.

Eines Tages channelte mein Mann quasi meine Therapeutin und sagte: «Deine Freigiebigkeit scheint daher zu rühren, dass du diesen Schmerzpunkt keinem anderen Menschen auferlegen möchtest. Ich fordere dich dazu auf, nicht mehr länger zu sagen, wie sehr du nichts von niemandem brauchst. Ich möchte, dass du aufhörst zu sagen, du bittest um nichts und kriegst alles alleine hin. Das sagst du so oft. Das verlange ich von dir, weil ich heraushöre, dass du das als Abzeichen und Errungenschaft mit dir herumträgst. Wenn das hier die Abquäl-Olympiade wäre, wäre das vielleicht okay, aber das hier ist nicht die Abquäl-Olympiade.»

Du hättest sehen sollen, wie sich mein Haaransatz sofort in die Kopfhaut zurückgezogen hat. HAST DU GERADE MEINE EIGENEN WORTE BENUTZT, UM MICH SO ZUTREFFEND ZU BESCHREIBEN? Du weißt schon, wenn irgendwer etwas derart Perfektes sagt, dass dir kein Konter einfällt, weil dein Gehirn mit «Aber es stimmt doch» auf der Stelle tritt? Genau so ging es mir, als er das zu mir sagte. Die Erkenntnis, dass ich mich als völlig autarken Menschen definierte. Welches Leckerli, dachte ich, würde ich kriegen, wenn ich mich weiter so aufreibe? Welchen Märtyrertod hatte ich im Visier?

Was gewinnen wir, wenn wir selbst beim Absaufen auf unserer Autarkie beharren, obwohl wir bloß eine helfende Hand brauchen, die uns aus dem Wasser zieht? Du meinst, es gibt keinen Orden für «War stets sehr pflegeleicht und brauchte niemanden» auf dem Grabstein? Verdammt aber auch. Mir kommt ein Zitat von Brené Brown in den Sinn: «Ich habe gelernt, dass es nichts mit Heldenhaftigkeit zu tun hat, wenn wir andere wiederbeleben, während wir selbst um Luft ringen. So ersticken wir nur an unserem eigenen Ärger.» WAS FÜR EINE PREDIGT.

Wir, und ganz besonders Schwarze Frauen, sind so daran gewöhnt, als stark bezeichnet zu werden, dass es manche von uns als Schwäche empfinden, auf die Unterstützung unserer Community angewiesen zu sein. Unser Selbstverständnis können wir aber doch nicht davon abhängig machen, wie wenig Hilfe wir benötigen oder wie viel wir anderen Menschen unter die Arme greifen. Denn was, wenn wir einmal nichts geben können? Macht uns das zu einem schlechten Menschen? Verlieren wir dann unseren inneren Kompass? Fühlen wir uns deswegen kleiner?

Wenn wir nicht um Dinge bitten oder nichts annehmen können, blockieren wir womöglich unsere Gaben. Das geht über die Momente, in denen wir Hilfe brauchen, hinaus. Wenn wir nicht wissen, wie wir um das bitten, was wir brauchen, oder wie wir um mehr bitten, erhalten wir am Ende weniger, als uns zustünde. Die bittere Wahrheit lautet: Wenn du es ihnen erlaubst, geben dir die Leute nur das absolute Minimum. Dabei «erlauben» wir es ihnen manchmal gar nicht. Wir haben einfach nur Angst, ZU schwierig oder ZU fordernd zu sein (Hallo, zweites Kapitel) und akzeptieren dann das Erstbeste, das sie uns anbieten.

Ich entstamme einer langen Reihe von Feilscherinnen und Feilschern, und meine Grandma war definitiv eine davon. Das Feilschen ist eine gute Übung darin, so lange mehr zu fordern, bis du zufrieden bist. Wie konnte ich nach Amerika ziehen und meine feilschenden Ahnen vergessen? Gehaltsverhandlungen hätte ich wie einen nigerianischen Markt betrachten sollen, wo das Motto lautet: «Verlange stets das, was du willst.» Das erste Nein meint die Händlerschaft nicht so. Frage weiter und weiter, und selbst wenn du nicht genau das kriegst, was du verlangt hast, kommst du so nah dran wie möglich. «Wenigstens hast du's versucht» ist eine Lebenseinstellung.

Wenn Mama Fáloyin uns in den USA besuchte, bat sie mich immer, sie zu ihrem Lieblingsflohmarkt in Chicago zu begleiten. Mit begleiten meinte sie, sie brauchte mich als Packesel für die Unmengen von Kram, die sie zu kaufen beabsichtigte. Und als Schieberin des zweiten Einkaufswagens.

In meinem ersten Jahr auf der Highschool waren K-Swiss-Schuhe der letzte Schrei. Meine Mom, die Coolness-Verweigerin, die sie nun mal war (siehe auch: Alleinerziehende, die für Schuhe keine 75 Dollar ausgeben konnte), wollte mir keine kaufen. Und mit meinem Taschengeld von so was wie 5 Dollar die Woche hätte ich monatelang dafür sparen müssen.

Grandma und ich stapften also in diese riesige Lagerhalle, die mich auf der Stelle überforderte. Ich bereute mein Kommen schon in dem Moment, als wir hineintraten, denn tausend Quadratmeter voller Kisten mit durcheinandergewürfeltem Kram, den du durchwühlen musst, ist meine ganz persönliche Hölle. (Das, und mit Spirit Airlines fliegen müssen.) Ich war wild entschlossen, meine Sünden zugunsten einer Heiligsprechung aufzugeben, denn wenn die Hölle so aussah, wollte ich es auf KEINEN FALL darauf anlegen.

Nach einer anderthalbstündigen Wühlorgie stolperte ich doch tatsächlich über ein Paar weiße K-Swiss. Sie hatten meine Größe und die fünf Streifen und die weißen Schnürsenkel. WAS?!?!? Schau sich einer dieses Glück an! Ich liebte sie sofort heiß und innig. (Die jugendliche Luvvie hatte halt keinen Geschmack, da konnte sie nicht ahnen, dass die Dinger eigentlich potthässlich waren, weswegen sie auch in dieser Wühlkiste lagen. Alles, was ich sah, war: MENSCH, ICH KANN TEURE MARKENSCHUHE HABEN!) Mir war egal, dass sie wie knöchelhohe Socken mit Gummi am unteren Rand aussahen oder als ob irgendwer stümperhaft Gummi an ein Paar schäbige Socken geklebt hatte (weil die Schuhe nämlich nicht einmal aus Leder, sondern aus weißem Stoff bestanden).

Grandma sah meine Begeisterung (weil ich vorher wahrscheinlich wie I-Aah ausgesehen hatte) und wies mich an, sie in den Wagen zu legen. Ich versuchte, mir nicht allzu große Hoffnungen zu machen, weil sie garantiert zu teuer sein würden. Das war ja wohl SO WAS VON KLAR! Wir gingen also zur Kasse, und bei den Schuhen wurden 25 Dollar eingetippt. Ich dachte:

«Na, das war's dann wohl. Das wird sie bestimmt nicht zahlen.» Stattdessen meinte Grandma: «Guter Mann. Die sind für meine Enkelin. Bitte. Kann ich sie für zehn haben?» In meinem Kopf ratterte es: «Die Lady ist übergeschnappt», während ich still um die Schuhe trauerte, die ich beinahe hätte haben können.

Leute. Wenn ich euch sage, dass Grandma sie dazu bewegt hat, ihr die Schuhe für 8 Dollar zu verkaufen? WELCHEN VOODOO-ZAUBER HAT SIE DA BLOSS ANGEWENDET? Und eine Tasse, die sie neben der Kasse entdeckt hatte, haben sie ihr auch noch umsonst dazugepackt. Ich dachte nur: GESALBTE SUPERWOMAN. Welch kühner und tatsachenschaffender Ausverkauf. Bittet, so wird euch gegeben. Aber wirklich. Bittet kühn, und glaubet daran, dass die Antwort längst ja lautet.

Die K-Swiss habe ich bis zum bitteren Ende getragen! Von den fünf Streifen waren wahrscheinlich nur noch zwei übrig, als ich fertig mit ihnen war. Aber diese Dreistigkeit, danach zu fragen! Das war der Schlüssel. Bitte um das, was du haben möchtest. Das Universum könnte tatsächlich Ja sagen.

Lass mich kurz einen Bibelvers droppen. Matthäus 7:7: «Bittet, so wird euch gegeben; suchet, so werdet ihr finden; klopfet an, so wird euch aufgetan.»

Was wäre, wenn wir alle das Anspruchsdenken eines weißen Mannes hätten, der uns nicht einmal beim Scrabble das Wasser reichen kann? Was wäre, wenn wir alle mit dem Selbstbewusstsein eines Connors, der beim IQ-Test mindestens 25 Punkte hinter uns läge, um etwas bitten? Kannst du dir vorstellen, wir, eine alles verändernde Welle aus guten, klugen, umsichtigen Menschen, besäßen die Frechheit eines Garretts, der nicht zwischen links und rechts unterscheiden kann? Meine Güte. Wir könnten tatsächlich etwas erreichen!

Oder was, wenn wir den Mut einer älteren nigerianischen Frau besäßen, die daran glaubte, mithilfe von Freundlichkeit und ihrem Lächeln zu kriegen, was sie wollte? Das könnte Berge versetzen!

Zwing dich bitte nicht dazu, um des lieben Friedens willen weniger zu wollen. Schraube nicht deine Bedürfnisse herunter, damit du nicht mehr verlangen musst. Du willst, was du willst. Bitte darum. Ein NEIN wird dich nicht umbringen.

Bitte ruhig um mehr, denn wenn die Angst vor Enttäuschung dich davon abhält, hast du dich schon im Vorhinein für das Scheitern entschieden. Das ist eine selbsterfüllende Prophezeiung. Wenn wir nicht um die Dinge bitten, die uns am Herzen liegen, sei es eine Beförderung von unseren Vorgesetzten, mehr Unterstützung im Haushalt von unserem Partner oder mehr Aufmerksamkeit von unseren Freundinnen, dann entscheiden wir uns von vornherein für ein NEIN, statt uns um ein JA zu bemühen. Wenn wir ein NEIN ernten, stehen wir noch immer da, wo wir waren, und haben nichts verloren. Was aber, wenn wir ein JA ernten, das uns unseren Wünschen näherbringt?

Wenn du dich aus Angst nicht aus deiner Komfortzone herausbewegst, denkst du vielleicht, du würdest so eine Enttäuschung umgehen. In Wahrheit aber entscheidest du dich schlicht dafür, nicht das zu kriegen, was du willst oder brauchst. Ein NEIN wird dich nicht umbringen, ein JA könnte dich hingegen retten.

Als ich den Mut aufbrachte, zu ERBITTEN, was ich wollte, änderte sich mein Leben. Den Mut, die Leute zu BITTEN, mit etwas aufzuhören, das ich nicht mag. Den Mut, die Kollegenschaft um das zu BITTEN, was ich meiner Meinung nach verdiene. Den Mut, meinen Partner um die Dinge zu BITTEN, die ich brauche, damit ich mich geliebt fühle. Den Mut, meine Freundinnen und Freunde um ihre Schulter zu BITTEN, wenn ich mich ausweinen musste. Den Mut, das Universum / Gott um Dinge zu BITTEN, die weit hergeholt scheinen.

Kennst du die Redewendung «Einen geschlossenen Mund kannst du nicht füttern»? Da ist viel Wahres dran. Wir schließen den Mund, wenn wir geringschätzig behandelt werden. Wir schließen den Mund, weil wir denken, es stehe uns nicht zu, um etwas zu bitten. Wir schließen den Mund, weil wir Angst vor einem NEIN haben. Als ich lernte, den Mund aufzumachen, verwandelte sich mein Leben.

Ich bin nicht klüger oder süßer oder weniger laut oder weniger still oder interessanter geworden. Doch ich fürchtete mich nicht mehr so sehr, mich verletzlich zu zeigen und um Hilfe zu bitten. Ich hängte mich nicht mehr so sehr an die Vorstellung: «Ich bin die, um die sich kein Mensch Sorgen machen muss.» Ich ergab mich und erkannte, dass es im Leben nicht darum geht, sich mehr aufzubürden, als wir tragen können, damit uns irgendwer zur Last fallen kann.

Weißt du, was geschah, als ich anfing, mehr zu erbitten? Magische Dinge geschahen. Damit meine ich: Die Leute gaben mir tatsächlich mehr. Die Liebe, die ich hoffte, die Leute spüren zu lassen, wurde mir in grenzenlosem Ausmaß zurückgegeben. Ich fühlte mich stärker, weil ich wusste, dass ich auf dieser Erde nicht auf mich allein gestellt war. Ich fühlte mich mehr geliebt, weil ich den Leuten die Chance gab, für mich da zu sein, und sich genauso gut zu fühlen wie ich damals, als ich die größte Gebende der Welt war. Und ich war zuversichtlicher, weil Dinge, die ich mir erträumt hatte, und Dinge, die ich nie für möglich gehalten hätte, in Erfüllung gingen.

9. Kapitel

NIMM DIR, WAS DIR ZUSTEHT

Wir fürchten uns davor, gierig zu wirken

Uns ist eingetrichtert worden, Geld sei ein Tabuthema, obwohl Geld doch die Welt regiert. Wie können wir über etwas schweigen, das so großen Einfluss auf unsere Lebensqualität hat? Nicht genug Geld zu haben, ist teuer, und leider leben wir in einer Welt, in der die acht reichsten Menschen der Erde zusammengenommen so viel Geld besitzen wie die Hälfte der gesamten Menschheit. Über sieben Milliarden Menschen leben hinterm Mond gleich links, und ACHT von ihnen gehört die Hälfte des weltweiten Vermögens. Und sämtliche dieser reichsten Acht haben natürlich einen Penis.

Am Kapitalismus ist nichts gerecht, und wir sind alle nur die Schachfiguren. Aaaaber ich frage mich, ob diese Schachfiguren nicht ein kleines bisschen mehr Geld in der Tasche haben sollten, während sie auf diesem Brett herumstehen.

Besonders Frauen werden davon abgebracht, zu viel Wert auf Geld zu legen. Schließlich sollen wir schön nonstop dienstleistungsorientiert sein, während die anderen Pläne schmieden, wie sie an noch mehr Moneten kommen. Es wird einfach davon ausgegangen, dass wir stets gern zu Diensten sind, und wir werden unter Druck gesetzt, uns dazu verpflichtet zu fühlen. Aus diesem Grund arbeiten weit mehr Frauen als Männer für Non-Profit-Organisationen. Einem Projekt des Bayer Center for Nonprofit Management zufolge machen Frauen 74 Prozent der Belegschaft aus und erhalten nur 74 Prozent oder weniger des Gehalts ihrer männlichen Kollegen, die exakt denselben Job machen.[10] Wir sind die Hälfte der Bevölkerung, stellen aber zwei Drittel der Belegschaft eines Arbeitssektors, bei dem sich alles um das Wohl anderer dreht. Und da die Non-Profits über weniger Ressourcen als andere Firmen verfügen, traditionell schlecht bezahlen (weil: pleite) und als Frauenarbeit gelten, wird aus unserer Liebe zum Behilflichsein eine Frage finanzieller Gerechtigkeit. Wenn Frauen 74 Prozent der Belegschaft einer Branche ausmachen, in der die Standards und die Erwartungen an die Vergütung niedrig sind, gibt es automatisch keine Lohngleichheit für uns. Dieser Zustand benachteiligt uns schon von Anfang an.

Gutes zu tun in dieser Welt, ist wichtig. Und es ist einfach ätzend, wie unterbewertet und herabgesetzt es wird. Während die großen Konzerne, die den Profit, nicht das Allgemeinwohl an die oberste Stelle setzen, wahre Gelddruckmaschinen sind! GELDDRUCKMASCHINEN! Apple verfügt über mehr als 245 Milliarden Dollar in bar. Wenn ihr CEO zum Geldauto-

---

10 Peggy Outon: «Women in Nonprofits: Then & Now» auf *GuideStar*, https://trust.guidestar.org/blog/2015/11/20/women-in-nonprofits-then-now/.

maten ginge, stünde auf seiner Quittung $245 000 000 000. Die Kassenzettel der Einzelhändler würden vor Neid erblassen. (Warum sind die überhaupt so verdammt lang? Die Drogerien allein haben bestimmt die Wälder im Amazonas auf dem Gewissen, weil sie jedes Mal die Qumran-Rollen ausdrucken, auch wenn du dir bloß eine Rolle Mentos kaufst.)

Derweil muss eine gemeinnützige Organisation in deiner Stadt, die Kindern aus benachteiligten Familien eine warme Mahlzeit am Tag spendiert, vor potenziellen Geldgebern auf die Knie fallen und um die Finanzierung ihres 30 000-Dollar-Programms betteln. Sie müssen zweihundertseitige Anträge schreiben und versprechen, jeden einzelnen Dollar auch wirklich in das Programm zu stecken, und nicht in diejenigen, die das Programm durchführen, als ob die nicht auch MENSCHEN wären. Und WENN sie dann Glück haben und die HÄLFTE des benötigten Geldes bekommen, müssen sie einen hundertseitigen Bericht zurückschicken, dass keine Mitarbeitenden für die Erstellung des Berichts bezahlt wurden, weil ja kein Geld in die Arbeitskräfte fließen darf. Herr im Himmel, gib dem einen Sinn!

Es sind die Frauen, die diese schlecht bezahlte Arbeit mit ihren vielen Überstunden leisten. In einem kapitalistischen System sind nur wir es, die diese Last tragen, und das hat echte Konsequenzen.

Die Männer werden gesellschaftlich nicht unter Druck gesetzt, anderen zu dienen, also können sie ohne Schuldgefühle dem Kapitalismus frönen. Weißt du, wo sich ein Haufen Geld verdienen lässt? In der Geschäftsführung eines Privatunternehmens. 86 Prozent der Geschäftsführenden auf der Fortune-500-Liste sind Kerle.[11] Frauen hingegen wird ein schlechtes Gewissen

---

11 Kristen Joiner: «Like the Vacuuming, Nonprofit Work Is Women's Work», in: *Stanford Social Innovation Review*, 12. Juni 2015, https://

gemacht, wenn sie angemessen (oder viel) Geld verdienen wollen. Unser Kapitalismus wird von einer großen Portion Reue begleitet, weil wir uns selbst dann nicht trauen, Geld einzukassieren, wenn alles sauber und gerecht zugeht. Wir haben Sorge, dass wir habgierig wirken, wenn wir Geld wichtig nehmen oder viel darüber reden (was sowieso eine total subjektive Empfindung ist). Obwohl wir Geld wichtig nehmen MÜSSEN, damit wir überleben. Alles, was wir tun dürfen, steht im Zusammenhang mit unserem finanziellen Wohlergehen.

Diese Angst ist es, die größtenteils Frauen AN IHREM GEBURTSTAG Spendenaufrufe für Wohltätigkeitsorganisationen starten lässt. Auf Facebook bitten sie dann alle ihre Freundinnen und Freunde, Geld für einen von ihnen ausgewählten guten Zweck zu spenden. Ich liiieebe unsere Selbstlosigkeit, doch was ist der Preis für diese Großherzigkeit? Es scheint, als ob wir nur dann um Hilfe bitten, wenn es zugunsten einer anderen Person oder Sache geschieht.

Ich frage mich oft, ob die Leute mit ihren Spendenaufrufen mit ihren Rechnungen im Verzug sind. Sammelst du Geld für Brustkrebspatientinnen, wenn du kaum die Miete bezahlen kannst, weil dir bei deinem harten Job nicht genügend Geld gezahlt wird? Verkaufst du Produkte deines Zweitjobs und spendest den Gewinn an eine lokale Wohltätigkeitsorganisation, obwohl du die Rate fürs Auto nicht zahlen konntest, weil du dich zwischen ihr und der Asthmabehandlung deines Kindes entscheiden musstest? Sis, die ganzen Scheine hast *du* verdient, damit du aufrecht stehen kannst. Wenn du nicht weißt, woher du die nächsten fünf Mahlzeiten hernehmen sollst, musst du wirklich im Moment gar nichts spenden.

---

ssir.org/articles/entry/like_the_vacuuming_nonprofit_work_is_womens_work

Frauen gründen und arbeiten für Non-Profits, weil wir als die Fürsorgenden und Ernährenden sagen: «Wir wollen der Welt helfen.» Nein, Sis, hilf dir zuallererst selbst. Und danach dann der Welt. Lege dir die Sauerstoffmaske zuerst selbst an und so weiter. Ich predige zwar, dass wir die Welt ein Stück besser hinterlassen sollen, als wir sie vorgefunden haben, aber wir müssen uns dabei auch selbst in einem besseren Zustand befinden, nicht in einem schlechteren.

Uns ist eingetrichtert worden, unsere menschliche Qualität hinge davon ab, wie sehr wir uns für andere aufopfern. Dieser Druck, überhaupt irgendetwas opfern zu müssen, wird nur den Frauen auferlegt. UNSERE Aufgabe soll es angeblich sein, Spendenaufrufe zu starten und unvernünftig viel zu geben. An die Frau, die dreißigtausend Dollar im Jahr verdient und trotz all ihrer Bemühungen kaum über die Runden kommt: Deine oberste Priorität kann es nicht sein, andere Menschen zu retten, wenn du gerade selbst gerettet werden musst. Aber hey, Mensch, der du Single bist, keine Kredite abbezahlen musst und hunderttausend im Jahr verdienst: Vielleicht kannst du ja etwas mehr geben, damit die Frau nicht das Gefühl hat, sie müsse es für dich tun.

Das betrifft vor allem auch Geschäftliches. Wir werden oft betrogen, insbesondere Frauen oder Randgruppen. Uns ist eingeredet worden, die Leute täten uns einen Gefallen, wenn sie uns einstellen. Unser ganzes Leben lang ist uns vorgegaukelt worden, wir seien weniger wichtig und leichter ersetzbar und sollten uns zum Wohle der anderen fügen. Da wir das alles verinnerlicht haben, halten wir aus reinem Selbstschutz den Mund.

Ich mache uns nicht den leisesten Vorwurf. Die Welt hat es wirklich gut hingekriegt, uns davon zu überzeugen, dass wir eine

Belastung, keine Bereicherung sind. Was natürlich kompletter Bullshit ist. Ein Teil unserer kämpferischen Natur ist aus uns herausmalträtiert worden, also werden wir von allen Seiten hintergangen, überstrapaziert und nicht ausreichend gewürdigt.

Von den repressiven Systemen werden wir entwertet und ihrer Gnade ausgeliefert. Darüber bin ich mir VOLLKOMMEN im Klaren. Weiße Männer sind dabei der Maßstab für alles, denn sie haben diese Strukturen errichtet und sorgen dafür, dass sie laufen wie geschmiert.

Sie sind der Grund dafür, dass weiße Frauen nur 79 Cent verdienen, wenn Biff einen Dollar verdient.

- Hispanoamerikanerinnen verdienen 54 Cent, während Chad einen Dollar nach Hause bringt.
- Indigene Frauen verdienen 58 Cent, während Trent einen Dollar einsackt.
- Schwarze Frauen verdienen 62 Cent, während Brock sich einen Dollar in die Tasche steckt.
- Asiatische Amerikanerinnen verdienen 90 Cent, während sich Logan einen Dollar sichert.

So sehr wir uns abstrampeln, wir können doch nur hinterherhinken, und das geht GAR nicht klar.

Ich habe schon von meinem Job als Marketingkoordinatorin bei einer Non-Profit-Organisation erzählt, meiner letzten Festanstellung. Damals war das mein absoluter Traumjob. Ich weiß noch, wie ich mich bewarb, die Daumen drückte und hoffte, zum Vorstellungsgespräch eingeladen zu werden. Also, ich wurde eingeladen und rockte es. Im September 2008 kam dann das Angebot. «Ihr Anfangsgehalt beträgt $35 000 im Jahr.» Verdammt. Ich hatte auf $40 000 gehofft, aber wer war ich, dass ich es mir erlauben hätte können, gierig zu sein? Ich mailte also augenblicklich zurück und sagte zu.

Ohne auch nur ansatzweise zu verhandeln. Nicht die zwei Wochen Urlaub. Nicht die fünfprozentige Gehaltserhöhung, die ich nach einem Jahr *vielleicht* bekommen würde. Ich weiß, Non-Profits sind berühmt-berüchtigt dafür, wenig zu zahlen, aber inzwischen weiß ich, dass mehr drin gewesen wäre. Heute bin ich schlauer. Ich hätte mehr Geld verlangen sollen.

Wenn du auch sonst nichts aus diesem Buch mitnimmst, verinnerliche bitte eins: VERHANDLE IMMER DAS ERSTE GEHALTSANGEBOT. So gut das Angebot auch sein mag! Verlange in jedem Fall mehr. Hier einige Gründe:

I. Kein Mensch tut dir mit deiner Anstellung einen Gefallen. NIEMAND. Du wirst angestellt, weil du für diese Arbeit qualifiziert bist. Du wirst gebraucht.

II. Dass du verhandelst, wird sogar erwartet. Du gehst gegen die Norm, wenn du es nicht tust. Es ist Teil des Spiels. Du darfst IMMER das verlangen, was du deiner Meinung nach wert bist. Die Antwort liegt jenseits deiner Macht, aber die BITTE liegt ABSOLUT in deiner Macht. VERHANDLE IMMER.

III. Das erste Angebot ist nie das beste Angebot. Soll heißen: Die Leute haben stets mehr Geld, als sie anfangs herausrücken wollen. Die erste Zahl, die in den Raum geworfen wird, ist NIE das Höchste, das dir gezahlt werden kann. Dir werden 40 000 Dollar angeboten? Dann ist die Wahrscheinlichkeit hoch, dass das Budget 45 000 Dollar für dich bereithält. Verlange 7000 Dollar mehr, und ihr könnt euch in der Mitte treffen. Zu viele von uns steigen vor lauter Angst erst gar nicht in Verhandlungen ein. Was mich zum nächsten Punkt führt:

IV. Wenn du mehr Geld (oder Urlaub oder Zusatzleistungen) verlangst, wird deine Jobzusage auf keinen Fall zurückgenommen. Nur weil du sagst: «Ich will mehr», wird dein Gegenüber nicht sagen: «Wir wollen Sie nicht mehr.» Ich weiß, das ist eine unserer größten Ängste – dass unser Gegenüber sich über das Verhandeln ärgert und die Zusage zurückzieht. Aber pass auf: Headhunting und Leuteeinstellen und Teambuilding kosten die Unternehmen VIEL GELD! Wenn du Angst hast, die Zusage könnte wieder vom Tisch sein, sobald du eine Zahl in den Raum wirfst, gehe wieder zurück zu Punkt I. Die Leute tun dir keinen Gefallen, wenn sie dir diesen Job anbieten: Die brauchen dich. Und die Personalabteilung weiß, eine neue Kandidatin zu finden, kann viel Zeit und Geld kosten. Die Leute wollen nicht wieder von vorn anfangen müssen. Wenn sie ihre perfekte Kandidatin, nämlich dich, gefunden haben, wollen sie bestimmt nicht, dass du gleich Reißaus nimmst. Die brauchen dich. DIE BRAUCHEN DICH. Also weg mit der Angst, du könntest den Job verlieren, wenn du mehr Geld verlangst. Das wird nicht passieren.

V. Frauen und People of Colour werden nicht dazu ermuntert, zu verhandeln. Ich habe mit so vielen Personalerinnen und Personalern gesprochen, und die würden sich jedes Mal am liebsten fassungslos an die Stirn greifen. Eine meiner Bekannten verschickte neulich eine Jobzusage mit Gehaltsangebot, und die Kandidatin hat es sofort akzeptiert. Meine Bekannte dachte nur: «SHIT. WARUM HAT SIE NICHT MEHR VERLANGT?? Ich hatte noch 15 000 Dollar mehr für sie im Ärmel.» Und bevor du jetzt sagst: «Warum zahlen die uns nicht gleich das, was möglich ist? Wäre das nicht das Fairste?» Ja klar. Als ob es im Business um Fairness ginge. Du musst das Spiel mitspielen und sagen: «Das reicht nicht. Ich will mehr.» Und dann heißt es nach kurzer Beratschlagung: «GUT. Das lässt sich machen.» Mir wurde nie die Erlaubnis gegeben oder mitgeteilt, mehr Geld zu verlangen. Das habe ich irgendwann selbst herausgefunden.

Die Summe, die wir am Anfang unserer beruflichen Karriere akzeptieren, hat ein Nachspiel. Die 35 000 Dollar, die ich einfach so schluckte, wirkten sich auf jede Summe aus, die ich von da an von dieser Organisation gezahlt bekam. Eine fünfprozentige Gehaltserhöhung beträgt 1750 Dollar bei 35 000 Dollar Jahresgehalt. Alsooo brachte mir das nach einem Jahr 36 750 Dollar ein. Stelle dir vor, ich hätte am Anfang 40 000 Dollar herausgeschlagen. Fünf Prozent davon sind 2000 Dollar, was mir dann 42 000 Dollar eingebracht hätte. Mit derselben Tätigkeit in derselben Organisation hätte ich also über 5000 Dollar mehr im Jahr verdienen können. Ich hätte einfach nur danach fragen müssen. Es kostet uns bares Geld, wenn wir nicht mehr verlangen. Schweigen kann uns manchmal teuer zu stehen kommen. Auf Gehaltsverhandlungen trifft es auf jeden Fall zu. Wir müssen mehr Geld verlangen.

Wir müssen IMMER verhandeln. Immer. Ich möchte, dass wir nicht länger unnötig Geld verschenken.

Die 35 000 Dollar Jahresgehalt bei meiner letzten Festanstellung? Die verdiene ich inzwischen ab und an krasserweise an einem Wochenende oder manchmal sogar mit dem, was eine Stunde Arbeit nach sich zieht, und das ist HEFTIG. Wie bin ich dort hingekommen? Nun, ich habe mir ein großes Publikum aufgebaut, mir zehn Jahre lang einen Namen gemacht, ein Bestseller-Buch geschrieben, und wieder und wieder bewiesen, wie sehr mir Qualität am Herzen liegt.

Das ist eine gigantische Summe. Und es war ein enormer Schritt, mich anfangs nicht einmal zu trauen, mehr als das als Jahresgehalt zu verlangen, und diese Summe heute für ein einziges Event zu fordern. Lass mich erzählen, wie ich gelernt habe, mehr zu fordern: Ich habe recherchiert, ich habe geübt, und ich habe nach Dingen gefragt – trotz der Alarmglocken in meinem Kopf, die mich überzeugen wollten, dass ich zu weit gehe. Trotz des Hochstapler-Syndroms, das mich hin und wieder fragen lässt: «Wer bist du, dass du das verlangen kannst?» Trotz des Schuldgefühls darüber, dass ich in einem Jahr mehr verdiene als meine Mutter in einem Jahrzehnt.

Ich habe mich zu Summen hochgehandelt, bei denen ich wegen des Unbehagens über ihre ungeheure Größe lachen muss.

Über die Kunst des Verhandelns wurden ganze Bücher geschrieben. Lies dir doch mal eines davon durch. Bis dahin kommt hier meine Blinkist-Version:

1. Bringe mehr über die Branche in Erfahrung. Wie viel verdienen die Kolleginnen und Kollegen? Wie viel Gehalt bekommen Leute mit ähnlichem Tätigkeitsbereich wie deinem? Habe dieses Wissen parat, denn es bewaffnet dich mit einem Druckmittel. Es schenkt dir Macht.

II. Behalte im Hinterkopf, dass es nichts mit Gier zu tun hat, wenn du verlangst, was du wert bist, oder sogar mehr.

III. Nenne die Summe mit einem Ausrufezeichen, nicht mit einem Fragezeichen, und halte anschließend sofort den Mund. Mit Ausrufezeichen meine ich das hier: Wenn du nach deinen Gehaltsvorstellungen gefragt wirst, sage: «Ich hätte gern 50 000 Dollar!» Sage nicht: «Hmm … Ich hätte gern 50 000 Dollar???», mit einer Stimme, die gegen Ende immer höher wird, als ob du eine Frage stellen würdest. Sonst klingt es, als seist du nicht sicher, ob du das Geld wert bist. Wie soll dein Gegenüber dann sicher sein? Wirf die Summe selbstbewusst in den Raum, und sage danach nichts mehr. Warte die Antwort ab. Es liegt jetzt nicht an dir, noch mehr zu sagen, sonst sieht es so aus, als würdest du aus lauter Unsicherheit übererklären. Schließlich hast du bereits dargelegt, welchen Nutzen du für das Unternehmen hast. Du hast den Ball nun deinem Gegenüber zugespielt, jetzt warte ab, bis er ihn aufnimmt.

Mir haben Personalerinnen und Personaler erzählt, wie manche Bewerberinnen ihre Gehaltvorstellung nannten, kurz schwiegen und nach fünf Sekunden Warten hinterherschossen: «Nein, passt schon. Ich kann auch ein bisschen niedriger gehen.» NOOOOOOO!!!! Tu das bloß nicht! Ich weiß, so ein Schweigen kann sehr unangenehm sein, aber ziehe um Himmels willen nicht deinen Wunsch zurück! Er hat seine Berechtigung. Dein Gegenüber verarbeitet ihn wahrscheinlich nur und rechnet innerlich vor sich hin. Manchmal nehmen wir Aussagen zurück, weil die Angst in uns hochkommt.

Neben dem Hochhandeln ist außerdem wichtig, dass wir uns nicht als billige Arbeitskraft verkaufen. Das darf nicht unser Wertversprechen sein. Du bist kein Ramschladen und solltest auch keiner sein. Ich werde niemals die günstigste Option sein oder das als Werbung für mich nutzen. Warum? Qualität hat nun mal ihren Preis, und ich weiß, was ich kann.

Der Wert deiner Arbeit bemisst sich nicht daran, wie billig, sondern wie gut sie ist. Und das muss dann auch gezahlt werden. Wenn sich eine Firma dich nicht leisten kann, muss sie entweder sparen, bis es so weit ist, oder sich gefälligst an eine andere Person wenden, deren Dienstleistungen oder Waren günstiger sind.

Vielleicht hast du schon von dem Prinzip GUT. GÜNSTIG. SCHNELL gehört. Wenn du eine Dienstleistung beauftragen möchtest, musst du zwei Eigenschaften wählen, alle drei auf einmal sind unmöglich.

Ist die Arbeit SCHNELL und GÜNSTIG, ist sie wahrscheinlich nicht sonderlich GUT. Ist sie GUT und GÜNSTIG, kann sie kaum SCHNELL sein. Ist sie SCHNELL und GUT, wird sie nicht GÜNSTIG zu haben sein.

Trotzdem erwarten manche Auftraggebende alle drei auf einmal, und ich denke nur: WIE SOLL DAS GEHEN?? Oft entscheiden sich die Leute für GÜNSTIG, statt für GUT. Und dann kriegen sie für ihren großen neuen Marken-Auftritt Logos von Microsoft Clip Art. Falls irgendwer alle drei Eigenschaften aufweist, hat sie oder er sich unter Wert verkauft, denn wer schnell und gut ist, sollte nicht günstig sein.

Häufig akzeptieren wir weniger als uns lieb ist, weil wir uns kein Geld entgehen lassen wollen. «Ich koste 100 Dollar, aber die geben mir nur 20 Dollar. Ich sollte die 20 Dollar annehmen, weil 20 immer noch mehr als null ist.» Falsch. Denn wenn du dich heute für 20 Dollar verkaufst, wird sich die Firma das nächste Mal, wenn sie auf dich zurückgreifen möchte, an die 20 Dollar erinnern und sich kaum auf 100 Dollar einlassen.

Selbstverständlich kannst du deine Leistungen in den Dienst eines wichtigen guten Zwecks stellen oder in besonderen Fällen dein Honorar einmalig senken. Aber halte als Regel und als Mantra fest: Erfolg, insbesondere als Selbstständige, ergibt sich oft daraus, dass du für deine Arbeit das bekommst, was du verlangst. Das schenkt dir die Freiheit, deine Zeit auch einem guten Zweck oder Kindern zu opfern, die auf deine Ressourcen angewiesen sind. (Wie oft wird von Männern erwartet, dass sie ihre Zeit, Energie und Dienste anderen opfern? Und wenn sie sich dem verweigern, wer macht ihnen deswegen ein schlechtes Gewissen oder nennt sie egoistisch? Wie oft wird von Männern erwartet, dass sie sich mit Publicity statt mit Geld bezahlen lassen? Warte … Ich check das mal …)

Die Leute LIEBEN es, uns Reichweite statt Geld anzubieten. Doch von Publicity kann ich nun mal nicht meine Wohnung abbezahlen oder meinen Schuhtick finanzieren. Manchmal liegt es mir auf der Zunge, «Mach doch Publicity für meine Eier» zu entgegnen. Ich weiß, ich habe keine Eier, aber der Spruch passt trotzdem zu meinem Gefühl. Als Frau, die ihre Selbstständigkeit als Bloggerin begann, weiß ich genau, wie es ist, wenn dir Publicity ganz ernst gemeint als Vergütung angeboten wird. Von Leuten, die gar nichts checken.

Jeden Tag wirft ein Konzern irgendeiner Agentur Millionen von Dollar für ein serifenloses Logo in den Rachen, das total «minimalistisch» rüberkommt, obwohl buchstäblich nur der Konzernname in der Schriftart Helvetica eingetippt wurde, und fragt kurz darauf bei einer Influencerin an, ob sie eine Kampagne «im Gegenzug für Publicity» machen würde. Und jeden Tag büßt ein Engel eine Saite seiner Harfe ein.

Verdient der Konzern mit dieser Kampagne Geld? Höchstwahrscheinlich schon. Wir sollen umsonst für ihn arbeiten, obwohl er Geld mit uns verdient, indem wir ihn unserer Leserschaft vor die Nase setzen und in seinem Interesse stundenlang (manchmal sogar tagelang) im Vorfeld daran arbeiten. Und dafür sollen wir mit Publicity «bezahlt» werden? **Naija accent* Thunda fire you!*

Wenn du für eines der größten Nachrichtenportale schreibst und dir als Bezahlung ein Tweet deines Nutzernamens auf dem Firmen-Account angeboten wird, damit du mehr Reichweite bekommst, nenne ich das Publicity-Prostitution. So eine durchtriebene Dreistigkeit haut mich jedes Mal um. Aber weißt du was? Lass sie ruhig fragen. Meine Antwort wird stets lauten: AUF GAR KEINEN FALL.

Mir kommt eine Geschichte von Nicki Minaj in den Sinn, die mein Leben verändert hat und meine Sichtweise darauf, das zu verlangen, was ich wert bin. Es geht um Gewürzgurkenwasser und warum wir uns weigern sollten, es zu trinken.

Warum Gewürzgurkenwasser? Nun, Nicki Minaj hatte einen Termin für ein Fotoshooting. Als sie am Set ankam, waren keine ihre Wünsche erfüllt worden. Sie ging in den Catering-Bereich, und statt Essen stand dort nur ein Glas Gewürzgurken auf dem Tisch. Die Kleiderauswahl war grauenvoll. Das ganze Set-up war schrecklich, also ging sie wieder. Ihre Agentin versuchte, sie davon abzuhalten, aber sie gab sich mit diesen Umständen nicht zufrieden. Sie ließ nicht zu, dass Gewürzgurkenwasser ein Anker für zukünftige Verhandlungen sein könnte.

In der MTV-Doku *My Time Now* sagte sie dazu: «Was ich mache, hat Qualität … Wenn ich also bei einem Fotoshooting auftauche, und da hängt Kleidung für 50 Dollar, und da liegen ein paar Gewürzgurkenscheiben auf einem verdammten

Küchenbrett, wisst ihr, was? Nein danke. Dann gehe ich. Soll das falsch sein? Mir mehr zu wünschen für mich selbst? Mir zu wünschen, dass ich mit Respekt behandelt werde? Wisst ihr, was? Das nächste Mal wissen sie es besser. Und hätte ich das Gewürzgurkenwasser durchgehen lassen, würde ich jetzt hier sitzen und Gewürzgurkenwasser trinken.»[12]

Das ist eine geniale Lektion in Sachen Selbstwert und wie wir ihn auch gegenüber denjenigen verteidigen, die uns sagen, wir sollen uns mit weniger zufriedengeben. Sie kannte ihren Wert. GEBEN. SIE. SICH. NICHT. MIT. GEWÜRZGURKEN-WASSER. ZUFRIEDEN. Weil: Die anderen werden uns das Geringstmögliche geben. Es wäre so schön, wenn sie rechtschaffen wären. Aber Menschen sind eigennützig.

Die Lohnlücke zwischen Männern und Frauen ist so real, dass ich darüber auf ewig in die Luft gehen könnte.

Einmal bin ich per E-Mail als Rednerin für eine Tech-Konferenz in den Niederlanden angefragt worden, und meine für Vorträge zuständige Agentin schrieb ihnen eine Antwort. Für jedes Engagement als Rednerin verlangen wir mein übliches Honorar plus die Kosten für Flug und Hotel. Daraufhin hieß es, Vorträge und Reisekosten würden nicht vergütet, aber «Das wird Ihnen viel Reichweite einbringen». Ich weiß noch, wie ich dachte: «Reichweite habe ich ja anscheinend, wenn ihr mich gefunden habt. Ihr seid schließlich auf mich zugekommen!»

12 «Nicki Minaj Doesn't Want Your Pickle Juice», in: *Rap-Up*, https://www.rap-up.com/2010/11/26/nicki-minaj-doesnt-want-your-pickle-juice/

Und es handelte sich um eine große, total männerlastige Tech-Konferenz, daher bezweifelte ich, dass sie keine Gagen zahlen.

Ich gehöre einer Gruppe von 250 einflussreichen Frauen aus Wirtschaft, Technologie und Medien an. TheLi.st heißt sie. Wir tauschen uns über alles Mögliche aus, über Geschäftliches wie Privates. In einem Thread geht es vielleicht um Empfehlungen für gute Investment-Apps, in einem anderen um die Suche nach Babysittern, und in wieder einem anderen wird gefragt, wer von einem Job als Marketingleiterin weiß. Die Bandbreite ist riesig. Jeden Tag reden, teilen und vertiefen wir unsere Connections. Also bin ich auf TheLi.st und sage: «Hey ihr, ich bin für eine Konferenz angefragt worden, die jährlich über 15 Millionen Euro Einnahmen hat. Angeblich zahlen sie den Rednerinnen und Rednern kein Geld.»

Innerhalb von 15 Minuten hagelte es Antworten, und die Frauen meinten: «Oh, nein. Einer meiner Bekannten ist dort letztes Jahr aufgetreten, wurde bezahlt, ihm wurden seine Bücher abgekauft, und seine Reisekosten wurden auch übernommen.» Eine andere erzählte, sie habe dort einen Vortrag gehalten und wenigstens die Reisekosten erstattet bekommen.

Da TheLi.st sehr divers ist, weil Frauen jeglicher Herkunft mit dabei sind, gab mir das einen ziemlich guten Eindruck von den Hierarchiemustern in puncto Bezahlung. Die weißen, männlichen Redner wurden entweder mit Geld bezahlt oder dadurch, dass ihnen eine bestimmte Anzahl ihrer Bücher abgekauft wurde. Und ihre Reisekosten wurden übernommen. Weiße RednerINNEN bekamen normalerweise die Reisekosten bezahlt. Und einigen Schwarzen Frauen wurde für ihren Vortrag auf dieser Konferenz «Publicity» als Gegenleistung angeboten.

Wenn grundsätzlich KEINE UND KEINER der Vortragenden Geld bekäme, könnte ich überlegen, ob die Konferenz meine Zeit wert ist. In dem Wissen, dass alle gleichbehandelt werden, hätte ich das in Ordnung gefunden. Das war jedoch nicht der Fall.

In diesem Augenblick erkannte ich, dass ich es mit meiner Angst aufnehmen und mich mit ihnen anlegen musste. Ich musste beweisen, dass ich die bin, die ich behaupte zu sein.

Ich sagte meiner Agentur, diese Vergütungspraxis sei nicht in Ordnung und ich hätte ein großes Problem damit. Ich verkündete, ich würde darüber öffentlich reden. Meine Agentur kennt mich gut und weiß, dass ich eine Frau der wahren Worte bin, aber sie sind dennoch ein kleines bisschen ausgeflippt. Und sie hatten gute Argumente. Es könne schwieriger werden, von anderen Konferenzen gebucht zu werden, wenn diese meinen öffentlichen Widerstand sehen, weil sie dann denken, ich könnte das Gleiche auch mit ihnen machen. Das Ganze könnte finanzielle Konsequenzen haben. Meine Agentur hatte also zu Recht Angst um mich. Und, ganz ehrlich, ich selbst hatte auch Angst um mich.

Also ging ich meine drei Fragen durch (siehe sechstes Kapitel).

Ich überprüfte mich selbst und die Tech-Konferenz: «Okay, ich arbeite nun seit einem Jahrzehnt als Vortragsrednerin; ich halte mich in einigen wichtigen Räumen auf. Ich habe schon auf prestigeträchtigen Bühnen gestanden, und mir stehen ein Haufen Türen offen. Ich verlange ein ziemlich hohes Honorar. Wenn ich bei diesem Thema nicht den Mund aufmachen kann, wer dann? Soll das die Person tun, die erst gestern mit dem Vortraghalten angefangen hat? Die Person, die noch nie Geld für eine Rede bekommen hat? Soll die Person, die gerade erst letzte Woche zum ersten Mal als Rednerin gebucht wurde, jetzt diejenige sein, die Lohnungleichheit in der Tech-Branche anficht? Eine extrem wichtige Branche, in der Typen das Sagen haben, die nicht aussehen wie ich? Wer soll diesen Job übernehmen, wenn nicht ich?»

Ich wusste, dass ich befähigt war, den Mund aufzumachen, aber ich wusste auch, dass ich sehr wahrscheinlich für den Gebrauch dieser Macht bestraft werden würde. Sämtliche meiner Ängste hatten mit Geld zu tun: die Angst davor, gierig zu sein, und die Angst vor den Konsequenzen, wenn ich als Schwarze Frau lauthals einforderte, gefälligst anständig für die erwartete Arbeit bezahlt zu werden.

Dann malte ich mir die Worst-Case-Szenarien aus: Ich würde weniger oder gar nicht mehr als Rednerin gebucht. Die Leute würden nicht mehr bei mir anfragen, und meine Haupteinnahmequelle würde mit einem Schlag versiegen. Gut, okay, dann würde ich eben mein Geschäftsmodell umändern und mich mehr auf einzelne Kundinnen und Kunden konzentrieren. Ich könnte auf jeden Fall wieder Beratungen zum Thema Marketing anbieten. Ich könnte auf jeden Fall anderen Selbstständigen dabei helfen, sich eine große Plattform aufzubauen, wie ich es auch für mich getan hatte. Ich würde auch nicht auf der Straße landen, falls ich mir meinen Ruf als Rednerin ruiniere. Wenn mein Erspartes aufgebraucht wäre, was immerhin sechs Monate lang dauern wird, könnte ich nämlich jederzeit auf Mamas Sofa schlafen, bis ich mich wieder aufgerappelt hätte. Ich ließ mir sämtliche katastrophalen Konsequenzen durch den Kopf gehen und erkannte, dass es schon irgendwie gut gehen würde.

Nachdem ich also alle drei Fragen und sämtliche Worst-Case-Szenarien durchgegangen war, wusste ich, die Antwort lautete JA. Ich würde auf Twitter über die ganze Sache reden. Und so begann ein stundenlanges Gespräch, bei dem sich auch andere zu Wort meldeten und erzählten, wie ihnen quasi abgeschnittene Zehennägel als Bezahlung angeboten worden sind. Eine Frau wurde einmal unabhängig von ihrem Bruder als Rednerin zu einer Konferenz in China eingeladen. Bei ihr hieß es, für die Vortragenden gäbe es leider kein Budget. Ihrem Bruder wurden 20 000 Dollar und Hin- und Rückflug im Privatjet angeboten. IHREM EIGENEN BRUDER. Dieselbe Arbeit, völlig unterschiedliche Vergütung.

Puuh. SHIT. Dann kam Christina Wallace, die für *Forbes* schreibt und zufällig auch bei TheLi.st mitmacht, auf mich zu und fragte, ob ich mich offiziell äußern wollen würde. Und sadistisch wie ich bin, sagte ich ja. Christina verfasste einen Artikel mit dem Titel «It's Time to End the Pay Gap for Speakers at Tech Conferences».[13] Der weiß-dreiste Konferenzleiter schrieb Christina und mir am Ende eine E-Mail voller abgefuckter Emotionen. Denn weißt du, was Boris (so hieß er tatsächlich) gar nicht mag? Wenn er von zwei Frauen, von denen eine auch noch stark pigmentiert ist, angegangen und zur Rede gestellt wird. Dieser Ziegenbock meinte: «Wenn es von unserer Seite aus heißt, ‹Wir haben kein Budget für die Konferenzredner›, dann lautet die bittere Wahrheit, dass wir bei der Ausschöpfung unseres begrenzten Budgets Prioritäten setzen müssen. In diesem Fall war es so, dass es noch relevantere, begehrtere Redner gab. Das soll überhaupt nicht heißen, dass Luvvie Ajayi das Geld nicht wert ist – wir sind fest davon überzeugt, dass sie bei dem richtigen Publikum und in der richtigen Stadt locker ihr Honorar verlangen kann.»

Flavor-Flav-Stimme WOWWWWW, die weiße Unverfrorenheit ist quicklebendig. Mit diesem verdeckten Rassismus sagt er quasi, dass ich nicht bezahlt werde, weil Amsterdam eben nicht Atlanta ist. Was ist das für ein Bullshit!! Leute, IHR

---

13 Christina Wallace: «It's Time to End the Pay Gap for Speakers at Tech Conferences», in: *Forbes*, 13. März 2017, https://www.forbes.com/sites/christinawallace/2017/03/13/pay-gap-for-speakers-at-tech-conferences/.

seid doch auf mich zugekommen, weil IHR mich als Rednerin haben wolltet!

Trotzdem war Boris ein Segen, weil seine E-Mail nachträglich in den Artikel aufgenommen wurde und meine Argumente nur zusätzlich bekräftigte. Er setzte sogar noch einen drauf: Ich und meine Kompetenzen und die Tatsache, dass ich gut bin, würden zwar erkannt, trotzdem könne mir nicht das gezahlt werden, was ich wert bin, nur weil ich nicht den demografischen Merkmalen entspräche. Was bedeutet: Ich bin schlicht zu Schwarz, um bezahlt zu werden.

Das, wovor ich Angst hatte – eine Menge Geld zu verlieren, wenn ich mich öffentlich gegen die Konferenz wendete –, trat nicht ein. Ganz im Gegenteil. Der *Forbes*-Beitrag erregte eine Menge Aufmerksamkeit und bescherte mir umso mehr Engagements als Rednerin. Auch der TED-Talk fand in diesem Jahr statt. Der Beitrag zog also echt viele richtig coole Dinge nach sich, die nie passiert wären, wenn ich aus Angst den Mund gehalten hätte.

Wenn ich gebeten werde, meine Zeit zu opfern, ist das die eine Sache. Aber mir weismachen zu wollen, allein die Publicity sei es wert, das beleidigt meine Intelligenz. «Für die Kampagne haben wir keine finanziellen Mittel, aber sie wird Werbung für Sie sein und Ihnen eine riesige Reichweite bringen.»

Wir fürchten uns so sehr davor, das zu verlangen, was wir wert sind, weil wir Angst haben, die Leute könnten sich von uns abwenden. Diejenigen, die unsere Champagnerleistung mit Gewürzgurkenwasser bezahlen wollen, sollen sich gefälligst an unser Nein gewöhnen. Ihr könnt bleiben, wo der Pfeffer wächst. Kommt nicht mit Grundschulerwartungen bei der Uni angetanzt. Kommt nicht mit Kohlrouladen zu einer Reisparty angetanzt. Für einige Firmen habe ich mir schon ein Bein ausgerissen, habe mich «um Kontakte zu knüpfen» unter Wert verkauft und habe mich am Ende nur betrogen gefühlt. DAS ist nämlich der eigentliche Abfuck. Wenn dir klar wird, dass du dich hast ausnutzen lassen. Gleichzeitig ist das der Moment, in dem du beschließt, es nie wieder zuzulassen.

Ich bin fest davon überzeugt, dass wir beim Thema Geld zum Schweigen gebracht worden sind, damit andere ihren Nutzen daraus ziehen können. Unser Schweigen richtet sich gegen uns selbst. «Über Geld spricht man nicht» kriegen wir unser Leben lang zu hören, und auch deshalb können wir wieder und wieder übers Ohr gehauen werden.

Ich bin mir darüber im Klaren, wie privilegiert ich mit einem Netzwerk wie TheLi.st bin, in dem ich radikale Transparenz einfordern kann. Ich kann eine Bekannte anrufen und sagen: «Hey, ich bin für das und das angefragt worden. Und das wollen sie mir zahlen.» Darauf die Bekannte: «Nein. Die haben doppelt so viel. Geh hin und verlange das Doppelte.» Ich lege auf. «Also, ich brauche so und so viel.» – «Okay.» – «Super.» So einfach ist das? Ich musste einfach nur erfahren, dass ihr das Doppelte auf Lager habt? IHR habt es mir jedenfalls nicht gesagt. Die Bedeutung dieser Art von Informationen kann gar nicht hoch genug eingeschätzt werden.

Wenn wir an Geld denken, denken wir immer ich-ich-ich. Das Schlimme ist, dass wir uns damit einen Bärendienst erweisen. Wohin ich auch komme, ich bin nicht billig. Das Problem ist: Wenn ich dir nicht mein Honorar verrate und du dieselbe Auftraggeberin über dein Honorar in Kenntnis setzt, das nur ein Zehntel von meinem darstellt, tust du mir damit keinen Gefallen. Warum? Weil diese Auftraggeberin nun bei meiner Honorarforderung denkt: «Oh, die ist aber teuer.» Ich bin aber nicht teuer, ich bin wertvoll und verlange das, was ich verdiene.

In dieser Situation verlieren wir beide, weil unsere Arbeit ähnlich ist, aber du für einen niedrigeren Lohn arbeitest. Gewinnen würden wir, wenn wir beide offen und ehrlich wären und beide anständig bezahlt würden.

Wenn ich da oben und du dort unten bist, gewinnt keine von uns. Bewahren wir bei unsern Zahlen Stillschweigen, schaden wir uns gegenseitig. Wenn wir unsere Zahlen aber anderen mitteilen, gewöhnen sich die anderen daran, dass auch Frauen solche hohen Summen aufrufen. «Ach, Ihr Budget gibt mein Honorar nicht her? Kein Problem, dann lassen wir das. Ach, Sie können es doch aufbringen? Danke.»

Ich möchte, dass wir uns nicht mehr länger schuldig fühlen, wenn wir eine Zahl in den Raum stellen, die wir tatsächlich auch verdienen. Gute Bezahlung ist keine Gefälligkeit. Du gibst deine Arbeit, deine Dienstleistung, das, was du studiert hast und woran du stundenlang gesessen hast. Dafür wirst du vergütet, und du verdienst jeden einzelnen Cent. Fühle dich nicht schuldig, weil du eine Kapitalistin bist, die Gutes in der Welt bewirken will.

Nicht umsonst sind etwa fünf Prozent der Milliardäre auf der Welt Männer. Nicht, weil sie klüger sind als wir oder härter arbeiten. Es bereitet ihnen nur einfach kein schlechtes Gewissen, säckeweise Geld zu verdienen, und die gesellschaftlichen Strukturen unterstützen sie dabei. Ihnen beschert das Streben nach Reichtum keine Schuldgefühle.

Es ist dein gutes Recht, das zu verlangen, was du wert bist. Und nur weil deine Hautfarbe dunkler ist und / oder du eine Frau bist, heißt das noch lange nicht, dass du schlechter bezahlt werden darfst. UNSERE Kaufkraft beträgt eine Billion Dollar. Wenn du also bei mir anklopfst und sagst, dir stünde nur ein winziges Budget zur Verfügung, beleidigst du mich und mein Skinfolk. Lass mich mit deinem Diversitäts-Budget in Ruhe.

Um es mit den Worten der unruhestiftenden Total-Prophetin Robyn Rihanna Fenty zu sagen: «Bitch better have my money.»

Mit Grandma war beim Thema Geld nicht zu spaßen. Meine Tante erzählte mir Geschichten aus der Zeit, als Grandma noch als Perückenmacherin arbeitete. Diesen Beruf hatte sie erlernt, um irgendwie über die Runden zu kommen, als Nebenverdienst zum Verdienst meines Großvaters. Sie mussten schließlich sechs Kinder großziehen.

Jedenfalls sprach sich Grandmas Können herum, und so bekam sie einen Auftrag von der Frau eines Gouverneurs. Als Mama Fáloyin die Perücke bei der Dame vorbeibringen wollte, hieß es, sie sei leider gerade nicht da. Grandma wurde klar, dass sie um ihren Lohn betrogen werden sollte. NEIN, MA'AM. NEIN, SIR. Das kam gar nicht in die Tüte. Also weigerte sich Granny zu gehen. Zuerst hieß es, die Dame sei nicht daheim, und Mama Fáloyin entgegnete, kein Problem, sie warte so lange. Und das tat sie. Nachdem ein paar Stunden vergangen waren und die Herrschaften merkten, dass sie nicht eher gehen würde, bis sie ihr Geld bekam, gaben sie ihr schließlich doch noch, was sie ihr schuldig waren. RICHTIG SO.

Trau dich, auf deiner Bezahlung zu bestehen. Fühle dich nicht wie ein Geldhai, wenn du daran erinnerst, dass deine Rechnung längst beglichen hätte werden sollen. Sei dir im Klaren darüber, dass du dich manchmal via E-Mail nackt machen musst, indem du die andere Partei darauf hinweist, dass eine verspätete Zahlung Mahngebühren kostet. Treibe dein Geld ohne schlechtes Gewissen ein!

Wir trauen uns nicht, über Geld zu sprechen, zuzugeben, dass wir mehr Geld wollen, und darauf zu bestehen, dass wir kriegen, was uns zusteht. Wir fürchten, die Leute wenden sich in der Folge von uns ab. Wir fürchten, unsere Berufschancen verringern sich. Wir fürchten den Ruf eines Geizkragens. Alles schön und gut, doch wenn mich irgendwer damit herabsetzen will, dass ich es ernst meine mit meiner Bezahlung, dann soll es so sein. Es soll sogar auf meinem Grabstein stehen: «Sie kam. Sie sah. Sie ließ nicht mit sich spaßen, wenn es um ihren Zaster ging.»

Es wird in vieler Hinsicht systematisch gegen uns gearbeitet. Unsere Welt benachteiligt sämtliche Menschen, die keine christlichen weißen Hetero-Männer sind, auf deren Triumph, Wohlbefinden und Vermögensaufbau alles ausgerichtet ist. Und darauf, dass der Rest von uns arm geboren wird, arm lebt und arm sterben wird. Wir werden dahingehend emotional manipuliert, dass uns die Furcht vor den Konsequenzen beigebracht wird, sollten wir unser Stück vom Kuchen einfordern, den sie an sich gerafft haben.

Ich verlange nicht von dir, dieses System zu ignorieren oder zu zerstören. Ein Großteil davon schließt uns aktiv aus. Ich verlange von dir jedoch, mehr zu verlangen und dein Geld einzufordern.

Was nach dieser Forderung geschieht, liegt nicht in unserer Macht. Vielleicht bitten wir um mehr Geld, und sie sagen trotzdem Nein. Aber darum bitten müssen wir, damit wir überhaupt eine Chance darauf haben. Tun wir das nicht, ist uns das Nein garantiert, oder ist irgendwer so gnadenvoll und sagt: «Sie haben zwar nicht darum gebeten, aber hier ist Ihre Sonderzulage»? Das passiert nicht allzu oft. Die Chance, mehr zu kriegen, ist weit größer, wenn wir darum bitten, und wenn auch nur 20 Cent dabei herausspringen. Das ist immer noch mehr als vorher. Das ist immer noch mehr, als wir sonst gekriegt hätten.

Wenn wir mehr Geld verlangen, zerschlagen wir dadurch nicht das System oder machen alles gut. Wir bringen uns aber der Gleichheit wenigstens ansatzweise näher. Und wenn wir das für uns selbst nicht tun, wer dann? Wie schön wäre eine Welt, in der es lauter wohltätige Menschen gibt, die für Gleichheit und Gerechtigkeit alles gäben – aber so läuft es nun mal nicht. Ein Großteil davon fällt auf uns selbst zurück; wir müssen gigantische Felsbrocken den Hügel hinaufwälzen, weil wir keine andere Wahl haben.

Also verlange mehr, hole dir dein Geld, und fühle dich dabei nicht schuldig. Wenn du das Geld dann hast, und zwar reichlich davon, gib es weiter, so erschaffen wir einen Kreislauf des Gebens. Anderen helfen können wir jedoch nur, wenn wir zuallererst uns selbst helfen.

10. Kapitel

SETZE GRENZEN

Wir fürchten uns davor, als unsympathisch zu gelten

Die Leute können echt übergriffige Ziegenböcke sein, kauen uns ein Ohr ab und rücken uns auf die Pelle, ob wir das möchten oder nicht. Deshalb ist es so wichtig, dass wir Grenzen setzen. Jetzt, wo ich älter bin und graue Haare meinen Haaransatz kaum noch respektieren, weiß ich eins: Wir müssen den anderen beibringen, welche Erwartungen wir an sie haben und wie sie uns behandeln sollen. Tun wir das nicht, wird uns ständig auf die Nerven gegangen werden, und das Leben ist doch einfach zu kurz für zu hohen Empörungsblutdruck.

Ich liebe es, Grenzen zu ziehen. Das hat sich so ergeben, als mir klar wurde, dass ich die Leute wissen lassen muss, wenn sie etwas tun, das ich nicht mag. Als die zänkische alte Tante, die ich schon als kleines Mädchen war, habe ich nicht den längsten Geduldsfaden. Ich habe nämlich einige ganz feste rote Linien, die nicht überschritten werden dürfen, und wenn die Leute es trotzdem tun, bringt mich das sofort zur Weißglut. Da ich absolut kein Pokerface habe, steht mir meine Verärgerung auch mitten ins Gesicht geschrieben. Wie schon erwähnt, ist mein Gesicht quasi meine Stimme im Außen.

Für mich ist Abgrenzung eine Frage des Anstands. Täte ich es nicht, sähe ich aus, als wäre mir das letzte Stück Schokolade weggeklaut worden, und das kann kein Mensch wollen. Wir müssen unsere Grenzen innerlich wie äußerlich abstecken, egal, wie sehr das die anderen stört.

Grenzen zu haben und sie zu ziehen, hat nichts damit zu tun, dass wir die Menschen von uns fernhalten oder sie davon abhalten wollen, uns nahezukommen (na ja, körperlich manchmal schon). Es geht darum, Maßstäbe dafür zu setzen, wie wir behandelt werden möchten – wie wir es verdient haben, behandelt zu werden.

Oft denken die Leute, sie hätten ein Anrecht auf unser Leben, auf unsere Zeit und Energie, auf unseren Raum und unsere Plattformen. Das tun sie meist gar nicht aus Bösartigkeit, sondern aus Gewohnheit. Und wir sind es oft einfach nicht gewohnt, unsere Grenzen abzustecken und dazu zu stehen. Wir tendieren dazu, uns frei zu bewegen. Wir berühren andere, küssen andere und schieben andere ungefragt beiseite. Wir verfügen über die Zeit anderer. Wir dringen in die Plattformen anderer ein. So funktionieren wir als Gesellschaft. Was heftig ist: Die MEISTEN sind genervt, wenn andere ihre Grenzen überschreiten.

Warum ist es also so schwer, Grenzen zu ziehen? Warum fällt es uns so schwer, den Leuten zu sagen, wenn uns ihr Verhalten nervt? Weil es uns Sorge bereitet, andere auszuschließen und ihnen ein mieses Gefühl zu geben. Wir haben Angst, die Harmonie zu stören, Gefühle zu verletzen und schwierig zu wirken.

Natürlich muss ich Rücksicht auf andere nehmen (ich bin

schließlich keine Soziopathin). Doch wie uns der Flugbegleiter während des Abschickens unserer letzten Facebook-Nachricht vor dem Start sagt und wie ich es auch schon an anderer Stelle gesagt habe: Setzen Sie zuerst sich die Sauerstoffmaske auf, bevor Sie anderen helfen. Ich möchte mich so wohl und so sicher wie möglich fühlen. Ich bin nicht verpflichtet, meine Zeit, meinen Körper, meinen Raum oder meine Energie so einzusetzen, dass es mir unangenehm ist.

Mein Wohlbefinden liegt nicht im Verantwortungsbereich der anderen, aber sie können durchaus Mitschuld an meinem Unbehagen tragen. Lass mich erklären. Wenn ich irgendwo auftauche, müssen sich die Leute im Raum nicht darum kümmern, dass ich mich wunderbar umsorgt und zu Hause fühle. ABER wenn die Leute im Raum anfangen, mich zu beleidigen, haben sie sich meines Unbehagens strafbar gemacht. Wobei es wiederum meine Verantwortung ist, meine Grenzen deutlich zu machen, denn was, wenn ich meine Grenzen in unsichtbarer Tinte gezogen habe und kein Mensch sie sieht? Wer sie nicht sehen kann, kann auch nicht schuldig sein. Oft ärgern wir uns über Leute, die Grenzen überschreiten, die wir nie gezogen haben, und müssen uns dann fragen, wie sie es hätten besser wissen oder machen sollen.

Natürlich gibt es einige universelle Grenzen, die wir alle respektieren sollten, wie Einvernehmen vor dem Sex. Jeder Mensch sollte splitterfasernackt die Straße entlanglaufen können, ohne dass er angefasst wird, es sei denn, er trägt ein Schild mit der Aufschrift: «Gerne anfassen.» Und selbst dann würde ich vorher fragen.

Mehr als das können wir bei den anderen nicht voraussetzen. Ist uns eigentlich klar, wie oft wir den Leuten erlauben, mit uns zu reden, wie es ihnen gefällt, und Dinge mit uns anzustellen, die wir nicht mögen? Was tun wir dagegen? Wir verdrehen die

Augen. Wir seufzen. Oder wir hoffen, sie hören wie von Zauberhand damit auf. Aber wenn wir ein williges Behältnis sind, kommen die Leute nun mal gern mit Müll an.

Wir können nicht davon ausgehen, dass wir alle eine bestimmte Auffassung teilen. Wir agieren nicht auf Basis derselben Prämissen. Deshalb müssen wir unsere Grenzen ganz bewusst äußern. Wir müssen klar und deutlich eintreten für die Dinge oder den Raum, den wir brauchen. Dafür sind wir allein verantwortlich. Nicht aber dafür, ob die Leute diese Grenzen respektieren.

Die persönlichen, beruflichen, emotionalen und körperlichen Grenzen sind alle wichtig. Aus Angst davor, die Leute zu vergraulen, glauben wir, wir könnten es nicht bringen, uns abzugrenzen. In Wahrheit können wir es aber nicht bringen, uns NICHT abzugrenzen. Wenn wir den Mund halten, begehen wir nämlich Verrat an uns selbst. Und wir dürfen nicht so viel Verrat an uns selbst begehen.

Eines der größten No-Gos für meine Grandma war es, wenn ihr Gegenüber mitten im Streit laut wurde. Das Ding ist: Nigerianerinnen und Nigerianer haben absolut keine innere Stimme. Wer an den Feiertagen bei meiner Familie vorbeischaut, hört Hunderte Menschen reden, obwohl es in Wahrheit nur zwanzig sind. Schreiend miteinander zu reden, ist für uns eine Sprache der Liebe. Selbst heute noch tun wir so, als existierten Handys mit 5G-Empfang nicht, als seien sie Blechdosen, die durch eine Schnur verbunden sind. Wir sind SO LAUT. Wir benutzen, was auch immer die Messgröße «unnötig laut» sein mag. Ich weiß noch, wie ich mich deswegen immer über die ältere Verwandtschaft lustig gemacht habe. Und inzwischen gehöre ich selbst zu den Älteren und mache es genauso.

Trotz jener kulturellen Sitte ließ sich Mama Fáloyin die Narren nicht gefallen, wenn es darum ging, wie sie allzeit zu respektieren sei. Ja, du durftest ihren Namen freudig rufen, wenn du sie erblicktest, und sie kräftig feiern (in der Kirche und sonst wo). Aber wenn sie ein ernstes Wörtchen mit dir redete und du deine Stimme erhobst? Dann war die Hölle los. Mit Hölle meine ich: Drama.

GRANDMA: Hast du die Hausaufgaben fertig?

DU, leicht frustriert und mit einer ganz leicht ins Schrille kippenden Stimme: Grandma, ja. Ich hab doch schon gesagt, sie sind seit einer halben Stunde fertig.

GRANDMA: Ehh, da schreit wohl jemand. Möge Göttin Oyá kommen und mich bestrafen!

Sis, wie kann etwas so schnell eskalieren? Wie kann aus meiner minimalen Genervtheit ein «Hol doch gleich einen Gürtel und schlag mich!» werden? Wenn du nicht gerade ihr Gegenüber warst, war das saukomisch. Ich schwöre, manchmal reagierte sie, als sei sie in ihrer eigenen *All My Children*-Folge. (Was übrigens ihre Lieblingssoap war. Total ihr Ding! Wegen der Theatralik wahrscheinlich. Als Susan Lucci mehrmals für einen Daytime Emmy nominiert wurde und ihn nie gewann, hat Grandma sicher höchstpersönlich bei Jesus ein Wort eingelegt. Und ruckzuck stand Susan mit dem Emmy im Arm auf der Bühne. Amen.)

Außerdem zog Grandma gern die «Nicht einmal deine Mutter würde es wagen, so mit mir zu reden»-Karte, die augenblicklich Schande über dich brachte, weil du diese unerhörte Frechheit an den Tag gelegt hast. Sie wies mein Ego gehörig in die Schranken.

Diese Grenze meiner Großmutter war Erwachsenen wie Kindern bekannt. Was du in Anwesenheit von Fúnmi Fáloyin auf gar keinen Fall tun durftest, war missmutig die Stimme heben. Ehrlich, sonst hätte es sofort geheißen: «Wer bist du, dass du es wagst?» Das ist eine Frage ohne jede Antwort, das gehört zur Kategorie: «Pass mal auf, mit wem du's hier zu tun hast.» Und ich konnte wieder und wieder beobachten, wie auch die unverblümtesten und ruppigsten Leute diese Grenze respektierten. Ich sah, wie die nigerianische Polizei, die sich meist einen feuchten Dreck um Höflichkeiten schert, die eine Person anschrie und im nächsten Moment meine Großmutter mit unfassbarer Hochachtung und wärmstem Klang adressierte.

Mich ließ es wissen, dass die Menschen zu vernünftigem Handeln durchaus in der Lage sind. Das hängt einfach davon ab, wer vor ihnen steht und mit was sie bei diesem Menschen durchkommen. Auch wenn es nicht unsere Schuld ist, wenn wir beschimpft oder herabgesetzt werden, kann die Art, wie wir behandelt werden, zumindest auch widerspiegeln, was wir mit uns machen lassen.

Im Kern geht es beim Thema Abgrenzung darum, den Verrat an uns selbst klein zu halten, während wir auf dieser Erde wandeln. Die Person, bei der ich dafür sorgen muss, dass es ihr am Ende des Tages / Lebens gut geht, bin ich. Ich bin diejenige, der ich Rede und Antwort stehen muss, und ich bin ein verdammt kritisches Kind Gottes. Ha! Mit mir selbst gehe ich härter ins Gericht als mit irgendwem sonst. Und wenn ich mir selbst erklären muss, dass ich mich für irgendwen verbogen habe, bin ich stinksauer auf mich. Ich bin schon oft stinksauer auf mich selbst gewesen und finde es schwer, mir zu verzeihen. Das allein hat mir geholfen, mich besser abgrenzen zu können.

Leute, die keine klaren Grenzen ziehen, betrachte ich meist etwas misstrauisch. Warum? Weil ich befürchte, dass sie dadurch für meine dick aufgetragenen Grenzlinien eher wenig Verständnis haben werden. Wenn ich meine Grenzen kundtue, begreifen sie das womöglich als feindlichen Akt und nicht als Akt der Selbsterhaltung. Als mangelnde Offenheit und mangelnde Verletzlichkeit. Ein afrikanisches Sprichwort besagt: «Sei vorsichtig, wenn ein nackter Mensch dir ein T-Shirt anbietet.»

Eine meiner Grenzen betrifft Umarmungen von Leuten, die ich gar nicht kenne. Ich bin nicht gegen Umarmungen. Wenn mir Leute gegen die Hüfte knallen, die ich kenne, macht mir das nichts aus (und ihnen wiederum auch nicht)! Ich finde es nur nicht so toll, den Körper eines Menschen an mich zu drücken, dessen Namen ich nicht kenne. Und diese Grenze ist schwierig. Warum? Weil die Menschen Umarmungen lieben! Sie symbolisieren Verwandtschaft, Freundlichkeit und manchmal auch Wohlwollen. Und ich, die ich ein Buch geschrieben habe und irgendwie exponiert und zugänglich wirke (wenn mir nicht gerade mein unwillkürlich skeptischer Seitenblick im Gesicht steht), wollen viele gerne drücken. Die Tatsache, dass ich Umarmungen von Nicht-Freundinnen und -Freunden und Nicht-Verwandten nicht mag, kann auf andere also reserviert und unnahbar wirken. Genau aus diesem Grund lasse ich mich von Fremden viel öfter umarmen, als mir lieb ist, und fühle mich anschließend nicht so toll.

Wie das passiert: Irgendwer erblickt mich in der Öffentlichkeit (zum Beispiel am Flughafen) und ist ganz begeistert, worüber ich mich natürlich freue! Dieser Mensch sagt: «Ich liebe Umarmungen!», und ich möchte gerne «Ich liebe Jollof-Reis!» antworten, wo wir schon dabei sind, uns wahllose Eigenschaften zuzurufen. Ich sehe das breite Lächeln im Gesicht meines Gegenübers, und das macht es so unfassbar schwierig, «Ein

Faustcheck wäre mir lieber» zu sagen. (Nachdem ich während der Corona-Pandemie erfahren habe, wie wenige Leute sich ordentlich die Hände waschen, möchte ich nicht einmal mehr Hände schütteln.) Oft wird mir bei der Umarmung aber gar keine Wahl gelassen. Meine Reflexe sind langsamer, als mir lieb ist, und bevor ich irgendetwas sagen kann, ist mein Gesicht schon in der Brust irgendeiner Frau vergraben, die meine Arbeit ganz toll findet. Ich fühle mich sowohl geehrt als auch befremdet und trotte meist etwas missmutig davon.

In solchen Fällen habe ich Angst, die andere Person zu enttäuschen oder zu verletzen. Dann ist es leichter, die Umarmung über mich ergehen zu lassen. Aber leichter für wen? Für mich sicher nicht. Wenn es ein Tag ist, an dem ich auf einer Konferenz einen Vortrag halte, könnte ich das locker noch zweihundert Mal machen. Ein einziger Papercut ist nicht so schlimm, aber zweihundert solcher Wunden tun höllisch weh. Ich vergleiche Umarmungen von fremden Menschen nicht wirklich mit Papierschnittwunden. ODER ETWA DOCH?

Umarmungen sind etwas sehr Persönliches für mich. Deshalb schenke ich sie auch nicht einfach jedem Menschen, den ich treffe. Und deshalb stellen sie wohl auch eine so schwierige Abgrenzung dar. Für die Leute fühlt es sich wahrscheinlich wie eine persönliche Ablehnung an. Ich kann es gut verstehen, dass sich ein Mensch herabgewürdigt fühlt, wenn ihm gesagt wird, seine Geste sei nicht willkommen. Nur handelt es sich eben hierbei um eine dieser «Das liegt nicht an dir, sondern nur an mir»-Situationen. Als erfahrene Introvertierte fühle ich mich schnell leergesaugt von den Menschen. Unter Menschen zu sein, macht mich müde, und hinterher muss ich mich meist erholen. Wenn es bei den Umarmungen in die Hunderte geht, handelt es sich in dieser Disziplin um einen Super-Saiyajin-Level. Schütze also deinen Raum und deine Energien, so gut du kannst.

Ich habe mich umgehört, wie sich eine Umarmung am besten ablehnen lässt, und viele haben mir zu folgenden Aussagen geraten: «Oh, ich bin erkältet» oder «Mir geht's gerade nicht so gut». Die Lösung soll also sein, dass ich die Leute anlüge? Nö. Warum sollten wir uns selbst betrügen, warum durch Falschheit die gewünschte Reaktion erreichen? Wem soll das nützen? Der Person, die uns umarmen möchte? Okay. Derweil sollst du einen Schnupfen vortäuschen. Und wozu? Um einer Person Unbehagen zu ersparen, die meint, sie müsste sich an dich drücken. Da heiligt meiner Meinung nach nicht einmal der Zweck das Mittel.

Andere haben mir geraten, ich solle in beiden Händen irgendetwas halten. Oder mich schnell à la *Matrix* nach hinten beugen, um dem Griff der Leute zu entwischen. Ich muss also beweglich sein, Yoga machen, zu Hause mit Mr. Miyagi trainieren und schnellere Reflexe kriegen, um zu vermeiden, dass die Leute den Arm um mich legen. Wäre es nicht einfacher, sagen zu können: «Hey, ich würde das lieber nicht tun, Mensch, dessen Name ich nicht weiß?»

Die Erwartungshaltung in Sachen Umarmung ist zudem total gegendert. Die persönliche Distanzzone von Männern wird oft respektiert. Uns Frauen wird die Rolle der fürsorgenden Mutter zugeschrieben, und über unseren Körper soll alle Welt verfügen dürfen, deshalb sind wir auf Wunsch jederzeit zu Umarmungen bereit. NO WAY.

Vielen von uns ist es als Kindern und Jugendlichen nicht gestattet worden, sich abzugrenzen, schon gar nicht innerhalb der Familie. Wir haben es alle schon erlebt, teils am eigenen Leib: Irgendwer aus der Verwandtschaft kommt zu Besuch, und wir werden gezwungen, sie oder ihn zu umarmen. In diesen Momenten haben wir gelernt, dass unsere Verbundenheit mit anderen unser Handeln diktiert, und wir fingen an zu glauben, wir hätten nicht das Recht, frei über unser Wohlbefinden zu bestimmen. Diese kleinen Momente haben weitreichende Konsequenzen für unsere Entfaltung auf Erden.

Wir normalisieren den konstanten Verrat unserer Bedürfnisse, den Verrat an uns selbst und anderen, wenn wir unsere Grenzen nicht ernst nehmen. Wir sagen, jede und jeder hat unwiderruflichen Zugriff auf uns, egal, wie schrecklich sie uns behandeln oder in Erscheinung treten. Das ist nicht unbedingt unsere Schuld, aber definitiv unser Problem.

Sich von Angesicht zu Angesicht abzugrenzen, ist schwer, doch wir zögern schon dann, wenn es in der digitalen Welt passieren soll. Auch hier stellen wir wieder den persönlichen Frieden der anderen über die Gerechtigkeit.

Die sozialen Medien sind das Land der überschrittenen Grenzen, denn irgendetwas hat das Sitzen hinter einer Tastatur an sich, dass die Leute ihre gute Kinderstube vergessen. Sie leben sich dort völlig ungehemmt aus.

Da Grenzen gleich nach Wingtip-Schuhen und Red-Velvet-Cupcakes mein Lieblingsding sind, ziehe ich jede Menge davon, wenn es darum geht, wie die Leute mit mir im Internet agieren. Mir wurde nämlich schnell klar: Wenn ich nicht möchte, dass mir von den Menschen und ihren guten Absichten auf den Nerven herumgetrampelt wird, muss ich sie öffentlich bekanntgeben. Laut.

Folgendes Verhalten bringt mich zur Weißglut und überschreitet meine virtuellen Grenzen:

- Wenn ich auf Fotos getaggt werde, auf denen ich gar nicht drauf bin, nur um meine Aufmerksamkeit für ein Event zu erhaschen – das ist die digitale Version von einer Kaltakquise.

- Wenn ich auf Fotos getaggt werde, auf denen ich gar nicht drauf bin, um die Aufmerksamkeit meiner Leserschaft zu erlangen – damit tippen die Leute auf die Schulter meiner Follower. Das ist, als würden sie eine riesige Reklametafel in meinen Garten stellen.

- Wenn mir eine persönliche Nachricht (PN) mit einer Bitte geschrieben wird, obwohl mir diese Person vorher noch nie geschrieben hat – das ist, wie auf der Straße auf einen wahllosen Menschen zuzugehen und ihm ein T-Shirt andrehen zu wollen. Könnten Sie bitte wenigstens erst Hallo sagen und sich vorstellen? Es fühlt sich jedes Mal wie eine Art Überfall an. Ich wurde schon einmal gefragt, ob ich nicht die Studiengebühren für eine Person übernehmen kann, und das fühlte sich an, als greife mir irgendwer direkt in die Tasche, um nach Geld zu wühlen.

Das soll nicht heißen, dass ich mit keinem Menschen reden möchte, sondern vielmehr: Behandelt mich bitte wie einen Menschen, zu dem ihr eine Beziehung aufbauen möchtet, nicht wie eine Person, die ihr ausnutzen wollt. Um Hilfe oder um einen Gefallen zu bitten, ist nicht das Problem. Das Problem ist, wenn vorher keine echte Verbindung hergestellt wurde.

Was in den sozialen Medien geschieht, ist Segen und Fluch zugleich. Da wir inzwischen alle nur maximal zwei Ecken voneinander entfernt sind, haben wir das Gefühl, wir könnten auf alle zugreifen. Im besten Fall ermöglicht uns das, tiefe Verbindungen mit Menschen einzugehen, die wir sonst nie kennengelernt hätten. Im schlimmsten Fall lässt es uns vergessen, dass hinter den Namen und Profilbildern echte Menschen stehen. Dächten wir daran, dass wir kein Anrecht auf den Raum und die Zeit und Energie anderer Menschen haben, würden wir uns bestimmt anständiger verhalten.

Da ich die sozialen Plattformen schon früh angewendet habe, bin ich mir seit Langem bewusst, wie wichtig es ist, seinen eigenen Raum zu kuratieren. Unsere Erfahrung mit diesen Medien hängt nämlich komplett davon ab, wem wir in unserem E-Haus Einlass gewähren. Die Leute, mit denen wir befreundet sind, die wir mögen und denen wir folgen, entscheiden über die Qualität unserer Zeit im Internet. Eines Tages loggst du dich vielleicht bei Facebook ein und stellst fest, dass es dich total stresst, weil die eine Hälfte deiner Timeline schrottige Verschwörungstheorien anpreist und die andere Hälfte Widerlingen huldigt. Wenn dir die Augen aus dem Kopf fallen und du allen eins auf die Rübe geben möchtest, dann weißt du, dass es Zeit für eine gründliche Aufräumaktion ist.

Auf Facebook kannst du bis zu fünftausend Freunde haben. Das heißt aber noch lange nicht, dass du diese Zahl erreichen musst. Nur weil in deine Wohnung gefahrlos hundert Leute passen, musst du deshalb noch lange keine hundert Leute zum Abendessen einladen. Im Leben liegt nicht furchtbar viel in unserer Macht, aber wen wir in unsere physischen und virtuellen Räume lassen, können wir sehr wohl bestimmen.

Ich habe also bestimmte Regeln dafür, welche Verbindungen ich in den sozialen Medien eingehe.

Facebook

Stelle dir diese Plattform als das Sommerpicknick der sozialen Medien vor. Frage dich: Habe ich dich im echten Leben schon einmal getroffen? Kenne ich dich vom Sehen, und werde ich extra die Straße überqueren, um dir guten Tag zu sagen, wenn ich dich auf der anderen Seite entlanggehen sehe, oder werde ich mich eher hinter ein Auto ducken, damit du mich nicht siehst? Warum das wichtig ist? Na ja, wenn ich dich im echten Leben nicht fröhlich grüße und lieber gymnastische Verrenkungen mache, um dir aus dem Weg zu gehen, warum muss ich dann deine Beiträge in meiner Timeline sehen? Viele befreunden sich pauschal mit allen, die auf ihrer Schule oder Uni waren. Und dann regen sie sich darüber auf, dass der Typ, der früher ein Eins-a-Quarterback war, heute ein durchgeknallter Tea-Party-Anhänger und wahrscheinlich sogar ein örtlicher Sektenanführer ist. ENTFREUNDE IHN, SIS. Diese Energie braucht kein Mensch.

Twitter

Twitter ist so etwas wie die Happy Hour der sozialen Medien. Frage dich: Würde ich mit dir länger als fünf Minuten reden wollen, wenn wir uns auf einer Party kennenlernten? Und auf dieser Party, wo alle miteinander quatschen und ich von Gespräch zu Gespräch wechsle: Würde ich mit dir im Gespräch bleiben, weil du mich faszinierst? Das ist wichtig, weil an diesem Ort Gedanken, Meinungen und Nachrichten ausgetauscht werden. Und ich möchte, dass meine Timeline nützlich, witzig, aktuell und interessant ist. Auf einen Menschen, der die Erde für eine Scheibe hält, sollten wir hier besser verzichten.

LinkedIn

Gehe mit LinkedIn so um, als handele es sich um eine Konferenz. Frage dich: Gibt es karrieremäßige Überschneidungen mit dieser Person? Würdet ihr beide auf die gleiche berufliche Veranstaltung gehen? Wo wir alle unsere weiße Bluse anhaben und unser geschäftlichstes Ich an den Tag legen: Haben deine Beiträge irgendeine berufliche Relevanz für mich? Könnten wir tatsächlich netzwerken? An diesem Ort sollten wir uns von den Netzwerk-Marketing-Fuzzis fernhalten. Nein, wir möchten nicht deinen Schlankheitstee bewerben, und deine Fake-Lisa-Frank-Leggings will ich garantiert auch nicht verkaufen.

Instagram

Instagram ist die kleine Party, die du bei dir zu Hause feierst. Frage dich: Würde ich eine ganze Slideshow deiner Urlaubsfotos durchhalten? Ich persönlich bin auf Instagram, um etwas mehr aus mir herauszugehen, um mehr über meinen Alltag zu verraten und die Highlights meiner Welt und meiner Gedanken zu teilen. Und manche dieser Highlights beinhalten auch Tiefpunkte. Auf dieser Plattform können wir sowohl Berufliches als auch Privates kommunizieren. Die Leute, denen ich dort folge, müssen mich auf irgendeine Weise fesseln.

Mit manchen Leuten, die ich im echten Leben kenne, würde ich mich auf LinkedIn nicht vernetzen. Manchen Leuten, die ich gar nicht persönlich kenne und noch nie getroffen habe, folge ich auf Instagram. Mit manchen würde ich nicht unbedingt das Brot teilen, und ihre Tweets sind für mich trotzdem ein Muss. Unsere Auswahlkriterien können sehr persönlich sein, selbst wenn wir das Gegenteil behaupten. Dich als Mensch kann ich mögen und dich in meinem Feed trotzdem verbergen, wenn mich das, was du dort von dir gibst, ermüdet oder mir Energien absaugt.

Wildfremden Menschen folge ich normalerweise nicht und freunde mich nicht mit ihnen an. Wenn ich doch einmal auf «Folgen» bei einem Menschen, den ich nie getroffen habe, klicke, dann, weil ich mich auf irgendeine Art mit ihm verbunden fühle. Ich habe seine Beiträge schon gesehen und mochte sie. Oder er schrieb den einen oder anderen Kommentar, der mich zum Lachen brachte. Oft heißt es, es gäbe keine Fremden auf dieser Welt. Dem stimme ich zu, wenn die Leute sich organisch vertraut gemacht haben. Womit ich definitiv nicht die Trolle meine, die unter jedes gepostete Foto schreiben: «Folge mir.» Wie du weißt, stehe ich da überhaupt nicht drauf. Blocken, blocken, blocken.

So streng, wie ich damit bin, wen ich in mein E-Leben lasse, denkst du vielleicht: «Moment mal, wird das dann nicht zur Echokammer?» Das wäre absolut der Fall, wenn die einzigen, denen ich folge, fünfunddreißigjährige Amerikanerinnen mit nigerianischen Wurzeln und kurzen Haaren wären, die genauso aufgewachsen sind wie ich. Irgendwie glaube ich nicht, dass ich in meinem Social-Media-Universum nur Leute habe, die exakt so denken wie ich! Wir können durchaus unterschiedlicher Meinung sein, aber was uns alle eint: Uns liegt die Menschheit am Herzen, und wir sind anständige Leute. Meiner Meinung nach sind wir größtenteils freundlich, klug und lustig.

Rassistischen, sexistischen, homo- oder transphoben Menschen gewähre ich keinen Einlass. Und wenn sie doch durchrutschen, regele ich das ganz schnell, indem ich die Verbindung kappe. Wenn wir diese Leute in unseren virtuellen Dörfern leben lassen, weil wir keine Echokammern kreieren wollen, bürgen wir dadurch beinahe für ihren Bullshit.

Auch Hass oder Verunglimpfungen haben in meinem E-Space nichts zu suchen. Worauf ich extrem stolz bin, ist mein Publikum (Shout-out an LuvvNation) und die Energie auf meinen Plattformen. Das Internet mag manchmal einem brennenden Müllhaufen gleichen, aber mein Kommentarbereich und mein Blog sind das genaue Gegenteil. Meine Leserschaft wirbt gern damit, deshalb erwähne ich das oft. Die Community, die ich über die Jahre mit meinen Online-Texten aufgebaut habe, weiß: Wenn irgendwo mein Name draufsteht, erwarte ich, dass alle sich korrekt verhalten. Das heißt rücksichtsvoll und nicht wie ein gehässiger Giftzwerg. Die Leute sagen, das Schöne an meiner Arbeit seien zur einen Hälfte meine Worte und zur anderen Hälfte die dazugehörigen Kommentare.

In dem Moment, wo einer meiner Beiträge viral geht und auf Troll-Webseiten geteilt wird und meine Plattformen überflutet werden von Leuten, bei denen du den Glauben an die Menschheit verlierst, nimmt sich meine Leserschaft der Sache an, noch bevor ich selbst dazu komme. Wenn ich sehe, wie sehr sie diese Räume beschützen, weiß ich, dass ich irgendetwas richtig gemacht habe.

Auch aus diesem Grund bin ich beim Löschen von Dummheiten nicht zimperlich. Meine sozialen Medien sind eine Diktatur, keine Demokratie. Ich blockiere, ich melde Spam und schalte auf stumm. Ich bin nicht verpflichtet, den Müll, den mir ein Mensch vor die Füße knallt, anzunehmen oder zu mir zu nehmen. Ich trage ihn hinten heraus und schmeiße ihn in den Äther. Ich bin nicht die US-Regierung, also genießt eine beknackte Meinung auf meinen Plattformen keine Freiheit.

Im Internet wie im echten Leben werden unsere Grenzen andauernd überschritten. Und wir sagen nichts. Warum? Weil wir vielleicht denken, wir machten aus einer Mücke einen Elefanten. Oder weil wir fürchten, wir seien mürrische Spielverderber. Oder weil wir Angst haben, es mache uns unsympathisch, wenn wir eine Person darum bitten müssten, etwas zu verändern.

Nun, wenn dir etwas auf die Nerven geht, warum solltest du das nicht sagen? Es ist sowohl zu deinem Besseren als auch zum Besseren deines Gegenübers. Wenn eine Person meine Grenzen zum ersten Mal überschreitet, nehme ich an, sie wusste es nicht besser. Also lasse ich es sie wissen. Wenn sie es anschließend aber wieder und wieder tut, muss ich annehmen, dass es ihr egal ist. An diesem Punkt kann mir kein Mensch einen Vorwurf machen, wenn ich sie aus meinem Leben streiche. Wer deine Grenzen überschreitet, nachdem du sie verdeutlicht hast, gehört blockiert, ganz ohne Schuldgefühle. Dieser Mensch soll nicht mehr auf dich zugreifen dürfen.

Es wird den Leuten nicht gefallen, wenn du anfängst, deine Grenzen durchzusetzen. Für sie fühlt es sich so an, als zögst du eine Mauer hoch, um speziell SIE auszuschließen. Dabei willst du nur generell alles draußen lassen, was dir nicht guttut. Die Leute nehmen es also gern persönlich, und dagegen lässt sich kaum etwas tun.

Ich erinnere mich noch an die Nachricht einer Frau, die total wütend darüber war, dass sie auf meiner persönlichen Facebook-Seite keinen Kommentar hinterlassen konnte. Sie fand, ich «halte die Leute auf Distanz».

Ich antwortete: «Ich habe eine offizielle Fanseite, einen Twitter-Account und einen Instagram-Account. Darf ich dann nicht einen Hauch von Privatsphäre auf meiner persönlichen Seite wahren? Es gibt einen Haufen anderer Zugangsmöglichkeiten.

Ich kann es nicht ändern, wenn Sie dieses Gefühl haben. Es ist, wie es ist.»

Solche Dinge passieren nicht nur online. Als ich einmal auf einer privaten Veranstaltung einer Freundin war und mir gerade den Bauch vollschlug, kam eine Frau auf mich zu und verlangte eine Umarmung und ein Selfie. Ich sagte, wenn ich fertig sei mit Essen, gern. Daraufhin war sie beleidigt und erzählte einer gemeinsamen Bekannten, ich sei nicht gerade nett. Vielleicht hätte ich es begeistert durchziehen sollen, aber ich dachte, es sei schon «nett», wenn ich ihr sage, dass wir es gerne nach dem Essen tun können. Aber das reichte ihr nicht. Was lernen wir daraus? Trau dich, auch mal nicht nett zu sein, weil die Leute aus einer Interaktion sowieso machen, was sie wollen. Es liegt jenseits deiner Macht, gut gemeint und so weiter.

Wenn du dich abgrenzt, sagen die Leute vielleicht, du hättest dich verändert oder hieltest dich für etwas Besseres. Die Leute sagen vielleicht, du seist nicht nett. Sollen sie ruhig. Sie sagen es sowieso nur von fern und nicht in dein Gesicht. Deine Grenzen funktionieren nämlich so gut, dass die Leute dir nichts anhaben können. Mach dich nicht verrückt. Denn so sehr du dich auch verbiegst, die Leute werden trotzdem sagen, es genüge nicht. Du SCHULDEST den Leuten weder deine Zeit und Energie noch deine Plattform. Hab kein schlechtes Gewissen, wenn du gut darauf achtgibst.

Bevor ich heiratete, grenzte ich mein Beziehungsleben SEHR stark ab und erwähnte es mit keinem Wort. Als Folge davon dachten sich die Leute einfach irgendwelche Geschichten über mein Liebesleben und meine sexuelle Orientierung aus. Das Einzige, worum ich bat, war: Wen sie mir auch immer andichten (er / sie / divers), muss eine richtig coole Bitch sein, dann bin ich zufrieden. BITTE setzt das Gerücht in die Welt, dass ich eine Affäre mit Rihanna habe. Das wäre so lit!

Als ich mich schließlich verlobte, postete ich ein Foto meines Liebsten (inzwischen Ehemann) und mir in den sozialen Medien. Allerdings erst fünf Tage nach dem eigentlichen Ereignis, weil ich mir Zeit lassen und nichts überstürzen wollte mit dem Niederreißen dieser Grenze, das mir noch nicht hundert Prozent behagte. Bevor ich das Foto hochlud, fragte ich mich: «Shit. Müssen die Leute das echt wissen?» Ich bejahte, weil mich mein Ring sowieso verraten hätte, und da wollte ich mich lieber selbst verraten. Als es dann so weit war, bekam das Foto SO VIEL AUFMERKSAMKEIT. 54000 Likes und 8800 Kommentare. Ich habe schon vieles getan und vieles erreicht. Doch dieses Verlobungs-Posting brachte mir die ALLERmeisten Likes und Kommentare ein. Es war überwältigend. Ich weiß noch, wie die Leute schrieben: «OMG, ich wusste nicht mal, dass sie überhaupt in einer Beziehung ist.» Es ist tatsächlich möglich, im Licht der Öffentlichkeit zu stehen und trotzdem einige Lebensbereiche für sich zu behalten.

Und starrt bloß nicht auf meine biologische Uhr. Es gab wirklich schon Leute, die schrieben: «OMG, du hast etwas über Babys gepostet. Willst du uns damit vielleicht etwas sagen?» Ich bin immer noch zahlungspflichtiges Mitglied der Kirche des Goldenen Schweigens. Nur weil ihr wisst, dass ich verheiratet bin, heißt das noch lange nicht, dass ich alles live poste. Auf Insta live auf ein Stäbchen pinkeln wird nicht passieren.

Ich habe festgestellt, dass Hochzeiten DER Anlass sind, um persönliche Grenzen auszutesten. Wenn du nicht gewohnt bist, dich abzugrenzen, bist du möglicherweise noch nicht bereit, eine Hochzeit zu feiern. Überleg es dir gut, ob du es nicht beim Standesamt belassen willst, denn die Leute werden dich so was von auf die Probe stellen. Ich weiß auch nicht, was da los ist. Alle möglichen Personen meinen plötzlich, sie hätten ein Recht auf alles in deinem Leben. Angefangen bei denjenigen, die wissen wollen, ob sie eingeladen sind (wenn sie fragen müssen, lautet die Antwort höchstwahrscheinlich sowieso NEIN), bis hin zu den Verwandten, die noch vier Extra-Gäste mitbringen wollen. Habt ihr auch Extra-Geld für mich? WER SOLL DAS GANZE ESSEN ZAHLEN?!?

(Etwas gedämpfter: Wenn meine Großmutter noch gelebt hätte, hätte sie eine ganze Gang aus dem Dorf mitbringen wollen plus zehn Extra-Gäste. Und ich hätte es ihr gegönnt. Ich musste an sie denken an meinem Hochzeitstag. Sie hätte sich bestens amüsiert. Sie hätte ihren eigenen, spektakulären Auftritt hingelegt, wie in ihrer Kirche. ALLES AN IHR wäre aus Gold gewesen, mit den passenden Schuhen und der passenden Tasche, und mindestens fünf Goldketten hätten an ihr gehangen. Sie hätte den Mann geliebt, den ich geheiratet habe.)

Denk daran: Dein Leben ist keine Zirkusvorstellung, und nicht alle Menschen haben das Recht auf eine Eintrittskarte. Ich betrachte mein Leben als einen sehr exklusiven Club (in dem Betten stehen und es Reis im Überfluss gibt und kein Mensch hochhackige Schuhe oder unbequeme Kleidung tragen muss), und Zutritt haben nur diejenigen, die auf der Gästeliste stehen. Bei ihnen weiß ich, dass sie mir eine gute Zeit bescheren und keinen Streit anzetteln werden. Das Coole ist, wenn irgendein Mensch meint, er müsste randalieren, kann ich ihn jederzeit rauswerfen. Du weißt ja: Nicht alle Menschen kriegen eine Eintrittskarte zu deinem Leben. Das ist DEIN Club, also ist es dein gutes Recht, dir die Mitglieder selbst auszusuchen.

Zieh deine Grenzen, selbst wenn es sich um ein Familienmitglied handelt. Ganz ehrlich, es ist besonders wichtig für dich zu wissen, dass du auch bei deinen Liebsten Grenzen stehen lassen darfst. Bei ihnen fühlen wir uns nämlich am meisten verpflichtet, uns bis zum Zusammenbrechen zu verbiegen. Sie sind es, die uns so weit manipulieren können, dass wir die für unser Wohlbefinden essenziellen Grenzen aufgeben. Und sie sind es, die uns schon früh beibringen, dass unsere Gefühle keinen Schutz verdienen, weil wir angeblich unseren Blutsverwandten am meisten verpflichtet sind.

Treibe es nicht so weit, dass du dich völlig verausgabst, im Hinblick auf Zeit und Energie und Hirnschmalz und Geld und deine Anwesenheit. Am Ende wirst du nämlich mit leeren Händen dastehen und die anderen mit allem, was du ihnen gegeben hast.

Du hast das Recht auf deine Vorlieben, deine Grenzen und dein Abgrenzen. Lass die Leute ganz offen wissen, dass du dir ein anderes Verhalten wünschst. Schreibe es auf ein T-Shirt. Gib es öffentlich bekannt. Kreiere einen Hashtag. Ohne Schuldgefühle. Halte das Gesindel und die Feinde deines Fortschritts davon ab, andauernd in dein Revier einzudringen. Errichte eine Mauer, um den Unfug fernzuhalten.

Grenze dich ohne schlechtes Gewissen ab.

TUN

Wir können nicht nur reden, wir müssen auch handeln. Lass uns die Dinge angehen, die uns Angst einjagen.

«WACHSE TROTZDEM.
GEHE DIE SCHWIERIGEN
DINGE TROTZDEM AN.
SORGE TROTZDEM FÜR
VERÄNDERUNGEN.»

– Luvvie Ajayi Jones

11. Kapitel

WACHSE WIE WILD

Wir fürchten uns vor Veränderungen

Veränderungen sind uns unheimlich, weil wir Angst vor dem Unbekannten und dem Neuland haben, das wir dadurch betreten. Das Vertraute ist uns lieber, denn es ist bequem, und wir kennen es in- und auswendig.

Ich wende mich als Präsidentin des Vereins der Veränderungsscheuen an dich, denn ich liebe es, die Kontrolle zu haben, und ich liebe es, alles zu kennen. Die Rätsel der Zukunft sind mein Kryptonit. Es ließe sich annehmen, als Nicht-Hellseherin hätte ich mich mittlerweile daran gewöhnt. Ich musste mich jedoch gezwungenermaßen damit auseinandersetzen, weil ich die Frechheit besitze, Dinge verbessern zu wollen, und weiß, dass alte Gewohnheiten, alte Sitten und alte Gedanken gar nichts verbessern.

Machen wir uns nichts vor: Ich bin eine Katastrophe. Und das meine ich bei aller Selbstkritik so wenig niedermachend wie möglich. So wie Forky in *Toy Story 4*: «Ich bin Abfall!». Das wusste er ganz genau, schließlich wurde er buchstäblich aus

Abfall zusammengebaut. Als Menschen sind wir von Haus aus wandelnde Komposthaufen, die andauernd Gottes Geduld auf die Probe stellen und Ihn / Sie / Es herausfordern, eine neue Sintflut auszulösen. Unsere Spezies besteht aus faulen, selbstsüchtigen, eigennützigen, geldgierigen und klimaschädlichen atomaren Teilchen. Die Tatsache, dass Jesus noch nicht gekommen ist, um uns an unseren verdreckten Kapuzenpullis zu packen und fortzuschleifen, zeugt von Gottes Gnade.

Und ich bin eine Närrin, die sich mehr als einmal den Mund verbrannt hat, die dickköpfig und perfektionistisch ist. Weshalb ich ab und an zum Hinsetzen gezwungen werden muss, weil ich einfach zu hyper bin. Ich bin ein unfertiges Stück Arbeit. Mir braucht kein Mensch meine Fehler vorzuhalten, denn diesen dicken Wälzer habe ich euch in Nullkommanix selbst vorgelesen.

Manchmal sind die Menschen fühlende Jauchegruben. So ist es nun mal. Wir können allerdings sehr wohl versuchen, weniger stinkig als zuvor zu sein. Wenn wir uns wenigstens bemühen, können wir uns bessern und uns vergewissern, dass wir nicht kompletter Müll sind. Das ist das Mindeste, ehrlich. Eins meiner Ziele im Leben ist es deshalb, nicht dieselbe Art Abfall wie letztes Jahrzehnt, letztes Jahr oder letzte Woche zu sein. Ich bin wahrscheinlich noch dieselbe Närrin wie letztes Jahr, und das macht nichts. So gnädig bin ich mit mir. Aber morgen? Morgen sollte ich besser sein.

Was, wenn du dich verpflichtest, immer weniger schlimm als zuvor zu sein? Das bedeutet, dass du dich ändern wirst. Das bedeutet, dass du stets ein anderer Mensch als früher sein wirst, wenn auch nur auf kleine Weise. Das bedeutet, dass deine immerwährende Entwicklung das Einzige ist, das gleich bleibt. So sagte es schon der alte Grieche Heraklit von Ephesus: «Nichts ist so beständig wie der Wandel.» Kein Mensch hat das je widerlegen können.

Eines weiß ich ganz sicher: Wer wir in diesem Augenblick sind, ist nicht, wer wir letzten Endes sein werden. Und wir sollten uns nicht nur verändern wollen, wir sind sogar dazu verpflichtet. Es ist unsere Pflicht, ständig unsere Besserung im Blick zu haben. Und weißt du, was das ist? Persönliches Wachstum. Unser persönliches Wachstum ist unsere Pflicht, und wir müssen uns erlauben, wie wild zu wachsen, so wie meine Nagelhaut, wenn ich sie sich selbst überlasse.

Erlaubnis ist das eine; die Umsetzung steht auf einem ganz anderen Blatt.

Sobald dir klar ist, dass du noch toller werden kannst, kommt der Teil, an dem die Erde, auf der du stehst, anfängt zu wackeln. Aller Anfang ist schwer. Veränderungen machen keinen Spaß. Beim Wachsen werden wir nämlich aus unseren Komfortzonen gerissen. Das Angenehme und Bequeme wird in diesem Prozess nicht die Oberhand haben. Das ist scheiße anstrengend, und deswegen kriegen wir es mit der Angst zu tun.

Aus diesem Grund passieren Veränderungen oft gezwungenermaßen und nicht aus freien Stücken. Wir wachen nicht eines Tages auf und sagen: «Ich fühle mich wohl, alles ist super, ich sollte etwas verändern.» So läuft das nicht. Normalerweise gibt es irgendeinen Auslöser, der uns den Wandel aufdrängt.

Manchmal handelt es sich dabei um äußere Umstände, wie ein plötzlicher Jobverlust oder eine Erkrankung aus heiterem Himmel oder eine unerwartete Schwangerschaft oder der Tod eines geliebten Menschen. ODER DIE EHE. **hüstel**

Andere Male sind innere Kräfte am Werk – kein wichtiges äußeres Ereignis, sondern unser Gewissen, unser Geist. Wir fühlen uns gelangweilt oder fehl am Platz. Oder wir wachen eines Morgens alles andere als begeistert auf, weil wir irgendwo antreten müssen, wo wir gar nicht sein wollen. Oder wir haben das Gefühl, wir rackern uns nur ab. Was auch immer uns den Anstoß gegeben hat, sei es von außen oder von innen, Veränderungen können uns völlig aus der Bahn werfen.

Die Zeitpunkte in meinem Leben, an denen ich zur Veränderung aufgerufen wurde, waren jedes Mal sehr klar. Etwa der Umzug von Nigeria in die USA, als ich zum ersten Mal in meinem Leben die Neue sein musste.

Oder als ich an der Uni den Grundkurs Chemie belegen musste, was mir die erste Vier meiner akademischen Laufbahn einbrachte (siehe drittes Kapitel). Dadurch hängte ich das Medizinstudium und meinen Wunschberuf Ärztin an den Nagel und wurde nach einer Reihe Dominoeffekte Schriftstellerin, was mich letztlich zu diesem Buch führte.

Es gab den Moment, als ich im Netz auf heftige Gegenreaktionen stieß und dadurch lernte, dass ich es als Denkerin, als Mensch, als Intellektuelle und als Person mit großem Publikum besser machen muss (siehe siebtes Kapitel).

Es gab meine Hochzeit, durch die ich erkannte, dass ich weniger selbstsüchtig und weniger ich-ich-ich sein und außerdem an meinem eigenen Ballast arbeiten muss, damit ich ihn nicht weitergebe und auf meinen Partner projiziere.

In jedem dieser verheerenden Momente fühlte ich mich zutiefst unwohl, quälte mich, vergoss Tränen (mitsamt Rotzblasen), war von Aufruhr durchdrungen. Ich zweifelte an allem, was ich bisher für wahr gehalten hatte. Ich fühlte, wie sich meine emotionalen Knochen ausdehnten, und hatte teilweise richtige Wachstumsschmerzen.

Doch jeder dieser Vorfälle machte aus mir schließlich den Menschen, der ich heute bin. Wandel führt stets zu etwas Größerem, auch wenn ich das damals noch nicht verstand. Mein Leben zeugt von den Momenten, als ich mich ändern musste, und die Lehren, die ich daraus zog, sind größer, als ich es für möglich gehalten hätte. Diese Lehren sind die Treppe, die mich zu meinem heutigen Ich führte, und mein heutiges Ich ist nur eine Stufe entfernt von dem Ich, das ich einmal sein werde. Ein Sprichwort der Igbo besagt: «Eine Palmnuss, die Palmöl werden möchte, muss durchs Feuer wandern.» «Nur unter Druck entstehen Diamanten» führt uns das ebenfalls vor Augen. JEP. Um die Person zu werden, die du sein musst, gilt es, einiges durchzustehen!

Wildes Wachstum ist oft keine freie Entscheidung, sondern eine Notwendigkeit, weil uns das Leben einfach keine andere Wahl lässt.

Mir kommt erneut meine Großmutter in den Sinn. Mama Fáloyin ist vielleicht einst eine gechillte, geduldige Frau der leisen Töne gewesen, aber das kann ich nicht wissen. Ich brauche auch gar nicht zu spekulieren, denn in ihrem Leben hat es unfassbar viele unerwartete Ereignisse gegeben, die von ihr verlangten, sich schlagartig zu ändern. All das hat zu der toughen, kämpferischen Lass-dir-bloß-nichts-Gefallen und von ganzem Herzen liebenden Frau beigetragen, die ich kannte.

Fúnmiláyọ̀ Fáloyin kam in Lagos als Fúnmiláyò Láṣórè als Kind von David und Celina Láṣórè zur Welt. David war ein gebildeter Mann und Lehrer von Beruf, und Celina hielt den Haushalt am Laufen. Sie hatten fünf Kinder, und Fúnmi war

Kind Nummer drei. Ihr folgte Fọlọ́unshọ́[14]. Das letzte Kind verstarb sehr früh.

Als Grandma etwa sechzehn, siebzehn Jahre alt war, wurde ihr Leben komplett auf den Kopf gestellt. Ihre Großmutter väterlicherseits war plötzlich aufgrund ihrer Abstammung als nächste Herrscherin von Ọrún Èkìtì[15] vorgesehen, einer Stadt im nigerianischen Staat Èkìtì. Da sie aber nun einmal eine Frau war, konnte sie nicht König werden. Und so erwählte sie für die Thronnachfolge ihren Sohn David, weil er über das Wissen und das in einem Patriarchat gewünschte königliche Geschlecht verfügte (jup). Oft bleibt dir nicht wirklich eine Wahl, wenn dich gewichtige Traditionen wie diese rufen, und so wurden meine Großmutter und ihre Familie dem geschäftigen Treiben von Lagos entrissen und in das ländliche Brauchtum von Ọrún Èkìtì verpflanzt.

Ich kann mir nicht ansatzweise vorstellen, wie sich eine solche Entwurzelung anfühlen muss. Über Nacht wurde Fúnmiláyò zusammen mit ihrer jüngeren Schwester Fọlọ́unshọ́ zur Prinzessin. Zu diesem Zeitpunkt war sie das älteste Kind, das noch bei den Eltern lebte, ihre beiden Brüder waren bereits hinaus in die Welt gezogen.

Innerhalb eines Jahres nach der Thronbesteigung verstarb der Vater meiner Großmutter ganz plötzlich. Und weil das Leben dann und wann ein echtes Arschloch sein kann, verschied ihre Mutter Celina nur kurze Zeit später.

In weniger als achtzehn Monaten wurde das Leben meiner Großmutter aus den Angeln gehoben. Erst wurde aus dem Stadtmädchen, das bei seinen Eltern lebte, ein Mitglied des

14 Fo-LO-uun-SCHO ausgesprochen.

15 Ai-Ki-Ti ausgesprochen.

Königshauses auf dem Dorf und dann ein Waisenkind. Von da an musste sie rasend schnell erwachsen werden, denn DAS LEBEN WARNT UNS FÜR GEWÖHNLICH NICHT VOR, WENN ES UNS EINS ÜBERZIEHT.

Als älteste auffindbare Erbfolgerin wurde meine Großmutter zur Regentin von Ọrún Èkìtì ernannt. In vorläufiger Vertretung für einen Monarchen also. Auf dieser Position blieb sie, bis einige Monate später endlich ein neuer König gefunden wurde. Wie muss sich eine Achtzehnjährige fühlen, wenn sie die wichtigsten Menschen ihres Lebens verloren hat und dann auch noch auferlegt bekommt, sich um die ganzen Angelegenheiten eines Dorfs zu kümmern? Bruh!

Auf Geheiß ihres Onkels, dem jüngeren Bruder ihres Vaters, der ein Schurke wie aus dem Bilderbuch war, musste sie nach Iléṣà umziehen. Diesem Mann eilte der Ruf voraus, nicht nur hart, sondern auch grausam zu sein. Er verkaufte sämtliche Besitztümer und Erbstücke ihres Vaters, weil nichts die Habgier so sehr fördert wie der Tod. Nichts davon kam meiner Großmutter und den übrigen Geschwistern zugute, es floss alles an ihn. Und dann setzte er auch noch Davids Haus in Brand. Weshalb wir keinerlei Fotos von den Láṣórès haben. In diesen Flammen ist so vieles untergegangen.

Fúnmiláyọ̀ übernahm also mit achtzehn Jahren die Verantwortung für ihre jüngere Schwester, die dreizehn Jahre alte Fọlọ́unshọ́, während sie einem Mann unterstand, der ihr alles genommen hatte, das ihr zustand.

Wenn innerhalb so kurzer Zeit von einer vierköpfigen Familie nur noch zwei übrigbleiben, muss sich das wie ein Schleudertrauma angefühlt haben. Wo wäre da überhaupt Raum zum Trauern gewesen? Hat sie in jenen Tagen ein Lächeln zustande gebracht? Hat sie vielleicht manchmal gedacht, Hoffnung sei ein sinnloses Gefühl? Hat sie jemals alles hinschmeißen und wie eine Primel eingehen wollen? Fühlte sie sich in der Lage weiterzumachen, nachdem ein Großteil der Dinge und Menschen, die ihr Fundament gewesen waren, verschwunden waren?

Sie machte wohl nicht den Anschein eines Menschen, der sofort aufgibt, denn nach all den Tiefschlägen verpasste ihr Onkel ihr noch einen: eine arrangierte Ehe. Fúnmiláyọ̀ wurde darüber in Kenntnis gesetzt, dass sie einem älteren Mann versprochen sei. Im Alter von achtzehn Jahren sollte sie also gezwungen werden, mit irgendeinem Fremden eine Familie zu gründen.

Da ihr keine Wahl gelassen wurde, erschuf sie selbst eine: Abhauen.

Meine Großmutter nahm die Einzige, die von ihren Geschwistern noch übrig war, und floh von Iléṣà in das zwei Stunden entfernte Ìbàdàn, weil sie lieber ein neues Leben anfangen wollte, als von einem Mann, den sie wahrscheinlich lieber nie gekannt hätte, an einen Unbekannten gefesselt zu werden. Sie entschied sich für den Weg, der mehr Freiheit versprach: mit nichts in den Händen von vorn anfangen. Das war in den 1950er-Jahren, als von Frauen ein «Jawohl, der Herr» gegenüber den Männern erwartet wurde, die Kontrolle über ihr Leben beanspruchten. Diese Jugendliche, die die Hölle auf Erden erlebt hatte und dort hätte bleiben können, beschloss, diese gegen eine andere Hölle in einer Stadt, in der sie keine Wurzeln hatte, einzutauschen.

In Ìbàdàn lernte sie meinen Großvater Emmanuel Ọládiípọ̀ Fáloyin kennen. Und dort erschuf sie das Erbe, dem ich entstamme. Dort brachte sie meine Mom Olúyẹ́misí als drittes Kind zur Welt. Dort wurde ich geboren. Dort, in diesem von meinen Großeltern gebauten Haus, lernte ich, dass die Familie mein sicherer Hafen war. Dort wurde ich die erste Version meiner selbst.

Mama Fáloyins Leben war voller Momente, in denen ihr altes Ich ihr keine guten Dienste mehr leistete oder nicht mehr für ihre Sicherheit sorgen konnte. In ihrem frühen Leben ging es derart stürmisch zu, dass sie nur allzu leicht nicht hätte überleben können, bevor sie die Frau zur Welt brachte, die mir das Leben schenkte und mich bis hierhin kommen ließ.

Sie MUSSTE sich verändern. Die fünfzehnjährige Fúnmiláyò in Lagos war nicht dieselbe wie die siebzehnjährige in Ọrún Èkìtì. Die achtzehnjährige Person in Iléṣà war nicht dieselbe, die später in Ìbàdàn auftauchte. Sie hätte in Ìbàdàn nicht überleben können, also musste sie sich ihrer entledigen. Und doch mussten alle diese Menschen sein, damit aus ihnen die sechzigjährige Frau erwachsen konnte, die eine siebentägige Party schmiss, um zu feiern, dass sie sich sechs Jahrzehnte lang nicht brechen ließ, auch wenn das Leben sie vor eine Zerreißprobe stellte. Es war ihr eine Freude, zu wissen, was sie alles überstehen musste, um da hinzukommen, wo sie war. Wie Miss Sofia in *Die Farbe Lila* musste auch sie ihr ganzes Leben lang kämpfen. Doch sie ging stets als Siegerin hervor.

Mir kommen noch ein paar andere weise Worte von Miss Angelou in den Sinn: «Du kannst nicht alles kontrollieren, was dir widerfährt. Aber du kannst entscheiden, dich nicht davon einschränken zu lassen.» Veränderungen sind manchmal der Anstoß, um mehr Reife, psychische Widerstandskraft und Urteilsvermögen zu erlangen. Das alles brauchen wir, doch oft fürchten wir uns vor Veränderungen, weil wir Angst davor haben, was die Leute sagen werden. Stell dir vor, meine Großmutter wäre nur deshalb in Iléṣà geblieben, weil sie das Geschwätz der anderen fürchtete, wenn sie nicht den alten fremden Mann heiratete! Leute, wir müssen es trotzdem tun. Meine Großmutter ließ sich von diesen Widerständen nicht einschränken und kleiner machen, auch wenn sie Veränderungen bewirkten.

Von manchen Leuten, die eine gewachsene Version von uns neu kennenlernen, kriegen wir hin und wieder zu hören: «Du hast dich ganz schön verändert.» Das kann verletzend sein, und das ist auch die Absicht hinter diesem Statement. Die Leute sagen schließlich, wir seien nicht mehr unser altes Ich, und sie erkennen uns kaum wieder. Was sie damit aber eigentlich sagen, ist: SIE haben sich NICHT verändert. Sie denken vielleicht, wir lägen nicht mehr auf ihrer Wellenlänge, und projizieren das in uns hinein. Und ja, das kann sich kränkend anfühlen. Wir erliegen leicht der Versuchung, den anderen ein besseres Gefühl geben zu wollen und zu sagen: «Nein, ich hab mich gar nicht verändert. Ich bin immer noch dieselbe.» Das stimmt nicht. Wir haben uns verändert. Wir haben etwas Neues probiert. Etwas Neues ist entstanden. Wir haben unsere Welt verändert. Wir haben vielleicht nicht mehr dieselbe Wellenlänge, aber das ist okay. Das heißt nicht, dass ich besser bin als du. Das heißt nur, dass ich anders bin.

Sich nicht zu verändern, ist ein Nachteil. Was, wenn wir die anderen zu positiven Veränderungen anspornen sollen? Was, wenn wir die anderen aus ihrem Trott herausholen sollen?

Anstatt es als Beleidigung aufzufassen, wenn uns Veränderung attestiert wird, sollten wir einfach nur sagen: «Danke fürs Bemerken. Ich hab auch schwer an mir gearbeitet.» Denn Veränderung heißt, sich an die Herausforderungen anzupassen, mit denen wir konfrontiert sind. Sich auf die Schicksalsschläge einzustellen und es deshalb anders zu machen. Wenn wir uns ihrer Meinung nach dahingehend verändert haben, dass wir grausam, hasserfüllt und rücksichtlos geworden sind, dann können wir vielleicht sagen: «Hmmm … das sollte ich in Ordnung bringen.» Andernfalls, NÖ.

Die Welt sieht, dass du nicht genauso bist wie früher, aber was ist so schlimm daran? Warum solltest du genauso sein wollen wie früher? Das würde bedeuten, du gingst nicht deiner Aufgabe als Mensch nach. Das würde bedeuten, du tätest nicht das, was nötig ist. Veränderungen sind nötig. Wenn du dieselbe wie vor einem Jahr oder sogar einem Jahrzehnt bist, hast du nichts Neues dazugelernt, tätest alles wie früher und auf demselben Niveau wie früher. Es würde bedeuten, dass du nicht wächst, und was nicht wächst, wird vergehen. Immer die Alte zu bleiben, bedeutet, sich keine neuen Werkzeuge anzueignen, um mit Schicksalsschlägen umzugehen. Es bedeutet, auf ewig gleich zu reden und zu denken. Sich nicht für die eigenen Wahrheiten einzusetzen. Alles um dich herum ist im Fluss, warum solltest du also die Alte bleiben wollen?

Ich kann nicht aufhören zu wachsen, nur weil es einem anderen Menschen mehr behagen würde. Es ist nicht meine Aufgabe, es den Menschen behaglich zu machen. Und wenn irgendwer meine Entwicklung, meine Neuausrichtungen, meine Entscheidungen als Affront gegenüber dem eigenen Stillstand betrachtet, dann habe ich wohl irgendetwas richtig gemacht. Wir sollten uns alle verändern wollen. Wir sollten uns alle bessern wollen. Wir sollten uns alle besser vorbereitet für die möglichen Tiefschläge im Leben fühlen. Und ganz ehrlich: Die Dinge, die wir tun müssen, der Mensch, der wir sein müssen, die Orte, an die wir gehen müssen, sie werden einen Wandel erforderlich machen. Das kann uns unmöglich leidtun.

Bei deinen Veränderungen und deinen Entscheidungen geht es nicht um andere. Es geht um dich selbst. Und was das Beste für dich ist, könnte die anderen vor den Kopf stoßen. Wenn du nämlich anfängst, Entscheidungen wirklich nur für dich zu treffen, projizieren die anderen ihr eigenes Versäumnis, genau das zu tun, auf dich und nehmen es dir übel. Das ist weder deine Schuld, noch deine Angelegenheit. Wachse trotzdem. Tu die schwierigen Dinge trotzdem. Verändere dich trotzdem.

Stelle dir folgende Situation vor: Du und eine andere Person starten im Erdgeschoss und ihr wollt es bis ganz nach oben schaffen. Du machst Riesenschritte und hast bald den siebten Stock erreicht. Wenn du aber nach unten schaust, siehst du, dass sich die andere Person noch im dritten Stock befindet. Das legt natürlich einen direkten Vergleich nahe, schließlich hattet ihr beide die gleiche Ausgangsposition. Die Entfernung zwischen euch ist offensichtlich. Das Ding ist aber: Wir haben nicht dasselbe Tempo. Unser Weg ist immer ein anderer. Die Drachen, die wir besiegen müssen, sind andere. Anstatt uns miteinander zu vergleichen, sollten wir uns gegenseitig anfeuern und uns zum Durchhalten anspornen. Vielleicht sollten wir die anderen sogar vor den Drachen, die da warten, warnen und sie wissen lassen, wie wir die unseren besiegt haben. Stattdessen fühlen wir uns vom persönlichen Wachstum der anderen angegriffen.

Wenn irgendwer sagt, du «seist irgendwie komisch», ist diese Person dein neues Ich womöglich einfach nicht gewohnt, was auch immer sie darunter versteht. Die Leute kennen dich als stilles Wasser, und nun machst du Gebrauch von deiner Stimme? Komisch. Früher warst du auf jeder Party unterwegs, und jetzt willst du nicht mehr so oft ausgehen? Komisch.

Früher warst du die erste Anlaufstelle für «Kannst du mir bitte etwas Geld leihen?», und nun hat die Bank Feierabend? Komisch. Du bist stets diejenige gewesen, die Veranstaltungen, Partys und Treffen im Freundeskreis organisiert hat, hast das aber sein lassen, damit du deine Träume weiterverfolgen kannst? Komisch.

Weißt du, was ich dazu sage? DANN BIST DU EBEN KOMISCH! Wenn ich komisch dabei aussehe, wie ich mein Leben geregelt kriege, dann nennt mich eben einen Clown!

Die Leute denken vielleicht, du hättest dich verändert, weil sie sich ändern würden, wenn sie an deiner Stelle wären. In Wahrheit hat sich aber nur ihr Verhalten dir gegenüber geändert. Das liegt oft jenseits unserer Macht. Und es kommt vor.

Wie du das Erforderliche tust, um deine Ziele zu erreichen, das ist es, was die Leute als Veränderung wahrnehmen. Wie du das tust, was nötig ist, damit du deine persönlichen Grenzen respektierst. Wie du dich bemühst, nicht mehr die Bedürfnisse anderer vor die eigenen zu stellen, wie du es früher immer getan hast.

Im Lauf deiner Weiterentwicklung darfst du nicht zulassen, dass die Leute dein altes Ich gegen dein neues Ich ausspielen. Einige werden dein Wachstum so sehr hassen, dass sie dir dein altes Ich vorhalten, um dir die Zukunft zu vermiesen.

Wenn die anderen dich von deiner viertletzten Ich-Version her beurteilen möchten, kannst du nicht viel dagegen tun. Dann machst du einfach schön weiter mit deinem aktuellen Ich und akzeptierst, dass diese Leute das Software-Update nicht installieren konnten, weil ihr Endgerät nicht damit klarkommt (ihr iPhone-2S-Gesichter). Verrenke dich bloß nicht bei dem Versuch, ihnen die Augen für dein neues Ich zu öffnen. Wenn sie es nicht sehen wollen, werden sie es auch nicht sehen.

Ich sage dir, die Leute werden es versuchen. «Weißt du noch, wie du damals …?»

«Sis, weißt du noch, wie deine Brauen wie Sperma über den

Augen aussahen mit diesem superdünnen Strich? Puuh, 1998 war echt ein krasses Jahr bei dir. Und jetzt schau dich an! Du hast die Augenbrauenform geändert. Warum darf ich mich nicht ändern?»

Irgendeine Tante ist auch immer gut darin. «Jesses Maria, ich weiß noch, wie du früher ins Bett gemacht hast.» Gute Frau, das war vor dreißig Jahren, und da war ich vier. Lässt du das bitte bleiben?

Wenn die Leute dir dein früheres Ich vorhalten, sage ihnen: «Ja, ich erinnere mich an mein früheres Ich, und ich bin froh, dass es existiert hat, weil ich dadurch heute so vieles besser mache, und dafür bin ich dankbar.» Und dann schiebe noch hinterher, wie stolz du darauf bist, beständig an deinen Fehlern zu arbeiten, damit du nie wieder diese frühere Person wirst. Anschließend setzt du ein breites Lächeln auf und sagst, du wünschtest, sie würde ebenfalls wachsen. (Na gut, den letzten Teil kannst du dir sparen. Das ist Kindergarten. Da bin ich leider noch nicht ganz herausgewachsen.)

Wir fürchten die Veränderung, belegen sie mit Schuldgefühlen und machen es dadurch noch schwerer, sie mit offenen Armen zu empfangen. Ich möchte, dass wir uns die Erlaubnis geben, ohne schlechtes Gewissen zu wachsen und uns zu verwandeln.

Als mein erstes Buch herauskam und sofort auf der *New York Times*-Bestsellerliste landete, veränderte sich mein Leben schlagartig. Auf einmal war ich keine junge Bloggerin mehr, sondern eine Autorin in einem elitären Club. Ich bin schon immer viel gereist, aber nun bekam ich dreimal so viele Anfragen und doppelt so viel Geld. Zwischen den Vortragsterminen wohnte ich quasi im Flugzeug.

Das hatte zur Folge, dass ich mich nicht mehr wie früher dreimal die Woche ans Schreiben setzen konnte. Als skeptische Betrachterin popkultureller Geschehnisse hatte ich mir einen Namen gemacht, und jetzt hatte ich dafür plötzlich keine Zeit mehr. Warum? Weil ich kaum sagen konnte, in welcher Stadt ich mich gerade befand, so schnell war mein Leben geworden. Und ich fühlte mich schuldig deswegen. Während meine Leserschaft bei irgendwelchen neuen Nachrichten fragte: «Ooh, was wohl Luvvie dazu sagen wird?», rannte ich gerade (mit Verspätung) durch den Flughafen, und mich befiel regelmäßig ein schlechtes Gewissen, weil ich meinen Job nicht machte.

Was mir damals nicht klar war: Mein Job hatte sich gewandelt, und das war völlig okay. Es war nicht mehr länger mein Job, jeden Tag im Schlafanzug daheim zu sitzen und die Tagesnachrichten zu kommentieren. Mein Job bestand nun darin, auf die Bühne zu gehen und den Leuten von meinen Lektionen, meinen Fehlern und meinen Triumphen zu erzählen. Mein Job bestand darin, für die größtmögliche Reichweite meines Buchs, dem Manifest meiner Gedanken über das Leben, zu sorgen. Mein Job war das Augenmerk darauf, dass anderen Schwarzen Frauen wie mir diese Türen ebenso offenstanden.

Diesen Wandel konnte ich allerdings nicht bereitwillig akzeptieren, weil ich in einem Kreislauf aus Schuld und Angst darüber feststeckte, dass ich mein Publikum im Stich ließ. Dabei musste ich dieses alte Leben hinter mir lassen, um dort hinzukommen, wo ich hinmusste.

Was ich damals nicht erkannte: Die Leute, die sich über meine Veränderung und die fehlenden Blogeinträge aufregten, waren nicht diejenigen, an denen ich mich hätte orientieren sollen. Diejenigen, die meine Beiträge auf Facebook, Instagram und Twitter sahen und meine neuen Abenteuer bejubelten, waren es, auf die es ankam. Diejenigen, die meinten: «Ich vermisse deine Blogtexte, aber deinen neuen Lebensabschnitt finde ich SUPER», waren es, die mir Kraft gaben.

Ich war nicht mehr die junge Frau, die jeden Tag ihren Blog aktualisierte. Ich war zur Bestsellerautorin, zur international gefragten Rednerin und zur Geschäftsführerin eines Medienunternehmens geworden. Ich war gewachsen, und genau das war nötig, weil meine Arbeit so noch viel mehr Einfluss nehmen kann. Außerdem brachte es mehr Aufmerksamkeit und eine kritischere Auseinandersetzung mit meinen Worten mit sich, und selbst wenn mir das ab und an Tomaten im Gesicht bescherte, brachte es mir persönlich auch eine viel größere Umsichtigkeit.

Was, wenn uns früh genug erlaubt wird, uns zu verändern und zu wachsen? Wenn uns gesagt wird: «Pass auf, ich weiß schon jetzt, dass du einmal anders sein wirst als heute, und das ist total okay. Hab bloß keine Schuldgefühle deswegen.» Wie befreiend muss es sein zu wissen, dass wir uns darauf freuen können und nicht davonlaufen müssen? Die Menschen in unserem Leben sagen zu hören: «Ich weiß, dass du auf Lesereise gehen und erst mal abtauchen wirst. Ich werde da sein, wenn du wiederkommst. Weil ich weiß, dass dein neues Leben viel Reisen mit sich bringt, das unterstütze ich.» Was wäre DAS für ein Freiheitsgefühl!

Während ich karrieremäßig höher geklettert bin, war ich für meine Liebsten phasenweise nicht verfügbar. Manchmal ist es so schlimm, dass ich meine Assistentin bitten muss, ein Treffen zum Brunch mit meinen Freundinnen zu organisieren. Das hätte mir locker eine Stichelei wie «So, so, jetzt müssen wir also erst an jemandem vorbei, wenn wir dich sehen wollen» einbringen können. Und das hat es auch. Doch diejenigen, die mir am nächsten stehen, sagen: «Hab schon mit deinem Team gesprochen, wann du Zeit hast. Bis nächste Woche!» Das Gleiche gilt für meinen Mann, als ich an diesem Buch hier saß. Er meinte: «Du hast Zeitdruck. Sag Bescheid, wenn du eine Woche lang verschwinden musst, um die Deadline zu schaffen.»

Stell dir vor, du wachtest morgens ohne schlechtes Gewissen auf, weil deine Freundin weiß, dass Veränderung weniger Zeit zum Telefonieren bedeuten kann oder weite Vorausplanungen für unser nächstes Treffen. Stell dir vor, du müsstest dir keine Sorgen machen, irgendwen vor den Kopf zu stoßen mit der gebotenen Veränderung. Das würde uns beflügeln. Das würde uns so gut arbeiten lassen wie noch nie. Das würde uns zu unserem bestmöglichen Ich verhelfen und uns gleichzeitig die Angst ersparen, was oder wen wir zurücklassen oder wem wir das Gefühl geben könnten, klein zu sein, weil wir gerade wachsen. Wenn meinen Veränderungen kein gequältes Augenrollen, sondern bejahendes Verständnis entgegengebracht wird, habe ich den Raum, mich zu entfalten.

Wir müssen lernen, unseren Veränderungen und unserem Wachstum ohne Schuldgefühl nachzugehen. Sobald wir das schaffen, werden wir uns generell freier fühlen, denn die Angst wird Stück für Stück nachlassen. Wir werden allmählich die Erfahrung machen, dass Veränderung zum Leben dazugehört und etwas ist, das wir tun müssen. Wir werden zwar wissen, dass es phasenweise ungemütlich werden kann, dass es aber oft die ungemütlichsten Dinge sind, die am meisten nottun. Unsere Komfortzonen haben zwar durchaus auch ihr Gutes, doch manchmal schirmen sie uns ab und verhindern, dass wir das tun, was wir eigentlich tun sollen.

Erlaube dir, wild zu wachsen. Dich zu verwandeln. Deine Meinung zu ändern. Deine Umgebung zu verändern. Im Urlaub dreimal am Tag die Kleider zu wechseln, weil so viele von ihnen nur auf die Sonne gewartet haben. Es ist IMMER dein gutes

Recht, anders zu sein, als du einmal warst. Wenn es das ist, was dein Herz dir sagt. Es ist dein gutes Recht, deine Glaubenssätze zu überdenken. Es ist dein gutes Recht, eine andere Partei zu wählen, nachdem du neues Wissen erworben hast. Es ist dein gutes Recht, das Badezimmer in einer anderen Farbe zu streichen, das sollte kein Grund sein, das Haus nicht zu kaufen. **wirft sämtlichen Klienten der* House Hunters-*Serie schrägen Seitenblick zu**

Veränderung: Sie ist nicht verhandelbar. Sie ist ein ewiges Ziel, das uns das Herz brechen, uns zum Schreien bringen und uns begeistern kann. Sie wird uns herausfordern und uns hin und wieder daran zweifeln lassen, ob wir es jemals auf die andere Seite des Schmerzes schaffen. Dabei muss ich an die junge Fúnmiláyọ̀ denken und wie oft sie vom Leben derart angerempelt wurde, dass sie beinahe zerbrach. Ich frage mich, wie sie die fortwährenden Veränderungen überstanden hat und wie oft sie sich vor dem weniger üblichen Weg gefürchtet und sich trotzdem dafür entschieden hat. Ich muss an eine ihrer Lieblingsbibelstellen denken, Psalm 61: «Vom Ende der Erde rufe ich zu dir; denn mein Herz ist verzagt. Führe mich auf den Felsen, der mir zu hoch ist!» Das sage ich mir vor, wenn ich dazu berufen werde, über mich hinauszuwachsen. Ich lande stets auf diesem Felsen, der mir zu hoch ist, und dafür bin ich dankbar.

12. Kapitel

FEUERE DICH SELBST

Wir fürchten uns vor dem Kontrollverlust

Ich bin ein Typ-A-Kontrollfreak, und das war schon mein ganzes Leben lang so. Als willensstarker Steinbock habe ich die Zügel gern fest in der Hand und lasse nicht los. Das ist eine Sache des Egos, der beweiskräftigen Erfahrung und der Notwendigkeit.

Wie bereits erwähnt, ist meine Schwachstelle das Gefühl, eine Situation entgleite mir und das Ergebnis könne von den Launen einer anderen Person abhängen. Das versetzt mich in Unruhe.

In einer Welt, die auch von anderen Menschen bewohnt wird, ist das natürlich alles andere als ideal. Das Leben ist ein gigantisches Gruppenprojekt, und unsere Note hängt größtenteils von den anderen ab, da wir nun mal in diesem riesigen Netz aus ebensolchen Wesen mit zwei Armen, zwei Beinen und einem Gehirn gefangen sind. Und ich setze noch einen drauf, indem ich alles regeln will, das ich vermeintlich regeln kann. Ich umklammere meine Verantwortlichkeiten, weil ich mich davor fürchte, ins Straucheln zu geraten und auf die Schnauze zu fallen. Kahlil Gibran hat gesagt: «Unsere Ängste kommen nicht daher, dass wir über die Zukunft nachdenken, sondern dass wir diese kontrollieren wollen». SO WAHR!

Die Angst davor, etwas nicht im Griff zu haben, ist real und normal. Und sie ist eine echte Belastung. Das wurde mir in dem Moment bewusst, als ich sah, wie sich mein Leiden nur vergrößerte, weil ich nicht akzeptieren wollte, wie wenig tatsächlich in unserer Macht liegt. Das Leben ist nämlich eine Aneinanderreihung von Geschehnissen, die wir nicht vorhergesehen haben. Ich glaube, Gott ist es, der / die / es alles lenkt. Wir Menschen haben nur die freie Entscheidung, und selbst wenn wir unser Bestes geben, kann alles den Bach runtergehen.

Wie du weißt, können Menschen abscheulich sein. Die reinsten wandelnden Komposthaufen. Wir können oberflächlich, wankelmütig und leichtfertig sein. Wir geben unseren Mitmenschen eine Menge Gründe, uns nicht zu trauen. Und wenn du sowieso schon ein zynischer oder skeptischer Mensch bist, wenn du an jeder Ecke Bullshit siehst, hältst du die Zügel bei den Dingen, die dir am Herzen liegen, umso fester. Es gibt einen Haufen gute Gründe, sich vor dem Kontrollverlust zu fürchten. Und dennoch müssen wir gegen diese Furcht ankämpfen. Weil es notwendig ist.

Dieses Wissen wurde mir aufgezwungen, als ich erkannte, wie mich mein unablässiges Tun und Machen erschöpfte. Dabei war es lange nicht so, dass ich dieses Wissen gleich verinnerlichte und danach lebte. Ich musste mich erst selbst feuern. Ich muss mich auch jetzt ab und an feuern. Ich werde mich auch in Zukunft mal feuern müssen. Es ist ein ewiger Kampf, wie so viele Lektionen dieses Buchs.

Es gibt drei Menschen, denen ich in dieser Welt am allermeisten vertraue: mir, mir selbst und meiner Wenigkeit. Mein Leben lang habe ich mich auf mich selbst verlassen und dabei was auch immer geregelt gekriegt und das Unmögliche leicht aussehen lassen. Und das ist nicht nur meine persönliche Geschichte. Wahrscheinlich nickst du gerade beim Lesen. Ich sehe dich. Ich verstehe dich. Ich bin du. Ich weiß, wenn irgendetwas in meinen Händen liegt, wird es gehändelt werden. Olivia Pope ist meine Mentorin. Schwarze Frauen sind meine Glücksbringer und leuchten mir den Weg. WIR KRIEGEN DAS HIN. Das Vertrauen in mich selbst hat so viele Siege hervorgebracht, dass der Glaube an mich selbst gewaltig ist. Und er ist der Grund dafür, dass ich härter mit mir ins Gericht gehe, als es andere je könnten. Er ist der Grund dafür, dass ich weiß, ich kann Berge bezwingen, wenn ich mich nur richtig fokussiere. Er ist der Grund dafür, dass ich dieses Buch hier schreibe. Ich habe heftiges Vertrauen in mich selbst. Das ist Ego.

Doch das kann durchaus ein Nachteil sein. Wie alles andere auch, kann Selbstvertrauen zum Problem werden, wenn wir es damit übertreiben. Was wir Unabhängigkeit und Autarkie nennen, entstammt oft der Angst vor dem Chaos. Was, wenn wir uns auf andere verlassen und sie uns enttäuschen? Was, wenn wir anderen eine Aufgabe anvertrauen und sie es vermasseln? Was, wenn wir etwas verlieren, weil wir es einer anderen Person anvertraut haben? Diese Szenarien spulen wir wieder und wieder in unserem Kopf ab und ertappen uns dabei, wie wir alles einfach selber machen. Doch was hat das zur Folge? Was steht auf dem Spiel, wenn wir zehn Dinge gleichzeitig unter einen Hut bringen wollen?

Eine ganze Menge. Wenn wir uns zu viel aufhalsen, weil wir uns selbst am allermeisten zutrauen, überfordern wir uns. Wir schauen, was wir um die Ohren haben, und es ist eine Riesenmenge. Wir schauen, was wir auf dem Zettel haben, und die To-do-Liste ist endlos. Wir schauen auf unser Leben und fühlen uns überfordert. Als eingetragenes Mitglied von Team «Alles Muss Ich Selber Machen» hast du es schwer. Es ist unfassbar anstrengend.

Eines Tages schauen wir in den Spiegel und stellen fest, dass die dunklen Augenringe ihre Besitzansprüche dauerhaft geltend machen, und dass uns die Kopfschmerzen, die ab und an kamen, jetzt permanent plagen. Wir sind total gestresst, völlig ausgebrannt und ausgepowert. Und wir beschimpfen unsere Liebsten wegen kleinster Kleinigkeiten, weil alle derart auf unseren Nerven herumtrampeln. Ach, das geht nur mir so? Schön.

Aber ernsthaft: Was hat es zur Folge, wenn wir uns im Leben sämtliche Verantwortlichkeiten selbst aufbürden? Wir bringen uns an den Rand der Erschöpfung. Wirklich schlimm wird es, wenn die Erschöpfung so sehr zum Dauermodus geworden ist, dass wir sie nicht mehr als etwas Negatives betrachten. Wir glauben, es sei einfach so. Wir schlucken sie hinunter, weil sie in unserer Konkurrenzgesellschaft als normal gilt.

Der tagtägliche Versuch, alles zu kontrollieren, lässt uns nicht nur EINE MENGE verpassen, sondern fordert noch viele andere Tribute. Ganz egal, welche Terminkalender oder Zeitmanagement-Apps wir verwenden – wir können einfach nicht alles selbst machen. Wenn wir uns zu viel aufhalsen, wird nichts unsere volle Aufmerksamkeit bekommen können, sodass uns irgendwann etwas durchrutscht. Durch Ritzen, von deren Existenz wir nicht einmal etwas ahnen. Innerlich gehen wir andauernd irgendwelche Checklisten durch und sind völlig verspannt.

In diesem Fall können uns Umstände, die jenseits unserer Macht liegen (jup), dazu zwingen, uns selbst zu entlassen. Ich rede vom Älterwerden, von Unfällen und gesundheitlichen Problemen und so etwas. Was dann? Wir, die immer alles selber machen wollen, finden uns plötzlich an einem völlig fremden Ort wieder, der genauso gut der Planet Mars sein könnte. Ein Ort, an dem wir nicht alleine klarkommen. Ein Ort, an dem wir auf andere ANGEWIESEN sind, selbst bei den grundsätzlichsten Dingen.

Da denke ich an meine Großmutter. Mama Fáloyin war so selbstständig wie nur irgend möglich. Sich selbst entlassen? NIEMALS. Sie teilte sogar meinem Großvater regelmäßig mit, dass sie ihn nicht brauche, um ihn daran zu erinnern, dass sie mit allem auch ohne seine Hilfe klarkomme. Grandpa machte nie viele Worte, und so sah er sie nur mit ausdruckslosem Gesicht an, bis sie müde war vom Wettern.

Im Dezember 1991 wurde meine Großmutter Witwe, vier Monate nach ihrer monumentalen Geburtstagsfeier. Was für ein unausstehlicher Bastard das Leben doch sein kann. Mit zunehmendem Alter verließ sie sich immer mehr auf ihre Kinder und Enkelkinder. Als sie vierundsechzig wurde, bekam sie Diabetes und musste zum ersten Mal in ihrem Leben Medikamente nehmen. Die Jahre gingen vorüber, körperlich schrumpfte sie ein bisschen, und sie konnte sich nicht mehr so frei bewegen wie früher. Einige Jahre später hatte sie einen Schlaganfall, und eine meiner Tanten brachte sie von Nigeria in die USA, damit sie hier behandelt werden konnte. Die Frau, die früher ins Flugzeug stieg und verreiste, wann und wohin sie wollte, konnte nun nicht einmal mehr reden, ganz zu schweigen davon, dass sie unbegleitet unterwegs sein konnte.

Ich erinnere mich noch, wie ich sie einmal im Krankenhaus besuchte und ganz bestürzt war, wie hilflos und zerbrechlich sie wirkte. Diese einst so energische Person konnte nicht einmal mehr alleine essen. Mir liefen die Tränen, bevor ich irgendetwas dagegen tun konnte.

Die Ärztin meinte zu uns, dass sie womöglich nie wieder

sprechen können würde, und ich glaube, Grandma hat das als Wette verstanden. Zwei Monate später war ihr Sprechvermögen zu hundert Prozent zurück. Der Schlaganfall, von dem sie sich angeblich nie wieder erholen würde, kam uns nun eher wie ein ausgedehnter Schluckauf vor. Sie war ein bisschen langsamer auf den Beinen, aber davon abgesehen ging es ihr gut. Nur dass meine Großmutter sich von da an in einer Art und Weise helfen ließ, wie sie es nie zuvor getan hatte. Das muss ihr ganz schön an die Nieren gegangen sein.

Nachdem sie sich hier ein Jahr lang erholt hatte, wollte sie zurück in ihr eigenes Haus und ihr eigenes Ding machen, also kehrte sie heim nach Nigeria. Dort hatte sie eine Haushaltshilfe, die bei ihr wohnte, und Leute, die Besorgungen für sie machten, und generell schien sie im Alltag die Zügel etwas lockerer lassen zu können. Meine Mom rief sie regelmäßig an und erkundigte sich, was sie gegessen hatte und ob sie ihre Medikamente nahm. Früher wäre Grandma wahrscheinlich endgenervt gewesen, wenn ihr so auf die Pelle gerückt worden wäre, doch zum damaligen Zeitpunkt erkannte sie, dass es sich dabei um ein Zeichen von Zuneigung handelte.

Es sollte weitere zwölf Jahre dauern, bis wir sie verloren. Jedes Mal, wenn Mama Fáloyin in den USA war, wohnte sie bei uns, obwohl wir nur eine kleine Wohnung hatten. Meine Mom überwachte und plante ihre Mahlzeiten, damit sie nicht einfach aß, was sie wollte, schließlich musste sie auf ihren Zuckerspiegel achten. Grandma konnte nicht länger auf ihre heißgeliebten stundenlangen Einkaufstouren gehen (damals waren Handys noch nicht so weitverbreitet, und wir wollten nicht, dass ihr irgendetwas zustieß und sie uns nicht erreichen konnte). Als sich bei ihr in beiden Augen grauer Star entwickelte und sie erst in einem späteren Stadium operiert werden konnte, musste meine Mom ihr beim Sortieren der Pillendose helfen.

Ich weiß noch, wie sie eines Tages zu mir kam und meinte: «Sag deiner Mom Danke. Sie kümmert sich sehr gut um mich. Gott wird sie weiterhin segnen.» Das sagte sie mit solch einer Wertschätzung. Ich bin nur leider ein nutzloses Ding. Ich bin jedenfalls nicht sicher, ob ich die Botschaft übermittelt habe. Doch meine Mutter wusste um die Dankbarkeit ihrer Mutter, sie hatte die Bemerkung mitbekommen. Die ewige Kriegerin hatte die Zügel fallen lassen und sich erlaubt, sich ganz in die Obhut eines anderen Menschen zu begeben. Es war eine Demonstration der Stärke, sich in ihrer schwachen Stunde einem Menschen hinzugeben, von dem sie wusste, dass er sie nicht fallen lassen würde.

Wenn Lieben ein Verb ist, kann es ein stärkeres Zeichen der Liebe geben, als sich ganz und gar dem Menschen auszuliefern, den wir gut genug erzogen haben, dass er uns hochhält? Was ist Stolz, wenn uns stattdessen Liebe entgegengebracht werden kann?

Ich hoffe, wir werden eines Tages von Menschen umgeben sein, denen wir so sehr vertrauen, dass wir die Kontrolle abgeben können. Ich bete, dass ich ein so gutes Leben gelebt haben werde, dass ich mit Menschen gesegnet bin, die dieses Gute widerspiegeln. Und in deren Hände ich mein Leben, wenn es sein muss, legen kann. Ich strebe ein Leben an, das eine solche Gunst willkommen heißt.

Was den Beruf angeht, so behaupten wir, dem Erfolg auf der Spur zu sein, obwohl wir in Wahrheit dem Geld hinterherjagen. Was unser Privatleben angeht, so glauben wir, dem Glück auf der Spur zu sein, obwohl wir in Wahrheit dem Glück anderer hinterherjagen, nicht dem eigenen. Für mich selbst musste ich Erfolg ganz neu definieren. Ein erfolgreiches Leben ist eines, das ich nach meinen Bedingungen lebe, nicht eines, in dem ich jeden Abend müder bin. Und wenn alle anderen happy sind, während ich mich leer fühle, habe ich mich selbst im Stich gelassen.

Ein-Mensch-Imperien gibt es nicht, weder im Geschäftlichen, noch im Privaten. Unternehmen werden nicht nur von einem Menschen aufgebaut. Eine Familie kann nicht nur aus einem einzigen Menschen bestehen. Nichts in diesem Ding, das sich Leben nennt, kriegen wir völlig alleine hin, deshalb müssen wir lernen, schneller loszulassen, als wir bis drei zählen können.

Jahrelang bin ich Solo-Selbstständige gewesen. (Die einzigen, denen ich regelmäßig Geld gab, waren die Leute von der Steuerbehörde, und die kassierten jedes Jahr dreißig Prozent meines Zasters.) Ich schrieb meinen Blog, arbeitete freiberuflich für Pressekanäle, machte Beratungen für soziale Medien, war Markenbotschafterin und sogar Hostess. Ich war meine eigene Assistentin, Managerin, Publizistin, Kreditorin / Debitorin, Lektorin, Grafikerin, Social-Media-Managerin, leitende Geschäftsführerin. Und natürlich oberste Firmenchefin. «Müde» war mein zweiter Vorname, doch ich nannte es «schuften».

Dann fuhr ich 2015 mit mehreren Freudinnen in den Urlaub nach Kenia. Der Plan war gewesen, sieben Tage mit den Girls rumzuhängen und Spaß zu haben, aber ich schaffte es trotzdem irgendwie, Arbeit beizumischen. An einem Tag hatte ich ein Treffen mit der Bloggers Association of Kenya, was der Wahnsinn war. Auf dieser ausverkauften Veranstaltung durfte ich vor hundert meiner langjährigen Leserinnen und Leser sprechen und sie persönlich kennenlernen.

Außerdem musste ich noch eine kurze Zusammenfassung der Fernsehserie *Scandal* für das Onlinemagazin *Vulture* schreiben. Meine Synopsen der *Scandal*-Folgen waren damals total beliebt, weil sie die Leute mit dreitausend Wörtern auf den neuesten Stand brachten, auch wenn sie die Folge nicht gesehen hatten.

So umfassend waren sonst keine Zusammenfassungen im Internetz, deswegen ernteten sie so viel Lob, sogar von Shonda Rhimes persönlich.

Ich sagte meiner Redakteurin, ich würde die Synopsis schreiben, komme, was wolle (ha). Um 5 Uhr morgens kenianische Zeit, als alle anderen noch schliefen, schaute ich mir die Folge von *Scandal* an, die in den USA gerade live ausgestrahlt wurde. Ich musste meine Deadline schaffen.

Als meine Crew um acht Uhr aufstand, um sich fürs Elefantenwaisenhaus fertig zu machen, sagte ich ihnen, sie gingen vielleicht besser ohne mich. Für meine Synopsen brauchte ich im Durchschnitt drei Stunden, und ich hatte erst die Hälfte fertig.

Meine Freundinnen wollten auf mich warten, obwohl das Waisenhaus um zwölf Uhr mittags schloss, und um halb zehn hatte ich es schließlich geschafft. **Faustcheck** Anziehen und Hinfahren dauerten noch einmal anderthalb Stunden, und um elf Uhr standen wir vor den Toren. Ich hatte immer noch nicht geschlafen, ABER: ELEFANTEN! Trotzdem fühlte ich mich total erschöpft. Ich war im Urlaub und konnte mich nicht entspannen, weil ich kein Geld verdiente, wenn ich nicht arbeitete. Und auf einmal fühlte sich das Dasein als Soloselbstständige ziemlich mies an. Ich war fast zu müde, um das Ding hier, auf das ich mich so sehr gefreut hatte in einem Land, in dem ich nie zuvor gewesen war, zu genießen. Einfach, weil ich nicht genügend geschlafen hatte. Ich wusste, ich musste etwas ändern.

An jenem Abend, als ich meine Freundinnen tief und fest schlafen sah, dachte ich: «Verdammt, ich bin so was von neidisch.» Das mit der Work-Life-Balance ist sowieso schon Beschiss, aber bei mir existierte sie null. Ich war nur am Arbeiten, weil ich über die Runden kommen und mir Schuhe leisten wollte. Und dazu musste ich eben sogar vom anderen Ende der Welt aus schuften.

Eine der Folgen davon, als Ein-Frau-Team zu arbeiten? Sich nicht nach Bedarf entspannen zu dürfen. Innerlich gehen wir ständig Checklisten mit unerledigten Aufgaben, unbeantworteten Mails und nicht gepitchten Projekten durch und tun uns deshalb schwer damit, präsent zu sein.

Was ist die Lösung? Wir müssen uns davon entlassen, stets die Oberverantwortliche zu sein. Das soll nicht heißen, dass du einfach alles sausen lässt und den anderen alles durchgehen lässt. Wie du ja weißt, bin ich ein Fan von Grenzen. Wenn du dich selbst feuerst, musst du Leute finden, auf die du dich verlassen kannst.

Wie stellst du das an?

Richte dir ein System ein, mit dem du zumindest die offensichtlichen Schwindlerinnen und Schwindler direkt aussiebst

Andere um Hilfe fragen zu lernen, ist schon mal ein guter Anfang (siehe achtes Kapitel). Noch wichtiger ist allerdings, dass du die richtigen Leute fragst. Achte darauf, wer dich wieder und wieder unterstützt hat. Wer nicht viel von dir zurückfordert. Wer Hilfe anbietet, wenn es nötig ist, und dafür keine Gegenleistung erwartet. Wem es egal ist, ob du Jenny from the Block oder J. Lo bist.

Es gibt Menschen, die unser Vertrauen gewonnen und es deshalb verdient haben, uns als Zeichen ihrer Zuneigung zur Hand gehen zu dürfen. Sie sind in unserer Nähe und warten nur darauf, angesprochen zu werden. Nur sind wir oft schlicht zu beschäftigt, um sie zu sehen.

Für die berufliche Unterstützung brauchst du zunächst ein Bewerbungsverfahren, das Inkompetenz und Faulheit aussiebt.

Leute einzustellen, ist keine Wissenschaft, sondern eine Kunst, und sie ist elendig schwer. Manche beherrschen Vorstellungsgespräche perfekt und können sich richtig gut verkaufen. Lege deinen Schwerpunkt deshalb auf Menschen, die sich wirklich für deine Arbeit begeistern, die proaktiv und wissbegierig sind.

Das ist eine verzwickte Angelegenheit, wenn du so etwas noch nie gemacht hast, also …

Verzeihe dir, wenn du richtig schlecht darin bist

Ich mag es gar nicht, wenn ich etwas nicht gut beherrsche. So sehr ich mir auch vertraue, ich kann nicht in allem gut sein, und das zehrt an mir und meinem Ego. Mich zu entlassen, war und ist also schwierig und chaotisch, und ich lerne immer noch dazu.

Eine Sache, die ich zuallererst in Angriff nahm: eine Assistentin einstellen, die sich um meine E-Mails kümmerte. Sie blieb vier Jahre lang und zog dann weiter. Anschließend verschliss ich fünf Assistentinnen innerhalb eines Jahres. Warum? Weil ich das Delegieren immer noch nicht so gut beherrschte. Meine vorherige Assistentin hatte es super drauf, sich selbst sinnvolle Aufgaben zu suchen und die Lücken zu schließen, die geschlossen werden mussten. Doch als es an der Zeit war, mit einer Person zu arbeiten, die weniger Eigeninitiative und Bauchgefühl besaß, habe ich versagt. Ich war SO MIES darin, eine Chefin zu sein, die Erwartungen, Deadlines und was sonst nicht alles klar formulierte. Meine Mitarbeiterinnen scheiterten also der Reihe nach, weil ich im «Dann mache ich es doch lieber gleich selbst»-Modus feststeckte. Es war unglaublich frustrierend.

Die «Dann mache ich es doch lieber selbst, statt es einer anderen beizubringen»-Falle ist sehr verführerisch. Aaaaaber überleg dir gut, ob du wirklich lieber eine Stunde am Tag etwas selbst machst (was fünf Stunden die Woche ergibt) oder nicht doch besser ein einziges Mal fünf Stunden lang einer Mitarbeiterin etwas beibringst und dir dadurch zwanzig Stunden Arbeit im Monat sparst.

Akzeptiere, dass es nicht leicht sein wird, das Ruder aus der Hand zu geben. Vielleicht wirst du sogar das Gefühl haben, dich vor deiner Verantwortung zu drücken. «Das sollte doch eigentlich ich machen.» Warum denn? Besitzt nur DU die nötigen Kompetenzen? Halte dein Ego im Zaum. Solange die Aufgabe nicht wortwörtlich DEIN Gehirn erforderlich macht, kann es auch eine andere tun. Es ist also gar nicht unbedingt deine Verantwortung.

Während du das Loslassen lernst, wirst du den Leuten wahrscheinlich mit deinen extrem detaillierten Anweisungen auf die Nerven gehen. Weil du eben alles GENAU SO haben willst, wie du es haben willst. Auch das ist eine Form der Kontrolle, denn unsere Angst verschwindet nicht gleich automatisch, wenn wir dagegen angehen.

Soll die Arbeit erledigt werden, oder soll sie perfekt sein? Und was soll perfekt überhaupt heißen?

Kleine Bemerkung am Rande: Ich lese mir hier gerade selbst die Leviten. Buchstäblich. Dieser ganze Abschnitt ist an MICH adressiert. Ich muss dieses Thema auf die Kette kriegen, und ich habe noch eine Menge Arbeit vor mir. Lass uns gemeinsam daran arbeiten.

Akzeptiere, dass die anderen es auch mal verhauen werden

Was du sonst noch tun musst: Akzeptieren, dass die Leute dich enttäuschen und Dinge in den Sand setzen werden. Dein Mann vergisst vielleicht, die Kleider aus der Reinigung zu holen. Deine Assistentin schreibt vielleicht einen Namen in einer E-Mail falsch. Dein Kind wäscht das Geschirr vielleicht nicht blitzeblank ab. Die Leute WERDEN auch mal nicht so tolle Arbeit in deinem Namen abliefern. Das ist menschlich, und das lässt sich kaum verhindern. Warum? Weil du keinen Menschen kontrollieren kannst, auch nicht, wenn du ihm Geld gibst oder er dich auf die Welt gebracht oder dich geheiratet hat. Wahrscheinlich lässt es dich die Wände hochgehen, wenn es dann passiert.

Nimm bloß nicht automatisch das Ruder wieder in die eigene Hand, wenn dieser Fall eintritt. Lass es entweder gut sein, weil die Person normalerweise zuverlässig ist und das ein einmaliger Fehler war. Oder vertraue den Job oder die Aufgabe einer anderen Person an. Wenn die Person es in deinem Namen wieder und wieder vermasselt, dann gehört sie gefeuert, ja. Aber suche dir bitte unbedingt eine andere Person, anstatt das Ruder wieder an dich zu reißen. Ist dieser Person schon einmal ein so gewaltiger Fehler unterlaufen? Handelt es sich dabei um ein Muster oder um eine Ausnahme?

Vergeben. Umschulen. Feuern.

Das sind deine Optionen. Keine davon lautet: «Mach es einfach wieder selbst.» Die Deadline steht kurz bevor? Klar, dann mach es dieses eine Mal noch selbst. Aber halse es dir danach nicht wieder auf! Du hast dafür keine Zeit! Übertrage es einer anderen

Person, auch wenn sie es nicht so machen wird wie du selbst. Übung macht die Meisterin.

Mal ganz abgesehen davon, sind Fehler keine Katastrophe. Kein Fehler ist in der Lage, alles auszuradieren, was dir bisher gelungen ist. Und nicht jeder Fehler wiegt gleich schwer. Als die Person die Sache in den Sand gesetzt hat, was war die Konsequenz? Hast du Geld verloren? Eine geniale Gelegenheit verpasst? Die Chance, etwas Unanständiges und irre Tolles mit Idris Elba anzustellen? Was genau ist dir entgangen?

Frage dich, ob du dich davon wieder erholen kannst oder ob der Schaden irreparabel ist. Und schaue dann, ob die betreffende Person die Konsequenzen trägt und die Sache ernst nimmt. Hat sie es reflektiert, so dass es nicht noch einmal vorkommt?

Befreie dich von Schuldgefühlen

Sehr schwer überwinden lässt sich auch das Schuldgefühl, dass wir es nicht allein geschafft haben. Weil wir uns teilweise daran bemessen, was wir für andere tun. Doch dabei sind wir ganz schön ungerecht mit uns selbst. Ja, du brauchst Hilfe. Das ist in Ordnung. Nein, du musst nicht in der Lage sein, alles selbst zu machen. Ja, du bist auch noch eine super Mutter, wenn du heute mal nicht so gut drauf bist. Du musst keine eierlegende Wollmilchsau sein, die gleichzeitig staubsaugen, Essen kochen, bei den Hausaufgaben helfen und Gäste bewirten kann. Ach, deine Mom war das aber? Dann frag sie doch mal, wie oft sie aus dem Fenster (1. Stock) springen und auf weichem Gras landen und einfach nur liegen bleiben wollte. So muss dein Leben nicht aussehen.

Ja, du bist auch dann noch die Chefin, wenn du nicht SÄMTLICHE operative Geschäfte eines Unternehmens persönlich erledigst. Ich glaube sogar, dass du mit einem funktionierenden Team noch eine bessere Chefin sein kannst.

Außerdem sollten wir uns nicht sofort selbst Vorwürfe machen, wenn eine andere Person etwas vermasselt oder nicht gut macht oder gar nicht macht. Eine andere Person hat Mist gebaut. Okay. Haben wir irgendetwas damit zu tun? Waren unsere Anweisungen irgendwie nicht in Ordnung? Haben wir nicht die richtigen Prioritäten angeordnet? Ganz egal. Wir müssen lernen, die Kontrolle abzugeben. Indem wir begreifen, dass Arbeitsergebnisse sich nicht zu 100 Prozent kontrollieren lassen, egal, wie viel Training, Liebe und Geheimtipps wir unseren Mitarbeitenden haben zugutekommen lassen.

Ich muss daran denken, wie ich eine Person einmal mit einer Aufgabe betraute und diese nicht erledigt wurde. Das sah ich als positive Bestärkung, doch lieber alles selbst zu machen. «SEHT IHR?? Ich habe es versucht, und es hat nicht geklappt. Ich hätte es besser gleich selbst tun sollen.» Und anschließend rügte ich mich dafür, mich überhaupt erst in diese Situation gebracht zu haben. Ich wurde sauer, weil ich fand, ich sei einfach nur zu faul gewesen. Dabei: Wie konnte ich in Teufels Namen denken, ich sei faul? Sis, wer glaubst du, wer du bist? Storm? Du bist kein X-Man. Du bist nicht faul. Du hast nur eine Menge auf dem Zettel, Ma'am. Schuldgefühle lassen dich am «Hätte, Hätte, Fahrradkette» kleben, anstatt dich nach vorn zu bringen. Das ist es nicht wert.

Vertrau dem kosmischen Plan

Vertrau vor allen Dingen dem Leben. Ja, das Leben kann ein verrückter Vollidiot sein. Vertraue trotzdem auf das Universum / Gott. Manchmal denke ich, ich glaube hauptsächlich deshalb an eine Gottheit, damit ich nicht die Hoffnung verliere und das Leben für eine wahllose Mischung willkürlicher Vorgänge ohne jegliche Struktur halte. Das könnte mich nämlich in den Wahnsinn treiben. Mein Glaube an ein höheres Wesen dient mir als Fundament und Rettungsanker. Ich habe gar keine andere Wahl, als aus tiefster Seele daran zu glauben, dass alles gut wird. Deswegen komme ich morgens auch an schlechten Tagen aus dem Bett.

Wenn Kontrolle eine Illusion ist, vertraue darauf, dass Gott deine Schritte lenken wird. Glaube fest daran, dass Allah dir die richtigen Menschen zur Seite stellt: deine Helferinnen und Helfer. Eines meiner Lieblingsgebete, wenn ich kurz davor bin, einen neuen Raum zu betreten, lautet: «Bitte mach, dass mich meine Helferin oder mein Helfer finden. Mach, dass mir nicht der wichtige Kontakt entgeht, den ich knüpfen soll. Mach, dass ich nicht den Grund, aus dem ich hier bin, verfehle.»

Vertrau darauf, dass dir die Fehler oder Problemchen oder Lektionen deinen Weg ebnen. Auch wenn es mit meinen Mitarbeitenden nicht hingehauen hat, hatte das sein Gutes, davon bin ich fest überzeugt. Ich schaute anschließend nämlich jedes Mal nach innen und fragte mich: «Wie schaffe ich es, für die nächste Person eine bessere Vorgesetzte zu sein?» Und als Folge davon bin ich heute viel fitter als Chefin. Dass ich beim Versuch, mich zu entlassen, wieder und wieder auf die Schnauze gefallen bin mit meinen Mitarbeitenden, die kamen und gingen, hat mir den Spiegel vorgehalten. Ich erkannte, dass ich darin einfach nicht geübt war, dass ich mir bestimmte Kompetenzen aber würde aneignen müssen, wenn ich das Imperium, das wirkmächtige Unternehmen aufbauen wollte, das ich mir wünschte.

UNNND wenn du schlecht darin bist, dich selbst zu feuern, engagiere eine Person, die dir genau dabei hilft. Es gibt alle möglichen Coaches, die sich genau darauf spezialisiert haben. Feuere dich selbst vom Feuern!

Es kann schwer sein, dass alles zu beherzigen. Du möchtest vielleicht trotzdem noch alles selbst machen. Die Leute enttäuschen dich trotzdem. Du setzt womöglich auf die falsche Person. Das heißt aber noch lange nicht, dass du wieder alles selbst machen musst. Raus mit dir aus dem Hamsterrad! Halte weiter nach der richtigen Person Ausschau. Es gibt sie. Die Person, die dir unter die Arme greift, ohne grundlegende Kalenderfunktionen zu versemmeln, muss irgendwo da draußen sein. Die Person, die für deine Buchhaltung zuständig ist und deine Steuererklärung macht, ohne dass dir eine Wirtschaftsprüfung droht, sie gibt es wirklich. Die Reinigungskraft, die bei dir sauber macht, obwohl du nur eine Zweizimmerwohnung hast, die alles so wunderbar aufgeräumt hinterlässt, dass du ihr am liebsten ein Short-Set und den dazu passenden Fischerhut kaufen würdest, sie existiert. Den Lebensgefährten, der dir ein Mittagsschläfchen gönnt und derweil die Kinder in Schach hält, ihn gibt es. Die Person, die auf deine Kinder aufpasst und ihnen gleichzeitig Mathe-Nachhilfe gibt, weil Grundlagenmathematik eindeutig eine Sprache von Außerirdischen ist, ist garantiert irgendwo zu finden.

Uns selbst zu feuern bedeutet nicht, dass wir der nächstbesten Person auf der Straße die Autoschlüssel übergeben und uns von ihr direkt gegen die Wand fahren lassen. Es bedeutet, dass wir die Bahn frei machen für Leute, die gut geeignet für den Job sind, den sie übernehmen sollen. Und wir sie diesen Job auch machen lassen. Denn gerade haben wir schon zweiunddreißig Stunden Autofahrt hinter uns, die wir ganz alleine heruntergerissen haben. Wir haben vielleicht einmal angehalten, um aufs Klo zu gehen, das war's. Unsere Augen sind blutunterlaufen, unsere Schultern irre verkrampft und unser Magen am Grummeln, weil wir keine Zeit zu essen hatten.

Uns zu entlassen bedeutet, dass wir unseren Wagen bei einer Person geparkt haben, die richtig gut und sicher Auto fahren kann. Wir rutschen rüber auf den Beifahrersitz und lassen sie das Steuer übernehmen. Sie fährt, und wir können etwas Schlaf nachholen. Wir wachen auf, alles ist gut, und wir sorgen dafür, dass genügend Snacks da sind und die Musik passt. Wir kommen ausgeruht und abenteuerlustig am Zielort an. Und haben die Fahrt und das Freiheitsgefühl und alle Eindrücke genießen können.

Feuer dich. Rutsch zur Seite. Gib das Steuer aus der Hand.

Es waren zum Teil meine Beharrlichkeit und meine Schufterei, die mich an diesen Punkt meiner Karriere gebracht haben. Ich habe mich durchgebissen und wieder und wieder abgeliefert beim Schreiben, besonders auf meiner eigenen Website. Und heute? Heute weiß ich ganz klar, dass ich das nicht mehr will. Ich kann nicht mehr mein ganzes Leben anhalten, um eine Deadline zu schaffen. Ich ziehe meine Auszeitkarte und entlasse mich von der Erwartung, ständig parat stehen zu müssen. Ich habe mein Lehrgeld bezahlt und baue mir jetzt ein Team auf, das mir zur Seite steht. Mit diesem Ein-Frau-Imperium bin ich durch, im Privaten wie im Beruflichen.

Ich brauche Hilfe. Und das ist in Ordnung. Du brauchst ebenfalls Hilfe? Das ist in Ordnung. Du meinst, du bräuchtest keine Hilfe? Hol dir trotzdem welche.

Vielleicht bleibt dir aber auch keine andere Wahl, als komplett solo-selbstständig zu sein. Vielleicht musst du jeden Cent umdrehen, damit du leben, die Miete bezahlen und dir vielleicht zweimal im Jahr ein Paar neue Schuhe leisten kannst. Vielleicht möchtest du dich gern entlassen, hast aber nicht den nötigen finanziellen Spielraum. Ich sehe dich, und ich war so wie du. Ich hoffe, dass du in diesem ungerechten kapitalistischen Alptraum, in dem wir uns befinden, eines Tages genügend Geld verdienst, um dir die Hilfe zu holen, die du brauchst. Ich hoffe, dass du in der Zwischenzeit die Schuldgefühle darüber, nicht immer alles gewuppt zu kriegen, ablegst. Ich hoffe, du gehst liebevoll mit dir um, wenn du etwas vermasselst. Ich hoffe, du bist gütig mit dir, wenn du nicht immer allem und allen gerecht wirst.

Entlass dich aus der Vorstellung, Superwoman oder Thor sein zu müssen.

Entlass dich aus der «Mom Guilt», die dir einredet, jeden Tag für deine mittellosen kleinen Freundinnen und Freunde zaubern zu müssen.

Entlass dich aus der Selbstbeschimpfung, wenn du einen Blick aufs Konto wirfst und da nicht die Zahlen stehen, die du gerne haben möchtest.

Ich sehe oft ein Zitat, mit dem die Leute zu härterem Arbeiten «inspiriert» werden sollen: «Beyoncé hat die gleichen 24 Stunden am Tag wie wir.» Nein, hat sie nicht. Nicht einmal Beyoncé selbst würde das behaupten. Sie könnte wahrscheinlich sogar 240 Stunden am Tag haben, weil ihr ein zehnköpfiges Team unter die Arme greift.

Fühle dich als müde und genervte Soloselbstständige nicht minderwertig, wenn du dir die zusammengeschnittenen und retuschierten Highlights in den sozialen Medien anschaust. Lass dir kein schlechtes Gewissen einreden, wenn du nur die ersten beiden Punkte auf deiner To-do-Liste abgehakt hast, weil du dich um allesalles kümmern musstest und dir die Zeit davongelaufen ist. Denke nicht, du müsstest produktiver sein in einer

Welt, die es dir wirklich schwer macht, wenn du nicht zum einen Prozent der Oberschicht gehörst.

Ich bin nun schon seit fast zwanzig Jahren als Autorin tätig. Elf Jahre lang habe ich Vollzeit allein gearbeitet. Die Zeit als Soloselbstständige hat mir eine Menge beigebracht, hat dafür gesorgt, dass ich sieben Dinge auf einmal erledigen kann UND mir bewiesen, dass ich es KANN. Ich kann es aber nicht mehr länger alleine machen. Ich brauche mehr Schlaf. Das «Schlafen kann ich, wenn ich tot bin»-Mantra ist nicht niedlich. Nein, ich muss JETZT mehr schlafen.

Wir müssen zu unserer Verletzlichkeit stehen und wissen, dass wir ständig Gefahr laufen, todunglücklich oder ausgebrannt zu sein. Dennoch müssen wir nach vorn gehen. Wir haben nur eine begrenzte Zeit am Tag und in unserem ganzen Leben zur Verfügung. Wir brauchen einfach mehr Leute. Wir müssen die Zügel aus der Hand geben und anderen Menschen die Chance, uns mit ihrer Zeit und ihren Dienstleistungen zu beglücken.

FEUERE DICH SELBST. Lagere einen Teil deiner Arbeit aus. Weißt du, was nämlich gar nicht süß aussieht auf einem Grabstein? «Ihre Schufterei war einwandfrei, und sie hat alles allein gemacht.» Wir müssen keinem Menschen etwas beweisen. Schon gar nicht diejenigen von uns, die sich seit über einem Jahrzehnt etabliert haben. Wir müssen uns davon entlassen, immer allen und allem gerecht werden zu wollen. Damit wir genügend Raum haben, zu dem supertollen Menschen von morgen zu werden, zu dem wir werden müssen.

Es ist an der Zeit. Baue dir ein Team auf. Finde deine Helferinnen und Helfer. Gönne dir deinen Schlaf.

13. Kapitel

LASS DIR NICHTS GEFALLEN

Wir fürchten uns davor, andere gegen uns aufzubringen

Wir haben Angst, auf irgendeine Weise geächtet zu werden und als «schwierig» zu gelten, denn tief im Innern brauchen wir die Gemeinschaft. Wir wollen gemocht werden und wir wollen, dass die Leute uns nett finden. Von den anderen akzeptiert zu werden, ist uns sowohl als Kinder wie auch als Erwachsene ein tiefes Bedürfnis, darauf sind wir genetisch programmiert. Deshalb geben wir unser Bestes, damit die anderen uns angenehm oder freundlich oder aufmerksam finden.

Und so schlucken wir Worte und Gefühle herunter, während wir ein Lächeln aufsetzen, obwohl wir am liebsten schreien würden. Wir lassen uns alles gefallen, und werden dann unser Leben lang abgewertet und geringschätzig behandelt. Diese gezwungene Nettigkeit ist zu unserem großen Nachteil, weil wir die Bedürfnisse anderer vor unsere eigenen stellen.

Nach der Veröffentlichung von *I'm Judging You* hieß es

manchmal: «Du hast ein Buch darüber geschrieben, dass du über Leute urteilst?» Und ich entgegnete: «Ja, denn so ist es nun mal.» Wir bewerten einander ständig. Das Problem dabei ist, dass wir uns anhand unsinniger Dinge bewerten: wie wir aussehen, wen wir lieben, welcher Religion wir angehören, welche Hautfarbe wir haben, welchem Geschlecht wir uns zugehörig fühlen.

Stattdessen sollten wir uns anhand ganz anderer Dinge beurteilen: Treten wir auf dieser Welt auf bestmögliche Art in Erscheinung? Sind wir gütig? Achten wir darauf, nicht nur uns selbst, sondern auch andere zur Rechenschaft zu ziehen? Wenn ich sage, ich bewerte dich, dann bewerte ich dich nicht aufgrund deines Äußeren; ich bewerte dich anhand dessen, wer du wirklich bist.

Ich betrachte das Nettsein oft als Zeitverschwendung. Warum? Weil wir Menschen wankelmütige Wesen sind. Die Leute sind konsequent inkonsequent was ihre Wünsche betrifft, das heißt, wenn wir unsere Handlungen darauf gründen, als nett oder sonst was empfunden zu werden, kann das ziemlich in die Hose gehen und damit komplett umsonst gewesen sein. Es lässt sich einfach null garantieren, dass uns eine Person mag. Um es mit den Worten von Elyana Rausa zu sagen: «Setze dich niemals in Brand, nur damit es andere warm haben.» Wozu also die Mühen?

Wenn wir anderen auf Biegen und Brechen gefallen wollen, fühlt sich das wie die Reaktion auf ein Trauma an. Es ist, als würden wir unseren Selbstwert davon abhängig machen, so umgänglich wie möglich zu sein, damit wir geliebt und akzeptiert werden. Oft genug begehen wir dadurch Verrat an uns selbst.

«Nett» sein zu wollen, ist an sich nicht verkehrt, nur sollte es eben nicht ein Ziel an sich darstellen. Ich sage nicht, du sollst durch die Gegend laufen und ein Arschloch sein wollen. Nee.

Aber die Hauptmotivation für unser Handeln darf nicht sein, als freundliche Person zu gelten.

Viel eher sollten wir danach streben, gütig zu sein. Das bedeutet: großzügig, gerecht, ehrlich, hilfsbereit, altruistisch, barmherzig, tolerant, verständnisvoll, demütig, freigiebig, verletzlich, großmütig, fürsorglich. Nett zu sein bedeutet, viel zu lächeln und mit wahllosen Leuten auf der Straße zu plappern. Nett heißt, über das Wetter zu reden. Gütig heißt, Sorge zu tragen, dass ein Mensch einen Regenschirm dabei hat, falls es regnen sollte.

Nettigkeit und Güte werden gern verwechselt. Nettigkeit kann heißen, schöne Dinge zu sagen. Güte hingegen heißt, schöne Dinge zu tun: rücksichtsvoll und umsichtig sein, das Menschsein der Leute über alles andere stellen.

Ich bin nicht auf der Welt, damit mich die Leute als «nett» beschreiben, wenn ich nicht im Raum bin. Nett kann leer und oberflächlich und passiv sein. Nett sagt gar nichts über einen Menschen aus, wenn er allein damit beschrieben wird. Wenn ich wissen möchte, wie du so bist, und die aussagekräftigste Schilderung lautet: «Sie ist nett», dann gehe ich davon aus, dass du eine wandelnde Fußmatte bist. Oder eine Frau, die ständig lächelt, auch im Streit, was sich dann unecht anfühlt. Es sagt mir, dass ich dich vielleicht öfter fragen muss, wie es dir wirklich geht. Ich erfahre nichts Bedeutendes dadurch. Nett ist der Salzcracker der Adjektive, nett ist lasch und nichtssagend.

Wenn wir nett sein wollen, lassen wir uns eine Menge gefallen und das furchtbare Benehmen anderer Leute durchgehen, ohne sie dafür zur Rechenschaft zu ziehen. Wir kriegen Ungerechtigkeiten öfter ab als nötig, weil wir vor lauter Höflichkeit unsere eigenen Gefühle ganz weit wegschieben.

Wir müssen das nicht tun, nur um geliebt zu werden. Wir müssen uns kein Bein ausreißen, damit wir von den Leuten, die uns wichtig sind, gesehen und wertgeschätzt werden. Auch als Griesgram wirst du Leute finden, die dich abgöttisch lieben!

Mama Fáloyin war einer der gütigsten Menschen, die ich je kennengelernt habe. Sie war außerdem angriffslustig und hat sich nichts gefallen lassen, und das war allen klar. Legte sich irgendwer mit ihr an, ging sie auf diesen Menschen los wie eine Furie. Doch ihr Herz war riesengroß, und alle waren für sie wie Nachbarinnen und Nachbarn, um die sie sich kümmern musste. Saß irgendwer in der Klemme, stand sie bei dieser Person vor der Tür, hörte ihr zu, half, wo es möglich war, und verabschiedete sich mit einer Tupperdose voll Essen und dem von Herzen kommenden Gebet «Behüt dich Gott, ọmọ mi» (mein Kind).

Als sie verstarb, trugen Scharen von Menschen sie im Herzen und zu ihrer letzten Ruhestätte. Alle möglichen Würdenträger und viele Menschen, die sie jahrzehntelang gekannt hatten, erwiesen ihr die letzte Ehre. Grandma war Team «Tough», und sie wurde über alles geliebt. Sie war keine Frau, die den Drang verspürte, andere versöhnlich zu stimmen, wenn ihr nicht wirklich danach war.

Einige Geschichten über sie sind legendär, besonders die, als sie noch jünger und ich noch nicht geboren war. Als meine Mom zur Grundschule ging, machte sich ihre Lehrerin als Strafe für die unerledigten Hausaufgaben an ihrem Haar mit der Schere zu schaffen. Grandma ist ausgerastet! Am nächsten Tag brachte sie meine Mom höchstpersönlich zur Schule, mit der Schere in der Hand. Als sie ankam, verlangte sie nach der Lehrerin. Was sie mit der Schere wolle? Grandma erwiderte, da die Dame ja die Haare ihrer Tochter abgeschnitten hätte, sei sie gekommen, um die Haare der Lehrerin nun ebenfalls zu schneiden. Sie meinte es todernst. Es brauchte zehn Leute, die sich kniend vor

Grandma warfen und Gott um Gnade baten und sie anflehten, die Mission abzubrechen und nach Hause zu gehen. Von da an krümmte diese Lehrerin keinem der Fáloyin-Kinder auch nur ein Haar mehr.

Grandma hätte die Sache auch einfach durchgehen lassen können, aber weißt du, was dann passiert wäre? Die Lehrerin hätte gedacht, es sei völlig in Ordnung, weiter solche extremen Aktionen zu veranstalten. Deshalb wehre ich mich so dagegen, wenn mir das Sprichwort «Die Klügere gibt nach» vorgehalten wird, wenn uns irgendwer etwas zuleide getan hat. Ich finde, die Klügere darf auch mal austeilen.

Bleiben wir kurz bei diesem Nachgeben. Es wird von manchen nämlich auf jeden Fall ins Feld geführt werden, um aus uns einen angeblich besseren Menschen zu machen. Weißt du, das einzige Mal, dass ich meiner Heldin Michelle Obama widersprechen musste, war ihre Aussage zur Präsidentschaftskandidatur von Trump: «When they go low, we go high.» (Wenn die anderen sich nicht benehmen, antworten wir mit umso mehr Anstand.) Ganz ehrlich, wenn sich die anderen unterirdisch verhalten, dann sollten wir sie genau dort abholen. Wenn du dich unterirdisch benimmst, gehe ich vielleicht einfach noch tiefer in den Keller.

Ich bin kein Fan davon, den Leuten zu sagen, sie sollen die andere Wange hinhalten, wenn es überhaupt nicht angebracht ist. In bestimmten Situationen schadet es uns sogar mehr, als es uns nützt, wenn wir auf dem Nachgeben beharren. Harmonie über Gerechtigkeit zu stellen und Höflichkeit über Berichtigung, tut nicht gut, wenn wir den Leuten damit sagen, dass sie sich grundsätzlich nicht verteidigen oder gegen Unrecht ankämpfen sollen. Von dieser ganzen Harmoniesucht halte ich nichts. Uns wird gepredigt, dass Jesus uns befahl, die andere Wange hinzuhalten und unseren Nachbarn zu lieben. Dabei ist das DERSELBE Jesus, der in einem Tempel Tische umstieß, nachdem die Leute es zu bunt getrieben hatten.

Unsere Gefallsucht durchdringt die Art, wie wir durchs Leben gehen, wie wir mit den Menschen im Alltag sprechen, und sogar die Art, wie wir Strukturen bekämpfen, die gegen uns arbeiten. Wir bemühen uns zuallererst, uns «anständig» zu verhalten.

Im Juni 2018 unterzeichnete der 45. Präsident der Vereinigten Staaten von Amerika (und das erste Cheeto-Gesicht im Weißen Haus) eine Verfügung, welche die Trennung von Flüchtlingskindern von ihren Eltern an der US-Grenze zur Folge hatte. Maxine Waters, Kämpferin für das Volk und Verfechterin der Wahrheit, äußerte lauthals berechtigte Kritik: «Wir wissen nicht, welcher Schaden diesen Kindern zugefügt worden ist. Alles, was wir wissen, ist: Sie sitzen in Käfigen. Sie sitzen im Gefängnis. Sie sind eingesperrt. Ist mir egal, wie das genannt wird, aber es ist Fakt. Und, Mr. President, wir werden Sie jeden Tag, jede einzelne Stunde des Tages, von überallher sehen und wissen lassen, dass Sie damit nicht davonkommen werden.»[16] SO SIEHT ES AUS. Am nächsten Tag wurden diese Worte von ihrer eigenen Partei als «kontrovers» bezeichnet. Wenn die Wahrheit kontrovers ist, dann muss das, worauf sie hinweist, besonders abscheulich sein. Chuck Schumer verkündete: «Wir dürfen nicht vergessen, unse-

---

16 Jamie Ehrlich: «Maxine Waters Encourages Supporters to Harass Trump Administration Officials» auf: CNN, 25. Juni 2018, https://edition.cnn.com/2018/06/25/politics/maxine-waters-trump-officials/index.html

ren Mitbürgern und Mitbürgerinnen, allen von ihnen, genauso höflich und respektvoll zu begegnen, wie wir es uns andersherum wünschen würden.» Sir, diese Kinder in Käfigen werden nicht ANSATZWEISE höflich und zuvorkommend behandelt, also setzen Sie sich gefälligst sofort wieder hin.

Wann werden die Menschen erkennen, dass nett sein und nachgeben uns nicht retten werden? Wir verändern die Welt nicht, indem wir höflich zu Menschen sind, die andere entmenschlichen. Nettere Worte für Trump zu finden, bringt gar nichts. Zwischen nett sein und Bullshit möglich machen verläuft ein schmaler Grat.

Wenn wir Gerechtigkeit nicht über Nettigkeit stellen können, was für Menschen sind wir? Was soll aus uns werden, wenn wir weiterhin die andere Wange hinhalten, wenn uns irgendwer Schaden zufügt? Den Leuten, die uns Schaden zufügen, wird nicht gesagt, dass sie höflich oder nett oder nachgiebig sein sollen. Es sind immer nur diejenigen, die auf irgendeine Art schikaniert worden sind, denen diese Entscheidung nahegelegt wird. Ist das zu unserem Besten? Höflich und nett bahnen wir uns den Weg in die Knechtschaft.

Das Ding bei Fieslingen und Menschen, die uns Schaden zufügen, ist: In dem Moment, wo uns irgendwer etwas antut, das nicht nur respektlos, sondern sogar schädigend für uns ist, agiert diese Person jenseits der Höflichkeit und des Anstands. Diese Person sieht in dir keinen vollwertigen Menschen. Du wirst ihr Verhalten oder das Resultat nicht ändern, indem du total nett bist. Genau aus diesem Grund begreifen diejenigen, die auf Höflichkeit bestehen, schlicht nicht das Wesentliche. Dieses ganze Gerede von wegen «Wir sollten netter miteinander umgehen» bringt uns nirgendwo hin. Wer sich nämlich von uns angegriffen fühlen möchte, der wird auch einen Grund dafür finden. Nein, ich bin nicht nett. Ja, ich fechte deinen Bullshit an.

Warum stellen die Leute Höflichkeit vor Gerechtigkeit? Gerechtigkeit stellt sich nicht einfach plötzlich ein, weil du darum bettelst. Gerechtigkeit stellt sich nicht einfach ein, weil du nett mit der Person umgehst, die dich ungerecht behandelt. Dieses Beharren auf Nachgiebigkeit kann ich also null verstehen.

Wenn du um dein Leben kämpfst, wenn du für eine bessere Welt kämpfst, wenn du gegen ein Phänomen wie die weiße Vorherrschaft kämpfst, wird der liebliche Klang deiner Stimme kein entscheidender Faktor beim Erlangen von Grundrechten sein. Höflichkeit und Anstand bringen dich der Gerechtigkeit kein Stück näher.

Wenn die Leute auf die Straße gehen, regen sich manche auf und sagen: «Das sind aber keine friedlichen Demonstrationen.» Wenn die Hälfte des Landes verlangt, dass Flüchtlinge von ihren Familienmitgliedern getrennt werden, sollen wir uns anständig benehmen? Was tut der Anstand für uns? Was bringt uns die Nettigkeit? Wir setzen die falschen Prioritäten.

Irgendetwas (irgendein Mensch, irgendein System, irgendeine Machtstruktur) hat uns eingeredet, wenn wir höflicher, anständiger und netter angezogen wären, hätten wir Gerechtigkeit oder Liebe oder gute Dinge eher verdient. Dabei haben wir das alles JETZT schon verdient. Am heutigen Tag. Selbst wenn wir schimpfen und fluchen und keinen geraden Satz zustande bringen. Selbst wenn wir nicht in feinen Zwirn gekleidet sind. Selbst wenn wir es mal vergeigen.

Lassen wir doch die Vorstellung hinter uns, dass Höflichsein und Nettsein das ist, worauf es ankommt. Beim Kämpfen geht es nicht um gutes Benehmen. Ich sage nicht, dass wir uns wie Arschlöcher benehmen sollen. Ich sage nicht, dass wir wütend durch die Gegend laufen sollen. Ich sage: Wenn es für uns an der Zeit ist, Strukturen und Menschen anzufechten, darf die Art und Weise, wie wir etwas sagen, nicht die Botschaft für null und nichtig erklären. Gütig sollen wir ruhig sein. Nett müssen wir nicht sein. Und unsere Wünsche und Bedürfnisse haben selbst dann ihre Berechtigung, wenn sie nicht fein sauber und ordentlich ausgedrückt werden.

Wir müssen uns KEINEN SCHEISS GEFALLEN LASSEN, und wenn du dafür eine Erlaubnis brauchst, soll das hier deine Erlaubnis sein.

Ich meine damit nicht, dass du jeden Menschen angehen sollst, der Müll fabriziert oder irgendetwas über dich gesagt hat. Dafür ist deine Zeit zu kostbar. Ich meine damit auch nicht, dass du auf jede Kampfansage reagieren sollst. Nope. Ich meine damit: In den Fällen, in denen es erforderlich ist, und diese Fälle wirst du erkennen, musst du kein schlechtes Gewissen haben, wenn du dich auf das unterirdische Niveau einer Person begibst. Das heißt nämlich noch lange nicht, dass du kindisch oder ein schlechter Mensch bist. Es heißt, dass du ihr so entgegentrittst, wie sie es gewollt hat. Ein ordentliches «FÜR WEN HÄLTST DU DICH EIGENTLICH, DU MISTSTÜCK?» kann manchmal total angebracht sein. Manchmal musst du die Leute einfach daran erinnern, dass du dich nicht ohne Weiteres verarschen lässt. So sei es, und die anderen sollen gefälligst damit klarkommen. Und sich nichts gefallen zu lassen, kann manchmal auch so aussehen, dass wir die Person, die uns zur Aufmerksamkeit zwingen will, einfach nur anschweigen.

So lange schon wird den Menschen Nettigkeit und Höflichkeit gepredigt, dass wir glauben, keinen Raum für die eigene Verteidigung zu haben in einer Welt, die uns andauernd bekriegt. Keinem Menschen, der dich traumatisiert hat, schuldest du irgendwelche Höflichkeiten. Ebenso wenig ein Hallo, auch nicht bei einer persönlichen Begegnung. Den schrägen Seitenblick hat er voll verdient.

Ich fordere uns hiermit auf, ehrlicher und unverblümter zu sein. Sei gütiger, sprich lauter. Nutze deine Stimme, und lasse dir nicht den Mund verbieten oder dir ein schlechtes Gewissen einreden, weil du angeblich nicht nett und höflich bist. Setze dich für andere ein. Bestehe darauf, unbequem zu sein und dich aus deinem gewohnten Umfeld herauszubewegen, um für diejenigen zu kämpfen, die nicht das Recht oder die Stimme oder das Geld oder die Gestalt oder die Position dafür besitzen. Das ist Güte.

Ich strebe danach, gütig zu sein, und ich hoffe, meine Taten sind gütig. Ich hoffe, wenn ich nicht mehr da bin, wird mich irgendwer irgendwo auf der Welt so beschreiben. Denn mein Leben ist eine Reise, auf der ich versuche, so viel zu geben, wie ich empfange. Güte heißt Mitgefühl. Wir können gütig und großzügig sein, aber gefallen lassen müssen wir uns nichts. Und wem wir zuallererst Güte entgegenbringen müssen, sind wir selbst.

Grandma gehörte zum Team «No Shit». Als sie jünger war, besuchte sie eine Zeit lang ein Seminar in ihrer Kirche, um einen Rang höher zu kommen. Sie war die erste Frau überhaupt, der die Teilnahme gestattet wurde, also war das ein richtig großes Ding! Als sie sämtliche Anforderungen erfüllt hatte und bei der Kirche anrief, um mitzuteilen, dass sie ihre Gedenktafel abholen kommen würde, meinte der Pastor, er würde ihr keine geben. Als Grandma das hörte, machte sie sich gerade, zog ihre Hosen an und setzte sich in Gang. Mama Fáloyin trug Hosen nicht allzu oft, musst du wissen. Normalerweise bevorzugte sie ein Kleid oder einen Kaftan. Hosen trug sie nur aus zweierlei Gründen: entweder weil ihr kalt war oder weil sie in den Kampf zog.

Nun, als sie in der Kirche in ihren Kampfhosen auftauchte, wollte der Pastor keine Probleme, also ging er in sein Büro und schloss die Tür ab. Wer dachte er, wer er war, dass er ihr VERSAGEN durfte, was sie sich erarbeitet hatte?

Und was tat Mama Fáloyin? Sie machte sich vor seiner Bürotür breit und weigerte sich, zu gehen. «Bleiben Sie ruhig den ganzen Tag dort drin, ich bleibe hier und warte. Ich gehe nirgendwo hin, bevor Sie mir nicht meine Urkunde gegeben haben.» Mein Großvater, normalerweise ein Wächter des Friedens, unterstützte sie und sagte: «Besser, Sie geben ihr die Urkunde. Sie wird den ganzen Tag lang hier sein und ich direkt hinter ihr.» Ich LIEBE Rückendeckung vom Liebsten! Kurz und gut, sie verließ die Kirche mit dem, was sie haben wollte. Der Pastor, dem so etwas noch nie untergekommen war, lernte an jenem Tag, dass Fúnmiláyò Omo Lásórè keine war, mit der er leichtfertig umgehen konnte.

Sie wurde so geschätzt in dieser Kirche. Wenn sie mehrere Wochen lang fernblieb, schickten sie einen Besuchstrupp bei ihr vorbei, um zu schauen, ob es ihr gut ging oder ob ihr irgendetwas übel aufgestoßen war. Wirklich, sie liebten sie heiß und innig.

Als meine Großmutter 2011 in Nigeria verstarb, bestanden die hochrangigen Würdenträgerinnen darauf, sie selbst anzukleiden und es nicht dem Bestattungsunternehmen zu überlassen. Sie wollten ihr die bestmögliche Sorge zuteilwerden lassen. Sie wollten sie mit Liebe verabschieden.

Unsere ganze Familie flog nach Nigeria, um ihr einen anständigen Abschied zu bereiten. Ich war dabei, als Mama Fáloyin ihre letzte Waschung bekam. Ich weiß noch, wie ich auf alles zu achten versuchte, damit mir bloß nichts entging. Ich war mir sehr bewusst, dass ich Zeugin eines heiligen Rituals an einem heiligen Ort war. Selbst als mich die Chemikalien im Raum kaum mehr atmen ließen, traute ich mich nicht, mich zu bewegen. Die Tränen, die mir das Gesicht hinabliefen, waren nicht nur dem Formaldehyd geschuldet – sie zeugten auch von meiner Trauer und Dankbarkeit.

Ich erinnere mich, wie ich den Körper der Person betrachtete, die für mich der Inbegriff von Weiblichkeit war. Beim Ankleiden beteten die Frauen über ihr. Meine Tante hatte eines ihrer weißen Kleider ausgesucht, die sie für die Kirche trug (eine Soutane). Und alles geschah mit solch einer Sorgfalt. Wie sie eine von Grandmas liebsten lila Schärpen um sie legten, war ein heiliger Akt. Ich war zutiefst ergriffen von diesem Beweis grenzenloser Liebe. So sehr geliebt und wertgeschätzt zu werden, so offen und frei und in Fülle gelebt zu haben. Es bestärkte mich, denn das war das Inbild eines gut gelebten Lebens.

Sie lebte immer nach ihren eigenen Regeln, selbst wenn sie in die Enge getrieben worden war. Sie tat es freudvoll und aufrichtig, feurig und mit einer Menge Mumm.

Ein gut gelebtes Leben ist keins, in dem du jede Reibung im Raum zu vermeiden versucht hast. Ein gut gelebtes Leben ist keins, in dem du andauernd ein falsches Lächeln aufsetzt. In einem guten Leben geht es auch nicht darum, möglichst wenige Leute zu verärgern. Ein Leben ist dann gut gelebt, wenn du dich der Güte verpflichtet hast. Wenn du deine Menschlichkeit mit der von anderen verbindest und sich das an der Art, wie du durchs Leben gehst, zeigt. Das ist es, was wir tun müssen.

Wir werden andere gegen uns aufbringen. In manchen Geschichten, die andere erzählen, werden wir die Böse sein. Wir werden vielleicht sogar einige Brücken sprengen. Doch unser Wert bemisst sich nicht daran, wie sehr wir uns den Menschen, die wir kannten, fügten. Zuallererst müssen wir weniger Verrat an uns selbst begehen. Also, sei freundlich, aber lass dir nichts gefallen.

14. Kapitel

GRÜNDE EINE GANG

Wir fürchten den Verrat

Obwohl wir unser Leben lang nach Anerkennung streben, haben wir Angst davor, uns eine Gemeinschaft außerhalb der eigenen Familie aufzubauen. Ich kenne einen Haufen Leute, die sich dafür rühmen, als Ein-Mensch-Verein durchs Leben zu kommen. Wir kennen diese Leute. Und manchmal SIND wir diese Leute.

Das Ding ist aber: Wir BRAUCHEN andere Menschen.

Wir sind nicht zur Einzelgängerin oder zum Einzelgänger geboren. Selbst die Introvertiertesten und Launischsten von uns sind nicht dazu gemacht, fernab von allen anderen zu leben und sich an keine Menschenseele wenden zu können. Nicht ohne Grund ist Einzelhaft die schlimmste Gefängnisstrafe. Es bedeutet Folter, eine Person von jeglichem menschlichen Kontakt wegzusperren.

Wir brauchen Menschen, die uns bejubeln, uns ermutigen, uns herausfordern, uns tadeln, uns lieben und für uns da sind.

Doch wir fürchten uns davor, andere zu brauchen. Wir fürchten uns vor der Gemeinschaft. Wovor eigentlich genau?

Wir haben Angst, enttäuscht und hintergangen zu werden. Wir möchten nicht betrogen werden, und die Angst vor diesem Schmerz ist es, die uns oft davon abhält, uns so zusammenzutun, wie wir es sollten. Wir haben außerdem Angst vor Zurückweisung, und das ist auch eine Form von Verrat, oder nicht? Wir fürchten uns vor einem Schlag in die Magengrube, weil wir irgendwen zu nahe an uns herangelassen haben. Manche von uns haben von ihren Eltern eingebläut bekommen: «Traue niemandem.» Ihre Traumata schleppen wir mit uns herum. Ihre Ängste tragen wir in uns, bevor wir überhaupt ein grundlegendes Verständnis von der Welt besitzen.

Eine Truppe zu gründen bedeutet, sich mit Nicht-Blutsverwandten zu einer Gemeinschaft zusammenzuschließen. Verbindungen und Freundschaften und Bekanntschaften einzugehen und diesen Menschen Zugang zu uns zu gewähren. Diesen Zugang können sie aus freien Stücken nutzen und es genauso gut jederzeit sein lassen. DAS ist es, was uns Angst einjagt. Unsere Verwandten? Na, die sind ja irgendwie dazu verpflichtet, uns bei allem Bullshit die Stange zu halten, im Gegensatz zu allen anderen. Das heißt, wir sind den Launen der Menschen, die uns ans Herz gewachsen sind, ausgeliefert.

Wie ein Großteil unserer Ängste hat auch diese definitiv ihre Berechtigung. Menschen können unehrlich, selbstsüchtig, egozentrisch und noch so viel mehr sein. Sie geben uns genügend Gründe, uns in einem dunklen Zimmer einschließen zu wollen und niemals wieder ein Wort mit einem von ihnen zu reden. Ich habe also großes Verständnis für alle, die Team «Keine Neuen Freundschaften» oder Team «Überhaupt Keine Freundschaften» sind. Das Drama, das manche Leute in unser Leben hineintragen können, verleitet uns leicht zu dem Gedanken: «Ihr könnt mich alle mal. Ich bleib jetzt allein.» Das kann ich komplett verstehen.

Dennoch sollten wir dieser Versuchung auf keinen Fall nachgeben. Wir müssen uns zusammenrotten, und es muss außerhalb der Blutsverwandtschaft geschehen. Es ist ein Glücksspiel, und während manche von uns ein Riesenschwein haben, landen andere bei den miesesten Leitbildern ever. Und Leitbilder brauchen wir auf unserem Lebensweg. Die Verwandtschaft können wir uns nicht aussuchen, unsere wichtigsten Leitbilder, die unsere neue Familie werden sollen, schon.

Die Community, der wir angehören, bildet einen bedeutenden Teil unserer Identität. Sie BRINGT UNS BEI, was akzeptabel, respektabel und tolerabel ist, angefangen bei unserem Kleidungsstil und unserem Musikgeschmack, bis hin zu unseren Grundwerten. In deinem Freundeskreis raucht kein Mensch? Nun, dann du wahrscheinlich auch nicht. In deinem Freundeskreis hat kein Mensch ein Diplom? Dann fiele es dir vermutlich auch nicht so leicht, eins anzustreben. In deinem Freundeskreis ziehen sich alle wie die Mitglieder der Addams Family an? Dann würden deine Chino-Shorts wohl etwas deplatziert wirken.

Unser Leben ist eine einzige große Gruppenentscheidung, sosehr wir auch versuchen, uns von den Launen anderer nicht beeindrucken zu lassen. Es ist ein Henne-Ei-Problem: Suchen wir uns die Leute, mit denen wir herumhängen, danach aus, wer wir sind? Oder machen diese Leute uns zu dem Menschen, der wir sind? Obwohl es ganz schön beängstigend sein kann, wie viel Einfluss die anderen auf uns haben, plädiere ich dafür, diese Tatsache zu akzeptieren und zu unserem Vorteil zu nutzen.

Grandma war ein Alphaweibchen durch und durch. Sie heiratete aus freien Stücken und verlor sich nicht als «Frau von Emmanuel». In einer Zeit, in der es nicht nur okay, sondern total normal war, dass ein Mann seine Frau schlägt, machte sie diese Erfahrung nicht. Grandpa war zwar ohnehin nicht diese Art Kerl, doch wenn er Anstalten gemacht hätte, sich wie einer von ihnen zu benehmen, wäre er nicht Herr seiner Sinne geblieben. Denn Grandma konnte BOXEN. Sie stammte aus einer Familie von Boxern. Sie war die nigerianische Miss Sofia, und Geschichten zufolge schüttelte Grandpa nur den Kopf und räumte einfach das Feld, wenn sie wütend war.

Einmal saß sie in Nigeria im Auto, mein Onkel hinterm Steuer und eine meiner Tanten auf dem Beifahrersitz. Plötzlich wurde ihnen von einem Wagen der Weg versperrt, und statt sich zu entschuldigen, beschimpfte sie der Fahrer nur. Mein Onkel hielt an und stieg aus. Es hätte sich vermuten lassen, Grandma sei daraufhin beschwichtigend tätig geworden. Aber weit gefehlt. Die gute Frau sprang selbst aus dem Wagen, packte den Fahrer am Schlafittchen und drohte ihm und seinem Mitfahrer Prügel an. Das Ende vom Lied war: Die beiden fielen vor ihr auf die Knie, um sich für ihren mangelnden Respekt zu entschuldigen.

Wie ist sie so eine Teufelsbraut geworden? Da Grandma sich seit ihrem achtzehnten Lebensjahr allein durchschlagen musste, hatte sie sich wohl ein richtig dickes Fell zugelegt. Und irgendwann in dieser Zeit rottete sie sich mit anderen toughen nigerianischen Frauen zusammen, die sich ebenfalls nichts gefallen ließen. Ob sie verheiratet waren oder nicht, diese Frauen wussten zu LEBEN. Sie haben Grandma nie ausgeredet, Raum einzunehmen. Im Gegenteil, ihre Truppe pushte und bekräftigte sie, wenn sie mal wieder die Kampfhosen anziehen und irgendwem zeigen musste, wo der Hase langläuft! An ihrem sechzigsten Geburtstag standen sie direkt neben ihr, in denselben Farben, und schauten wie die stolze Verteidigungstruppe aus, die wir uns alle wünschen. Ihren «Wir tragen Sonnenbrillen auch im Dunkeln»-Look hatten sie bestimmt abgesprochen.

Mutige Frauen rocken das Leben gemeinsam mit anderen mutigen Frauen, weil wir einander Raum schaffen und uns in Identitäten bestätigen, die von der Gesellschaft gern schnell angeprangert werden. Wir normalisieren gegenseitig unseren Wagemut, wodurch wir selbstbewusst hinaus in die Welt gehen können. Das geht beinahe so weit, dass du dich leicht deplatziert fühlst, wenn du nicht erhobenen Hauptes deine Frau stehst. Die Wehrhaftigkeit meiner Freundinnen erinnert mich meist daran, wer zur Hölle ich bin und warum ich mich ebenso wacker schlagen muss, und für dieses Geschenk werde ich ewig dankbar sein.

Die Menschen, von denen wir umgeben sind, bekräftigen in der Tat unser Leben und unsere Entscheidungen. Unter ihrem Gruppendruck verbessern wir uns, denn diese Menschen direkt vor unserer Nase inspirieren uns zu unserem bestmöglichen Ich. Ich hasse zum Beispiel Fitnessübungen, weil sie sich währenddessen und besonders anschließend ätzend anfühlen. Und alle, die das Gegenteil behaupten, lügen. Trotz dieser festen Überzeugung mache ich hin und wieder Fitnessübungen, und zwar einzig und allein deshalb, weil meine Freundinnen sich fit halten. Klar, ist es auch gut für mein Herz-Kreislauf-System und bla, bla, bla, aber manchmal will ich einfach nicht außen vor sein und überwinde mich deshalb zu zehn Minuten Seilspringen.

Eine starke Community brauchst du außerdem, weil sie dich hochzieht, wenn du es selbst nicht kannst. Wenn dich die Leute herablassend behandeln oder dir das Gefühl geben, du seist es nicht wert, geliebt oder verteidigt zu werden, dann rückt dir deine Truppe den Kopf zurecht. Wenn du alles infrage stellst, erinnern sie dich daran, wer du bist. Die echten Freundinnen und Freunde nehmen nicht Reißaus, wenn du auf die Schnauze gefallen bist. Sie sind für dich da, sie nehmen deine Hand und ziehen dich zurück auf die Beine. Vergiss das nicht.

Meine ganzen Errungenschaften habe ich zur einen Hälfte meinem Tatendrang zu verdanken, zur anderen der Tatsache, dass ich keinen halbgaren Leute hinter mir habe. Meine Freundinnen und Freunde machen richtig tolle Sachen, also ist das auch meine Aufgabe. Wären sie faule Säcke, würde ich weniger Druck verspüren, immer VORWÄRTS zu pushen. Ohne Konkurrenzgedanken oder Neid können wir uns mit ihnen vergleichen, im Sinne von: «Gut, wenn sie das schafft, schaffe ich das auch». Meine Truppe macht Gewinnen zur Normalität.

Wie schon im ersten Kapitel besprochen, ist das Wissen darum, wessen wir sind, unabdingbar. Wem entstammen wir? Auf wen erheben wir Anspruch? Bei diesem WER geht es nicht nur um unseren Nachnamen oder unsere Abstammung. Ich erkläre hiermit in aller Bestimmtheit, dass ich auch zu einer Truppe megamäßiger Freundinnen gehöre.

Der Unternehmer Jim Rohn prägte den folgenden Gedanken: «Du bist die Summe der fünf Menschen, mit denen du die meiste Zeit verbringst.» Das erscheint mir sehr wahr. Auch wenn bei mir die Zahl nicht fünf ist, bin ich doch die Summe der Communitys, von denen ich in meinem Leben umgeben gewesen bin. Wie weit ich kommen konnte, stand in direktem Zusammenhang mit diesen Leuten. Wie glatt oder holprig alles lief, lag an diesen Leuten. Dass ich große Träume habe, ist auch auf ihr Selbstvertrauen zurückzuführen.

Abgesehen davon, wie sehr wir uns gegenseitig aufbauen, ziehe ich wahnsinnig viel daraus, dass mich meine Freundinnen und Freunde auch mehr als alle anderen herausfordern. Den Ausdruck «meiner Schwester Hüterin» oder «meines Bruders

Hüterin» nehmen wir wörtlich. Auch weil wir diejenigen repräsentieren, zu denen wir gehören. Wir verkörpern sie.

Wir fordern einander heraus. Denn wenn ich deine Hüterin bin und gerade Wache habe, darf deine Unterwäsche nirgendwo hervorlugen. Mit Fehlern darfst du nicht davonkommen; sonst würde ich dich den Geiern zum Fraß vorwerfen, wenn ich so täte, ich hätte alles gecheckt. Es geht darum, einander zur Verantwortung zu ziehen und zurate zu ziehen (nicht zur Rede zu stellen), wenn wir auf die Schnauze gefallen sind. Wenn du verdammt miese Entscheidungen triffst, sollen deine Freundinnen und Freunde dich am Schlafittchen packen und dir sagen dürfen, dass das kein Dauerzustand werden darf. Ein Freundeskreis, der das tut, ist ein Geschenk und wird stets dafür sorgen, dass wir die Version unseres Ichs sind, auf die wir stolz sein können. Ansonsten müssten wir ihnen Rede und Antwort stehen, und das Tamtam wollen wir uns nicht antun.

Sich eine richtig gute Community aufzubauen, hält so viele Belohnungen für dich bereit, dass die damit einhergehende Angst nicht lohnt. Ich habe mich in meinem Leben schon so oft betrogen und sitzen gelassen und zurückgewiesen gefühlt von Menschen, die ich in mein Leben gelassen hatte. Das geht uns allen so. Ein paarmal hat es mich richtig umgehauen. Doch ich habe auch im Hinterkopf, was andere für mich schon alles getan haben oder wie sie mir Auftrieb gegeben oder mich weitergebracht haben. Diese Momente schlagen die Momente des Verrats bei Weitem. Sie bestätigen mir, dass ich nie ganz zumachen darf.

Mit «Bilde eine Gang» meine ich nicht «Freunde dich mit allen an». Wir können mehrere Gangs haben, jede für einen anderen Zweck und uns unterschiedlich nahestehend. Ich selbst habe mehrere Freundeskreise, die ich in unterschiedlichen Lebensphasen, an unterschiedlichen Orten kennengelernt habe, und die unterschiedliche Zwecke erfüllen. Manche Freundinnen und Freunde sind Mitglied unterschiedlicher Gangs. Auch das ist okay.

Wenn die Leute sich mit Freundschaften (und übrigens auch Beziehungen) schwertun, liegt das teils daran, dass sie meinen, eine Person müsste sämtliche ihrer Bedürfnisse befriedigen. Wir erwarten von unseren Freundinnen und Freunden, dass sie uns beraten, mit uns feiern gehen, uns herausfordern und die Schulter sind, an der wir uns ausweinen können. Ja, dafür sind Freunde da. Aber das kann nicht nur eine Person allein auf sich nehmen. Diese Verantwortungen solltest du auf mehrere Schultern verteilen.

Wenn wir begreifen, dass die Leute unterschiedliche Zwecke in unserem Leben erfüllen und nicht alle dieselbe Rolle, an die dieselben Erwartungen geknüpft sind, einnehmen können, ist es auch weniger wahrscheinlich, dass wir uns verraten und zurückgewiesen fühlen.

Meiner Meinung nach brauchen wir fünf verschiedene Arten von Gangs.

1. Die Tag-eins-Leute

Das sind die Freundinnen und Freunde, die du seit Kinder- oder Jugendtagen kennst und die deinen Reifeprozess begleitet haben. Es sind diejenigen, die jederzeit peinliche Fotos von dir hervorkramen können, weil sie jede Menge davon haben. Sie können sich noch an deine schiefen und krummen Zähne erinnern und dich in Sekundenschnelle demütig werden lassen. Weißt du noch, wie du in der achten Klasse Windpocken bekamst? Sie schon! Sie haben sogar Beweise. Sie verwenden vielleicht sogar einen Spitznamen, den sonst kein Mensch kennt. Ihr seid zusammen in die Schule gegangen oder habt im selben Viertel gewohnt. Diese Leute haben dich schon gekannt, als ihr große Ziele oder irgendeinen Plan hattet und grässlich aussaht, und ihnen ist es total egal, was du heute beruflich machst.

Warum ist es wichtig, solche Leute zu haben? Weil sie dir den Spiegel vorhalten, wie du früher einmal warst. Und während du auf Konferenzen gehst oder neue Leute kennenlernst oder befördert wirst, dienen sie dir als Erinnerung daran, wie weit du gekommen bist und wie du früher warst, als du noch davon geträumt hast, die zu sein, die du heute bist. So erfolgreich deine Tag-eins-Leute auch werden mögen, die Tatsache, dass du mit ihnen in Erinnerungen schwelgen und Geschichten wieder aufwärmen kannst, bei denen du dir vor Lachen beinahe in die Hose machst, ist einfach grandios. Diese Leute, die dich kannten, als du rein gar nichts vorzuweisen hattest oder noch in Jerseykleidern rumgerannt bist, sie erden dich.

2. Die Arbeitscrew

Das sind die Leute, die du im beruflichen Kontext kennengelernt hast. Enge Arbeitskolleginnen und Arbeitskollegen fallen auch darunter. Ihr habt euch während eines Praktikums oder eines Jobs oder eines Branchentreffens gefunden. Ihr holt euch zusammen einen Kaffee oder geht nach der Arbeit in die Kneipe. Sie vertreten dich in einem wichtigen Meeting oder geben dir Vorabinfos zu einem neuen Projekt ihrer Firma, das dir einen

Aufstieg ermöglichen könnte. Diese Leute haben dich kennengelernt, als du beruflich weiterkommen wolltest oder total unzufrieden mit deinem Job warst.

Eurer gemeinsamen Erfahrung wegen ist diese Crew so wichtig, denn sie können auf beruflicher Ebene ein Auge auf dich haben. Und dank eures gemeinsamen Hintergrunds kannst du dich bei ihnen ausführlich über die Arbeit auslassen, was du anderen lieber ersparen möchtest. Sie können eine Schlüsselrolle bei deiner Weiterentwicklung spielen, weil sie Einblicke haben, die kein anderer Freundeskreis hat. Das allein macht sie ungeheuer wichtig.

3. Die Mentorinnen und Mentoren

Diese Menschen stellen Respektfiguren für uns dar. Wir sind vielleicht nicht mit ihnen befreundet, aber sie stellen eine Art Rettungsinsel für uns dar, deshalb sind sie so unentbehrlich. Sie können als Uniprofessorin daherkommen, die zu deiner liebsten Vordenkerin geworden ist, oder als ehemaliger Chef, der von deiner Arbeit überzeugt war und sich für dein berufliches Weiterkommen eingesetzt hat, oder als Teilnehmerin einer Konferenz, mit der du dich super unterhalten hast und bei der du dich deshalb jederzeit melden kannst. Da sich die Mentorinnen und Mentoren auch für dein Leben jenseits des Geschäftlichen interessieren (weil sich unser Privatleben natürlich absolut auf unser Berufsleben auswirkt), vertraust du dich ihnen an. Sie sind sowohl Freundinnen / Freunde als auch Leitbilder.

Diese Leute sind der Wahnsinn, weil sie uns Türen öffnen können. Sie rücken unsere Träume in greifbare Nähe, weil sie an unserem Weiterkommen interessiert sind. Wir brauchen einen neuen Job? Vielleicht sind sie ja in der Lage, eine Person anzurufen, die wiederum selbst eine Person anruft, damit diese uns zum Vorstellungsgespräch einlädt. Unsere Mentorinnen und Mentoren fragen ganz proaktiv: «Wie kann ich dir helfen?», ohne dafür unbedingt eine Gegenleistung zu erwarten.

Es ist toll, was für einen Dominoeffekt sie in Gang setzen können. Eine meiner Mentorinnen (Barbara Allen) nominierte mich als Eröffnungsrednerin für das New Leaders Council in Chicago, wofür ich mich dann auch durchsetzte. Dort brachte ich meine Lebensvision zu Papier und sah sie zum ersten Mal in gedruckten Buchstaben vor mir – drei Monate, bevor man mich von meinem Marketing-Job feuerte. Viele dieser Träume sind tatsächlich wahr geworden. Barbara hatte mich einfach deshalb vorgeschlagen, weil sie fand, diese Gruppenerfahrung mit Gleichgesinnten täte mir gut. Meine Mentorinnen und Mentoren haben meinen Namen ins Spiel gebracht und mir dadurch zu Chancen verholfen, die ich sonst nicht gehabt hätte. Sie haben mir Türen geöffnet, die sonst verschlossen geblieben wären.

4. Der Feiertrupp

Das ist die Gang, mit der du Ausflüge und Urlaube machst, feiern gehst und abhängst. Ihr trefft euch, um füreinander da zu sein, euren Stress zu vergessen und Abenteuer zu erleben. Oft hast du diese Leute während des Studiums kennengelernt, wo es haufenweise Partys gab und das tropfnasse Abschwitzen in einem drückend heißen Klub deiner Vorstellung eines coolen Abends entsprach. Wahrscheinlich haben sie dich auch schon am Arm gepackt, als du irgendeinem indiskutablen Typen entgegengetanzt bist.

Der Feiertrupp ist wichtiger Teil deiner Selbstfürsorge, weil er dich daran erinnert, dass es im Leben nicht nur um Arbeit geht. Inzwischen tingelt ihr vielleicht nicht mehr jedes Wochenende durch die Kneipen, sondern betrinkt euch eher mittwochabends bei irgendwem daheim. Trotzdem sind das die Leute, bei denen du Dampf ablassen kannst, ohne dass sie dich dafür verurteilen. Sie bringen die Dinge ins richtige Gleichgewicht.

5. Die unerschütterlich Loyalen

Wenn du zwei oder drei Menschen dieser Sorte in deinem Leben hast, darfst du dich wirklich glücklich schätzen. Deine besten Freundinnen und Freunde sind eine wichtige Untergruppe, zu der nur besondere Menschen gehören.

Die unerschütterlich Loyalen sind diejenigen, die all deine Leichen im Keller kennen, und wahrscheinlich haben sie dir sogar dabei geholfen, sie dort runterzuschleppen. Bei ihnen zeigen wir unser wahrstes Ich, ohne Heucheleien oder Ängste. Sie haben uns in den schlimmsten Zuständen erlebt, halten aber den Platz frei, bis unser bestes Ich wieder zum Vorschein kommt. Sie werden für uns kämpfen, auch wenn wir es ihnen nicht erlauben. Sie kommen bei uns hereinspaziert und gehen direkt an den Kühlschrank, als ob sie bei uns wohnten. Deine Mom erkundigt sich wahrscheinlich einmal im Monat, wie es ihnen geht, und manchmal auch nicht, weil sie von ihnen schon angerufen worden ist. Insider-Witze gibt es zwischen euch zuhauf, und auch deinen Schlafsand am Morgen haben sie schon gesehen.

Unsere unerschütterlich Loyalen kennen wir automatisch am längsten von allen. Diese Leute haben sich irgendwie zu irgendeinem Zeitpunkt hinter uns gestellt und unser Herz im Sturm erobert. Wir wüssten gar nicht, wie wir ihnen NICHT vertrauen können, so oft haben sie uns schon gezeigt, dass wir sie nicht mehr loswerden. Hin und wieder werden sie uns enttäuschen und verärgern, weil wir alle nicht perfekt sind. Aber bei Freundschaften geht es nicht um Perfektion.

Jede dieser Gruppen ist unerlässlich, wenn wir eine ausgewogene Community haben wollen, und trägt ganz wesentlich zu unserem Wohlbefinden bei. Und diese Gruppen sind dynamisch. Wer in der einen angefangen hat, muss dort nicht unbedingt für immer bleiben. Ein paar meiner Freundinnen habe ich auf beruflicher Ebene kennengelernt, und mittlerweile gehören sie zu den unerschütterlich Loyalen.

Jede Gruppe spielt außerdem eine andere Rolle und füllt eine andere Lücke. Die berufliche Crew ist vielleicht nicht unbedingt diejenige, der wir von unserem Beziehungsfrust erzählen. Der Feiertrupp ist vielleicht nicht unbedingt die Gruppe, bei der du dich nonstop darüber auslässt, warum du deinen Job kündigen willst. Und die unerschütterlich Loyalen möchten vielleicht nicht andauernd ausgehen. Wobei manche unserer Leute auch in mehrere (oder sogar alle) Kategorien passen, und das ist dann ein richtiger Jackpot. Ein Tag-eins-Mitglied, das irgendwann angefangen hat, mit dir zusammenzuarbeiten, und so gerne feiern geht wie du UND zufällig auch noch etwas erfahrener ist? Wie wahrscheinlich ist das? Nicht sehr.

Lebe damit, die Leute in Schubladen zu stecken und sie nicht damit zu stressen, irgendetwas anderes für dich zu sein. Nicht all unseren Freundinnen und Freunden liegen unser Leben und unser Wohlbefinden gleichermaßen am Herzen. Aber wenn die eine Gruppe etwas vielleicht nicht versteht, wird es eine andere verstehen.

Konflikte können immer aufkommen, Freundschaft bedeutet schließlich nicht hundertprozentige Harmonie. Mit anderen durch dick und dünn zu gehen, trifft nicht nur auf die Ehe, sondern auch auf Freundschaften zu. Hin und wieder baust du Mist und tauchst eine Zeit lang unter, weil dir das Leben in die Quere kommt, doch ein Fehler oder ein verpasster Geburtstag heißt nicht, dass du entbehrlich bist. Deine Freundinnen und Freunde werden außerdem das Gleiche tun. Falls aber irgendetwas einmal gar nicht gehen sollte, sprecht euch aus, auch wenn es total unangenehm ist. Manchmal kannst du die Sache dann hinter dir lassen, manchmal vielleicht auch nicht.

Gibt es in meinem Leben Tag-eins-Leute, mit denen ich heute nicht mehr rede? Na klar. Sind bei mir aus beruflichen Freundschaften schon einmal öffentliche Feindschaften geworden? Ein paarmal. Sind manche Mentorinnen und Mentoren aus meinem Leben verschwunden, als sie das Gefühl hatten, ich sei meinen Weg so weit gegangen, dass sie mir nicht mehr weiterhelfen können? Absolut. Und jedes Mal gehe ich in mich und suche nach meinem Anteil an dieser Entwicklung, weil nichts jemals einseitig ist. Dann überlege ich, wie ich es das nächste Mal besser machen kann. Es ist immer sehr verlockend, das mit den Freundschaften einfach ganz sein zu lassen. Wenn ich das aber 2006 getan hätte, als eine enge Freundin mir per E-Mail die Freundschaft kündigte, wäre ich nicht offen für das Kennenlernen einer neuen Freundin gewesen, die sich später zu einer unerlässlich Loyalen entwickelt und Berge für mich versetzt hat, als ich es dringend brauchte.

Trotzdem wird es natürlich vorkommen, dass du einen Menschen komplett loslassen musst. Woher weißt du, wann die Zeit reif ist? Wenn dich der Gedanke an diesen Menschen stresst. Und wenn er noch dazu deine Selbstachtung schwächt, muss er womöglich sogar in hohem Bogen aus deiner Community geworfen werden. Er ist allerdings nicht zu verwechseln mit der Person, die dich für deine Fehler angeht und verlangt, dass du dich besserst. Wer aber gemein zu dir ist und dich mies in deiner

Haut fühlen lässt, von dieser Person musst du dich frei machen. Wenn du dich in Krisenzeiten auf diesen Menschen nicht verlassen kannst, gehe auf Abstand, das ist völlig in Ordnung.

Ich bin ein sehr loyaler Mensch, deshalb fällt es mir echt schwer, den Kontakt abzubrechen. Wenn ich es tun muss, dann weil ich erkannt habe, dass mir diese Person kein Wohlwollen mehr entgegenbringt, oder weil sie irgendetwas an sich hat, weswegen ich ihr nicht mehr hundert Prozent vertraue, wodurch ich mich zurückhalte und kaum noch offen sein kann. Oder wir haben uns einfach auseinandergelebt.

Nicht alle werden uns auf unserem Lebensweg durchgängig begleiten. Die Freundinnen und Freunde, die wir heute haben, werden morgen vielleicht andere sein. Unsere Freundschaften verändern sich im Laufe unseres Lebens. Manche lassen wir zurück.

Wenn wir Angst vor Freundschaften haben, steckt die Angst vor Verrat dahinter, und die ist ganz real. Du darfst natürlich nicht JEDEM Menschen vertrauen, das ist klar. Wenn du aber keiner Menschenseele vertraust, ist das eine todsichere Methode, um Wände aus Titan um dich herum zu errichten, die nie wieder durchbrochen werden können. Entweder lernen wir, den Schutzwall für unsere Verbündeten unten zu lassen, oder wir lassen ihn oben und schützen uns damit sowohl vor denjenigen, die uns scheitern sehen wollen, als auch vor denjenigen, die für uns kämpfen. Schutzwälle halten die Schurken fern, na klar. Aber sie halten eben auch die Heldinnen und Helden fern. Während wir dabei sind, uns vor den Hinterhältigen in Acht zu nehmen, versäumen wir es, uns mit den Guten zusammenzutun. Ich persönlich nehme das Risiko auf mich. Ich bin vorsichtig offen und gebe den Leuten einen Vertrauensvorschuss. Bis zum Beweis des Gegenteils.

Trotz einiger Freundschaftsverluste, trotz des gelegentlichen

Gefühls des Verrats und all dem, habe ich es meiner FRAMILY zu verdanken, dass ich heute stehe, wo ich stehe. Auf der Karriereleiter wird die Luft manchmal verdammt dünn. Es kann sich sehr einsam anfühlen, Orte zu betreten, an denen ich die EINZIGE oder eine von zweien bin. Doch ich weiß, dass ich meine Schwestern hinter mir habe, und das ist wie ein unsichtbares Sicherheitsnetz.

Im besten aller Fälle finden wir Freundinnen und Freunde, an denen wir festhalten und mit denen wir uns gemeinsam aufschwingen können. Tauscht eure Meinungen aus, seid euch gegenseitig Resonanzkasten und manchmal auch Sprungbrett. Puffert euch ab, wenn ihr auf die Nase fallt. Eine Person mag den ganzen Tag nur herumblödeln und dich im Zweifel trotzdem wunderbar abfedern.

Wie stellst du es also an? Wie baust du dir eine solche Community auf? Gehe die Sache ganz bewusst an. Bau dir eine Truppe auf, die dir hundertprozentig den Rücken stärkt, dich zur Verantwortung zieht und aus den tiefsten Tälern wieder emporzieht. Und um eins klarzustellen: Ich meine nicht, dass du irgendwen stalken sollst. Klappe bitte nicht das Buch zu und erzähle allen, Luvvie meint, du sollst «die Sache ganz bewusst angehen», ergo «gehe den Leuten so lange auf die Nerven, bis sie nicht mehr anders können, als Ja zu sagen». So meine ich das ganz bestimmt nicht! Gut, dann wäre das ja geklärt.

In einer Freundschaft führen wir keine Punkteliste, wer die bessere Freundin oder der bessere Freund ist oder wer der oder dem anderen mehr Gefallen getan hat. In einer Freundschaft geht es darum, bei Bedarf auf die beste uns mögliche Weise da zu sein. Es geht um Taten, Worte allein sind sinnlos und leer. Sei einfach für deine Freundinnen und Freunde da, besonders in Zeiten der Not.

Um die Freundin zu sein, die du selbst gerne hättest, musst du außerdem Mut zur Verletzlichkeit zeigen. Unsere Angst vor Verrat ist legitim, doch sie darf nicht dazu führen, dass wir alle auf Distanz halten. Tun wir das, wissen die anderen nicht, wer wir sind, was wir brauchen und wie dope wir sein können. Wie sollen wir unseren Kameradinnen und Kameraden Liebe geben und Gutes von ihnen empfangen, wenn wir uns ihnen nicht öffnen? Uns dieses Risikos bewusst zu sein, darf uns nicht davon abhalten, ganz wir selbst zu sein. Wenn eine Freundschaft dann doch ein Ende genommen hat, wissen wir wenigstens, dass wir uns uneingeschränkt hineingegeben haben.

Ich glaube außerdem daran, dass Qualität wichtiger als Quantität ist. Wie heißt es so schön: Wir können uns glücklich schätzen, wenn wir zwei gute Freundschaften haben. Ich kann mich also richtig glücklich schätzen, weil ich sogar mehr als zwei habe. Wobei ich auch hoffe, dass es auch an meiner jahrelangen Arbeit an mir selbst liegt, durch die ich zu einer besseren Freundin geworden bin. Gute Freundschaft beruht schließlich auf Gegenseitigkeit, nicht wahr? Ich kann nicht erwarten, gute Freundinnen und Freunde zu haben, wenn ich selbst keine bin.

Um Mitglied einer erstklassigen Truppe zu sein, musst du jegliches Konkurrenzdenken ausschalten. Zwischen dem Gefühl des Beflügeltseins und dem des Neids in Anbetracht der Erfolge unserer Freundinnen und Freunde verläuft ein nicht sehr schmaler Grat. Bist du ein Mensch, der sich durch die Triumphe anderer bedroht fühlt? Oder bist du ein Mensch, der in lautes Jubeln ausbricht, weil er sich aufrichtig über die Errungenschaften seiner Community freut? Wenn Ersteres auf dich zutrifft, dann mache dir weniger Gedanken darüber, wie du eine tolle Truppe zusammenstellst, sondern eher, wie du die andere Sorte Freundin wirst. Diese Arbeit lohnt sich.

Um an die schlagkräftige Truppe deiner Träume zu gelangen,

wirst du dich außerdem ständig weiterentwickeln müssen. Ich bin schon oft gefragt worden, wie ich an diese tollen Freundinnen und Freunde gekommen bin und was ich dafür getan habe. Nun, ich habe mich und meinen Beruf weitergebracht, bin dadurch an großartigen Orten gelandet und habe großartige Chancen bekommen, die wiederum dazu geführt haben, dass ich großartige Bekanntschaften machen konnte. Ausschlaggebend war, dass ICH mich weitergebracht hatte. Ich wurde eine bessere Freundin. Ich wurde reifer. Wurde doper. Du ziehst die Leute an, die dir ähnlich sind. Ich habe keine Freundschaften erzwungen.

Außerdem wirst du dafür sorgen müssen, dass sich die Leute für dich verbürgen können. Mach es deiner Truppe leicht, deine wandelnden Empfehlungsschreiben zu sein. «Es kostet ja nichts, mal meinen Namen zu nennen», sagen manche. Aber ich bin da etwas anderer Ansicht. Wenn ich deinen Namen ins Spiel bringe, ist das eine ausdrückliche Empfehlung. Setzt du die Sache daraufhin in den Sand, wirkt sich das negativ auf meinen Ruf und meinen Namen aus. Meine Truppe weiß, dass sie mich für einen Job empfehlen können, weil ich antreten und die Sache rocken werde! Andersherum genauso. Wenn ich mich in ihrer Abwesenheit für sie verbürge, dann weil ich darauf bauen kann, dass sie sensationell abliefern werden. Meine Freundinnen und Freunde haben nicht unbedingt Anspruch auf meine Plattform, aber wenn sie supertolle Sachen machen, werde ich darüber reden. Ich werde meine Plattform nutzen, weil ich weiß, du wirst mich nicht ausnutzen, wenn ich dir meinen Stempel aufdrücke. Halte bei der Zusammenstellung deines Freundschafts-Dream-Teams nach Leuten Ausschau, die an deine Arbeit glauben, die aber selbst auch gute Arbeit machen.

Unsere Freundinnen und Freunde sind Teil unsers Lebensgefüges. Wähle die wunderbarsten Leute aus, die du kennst, und bleibe bei ihnen. Stelle mit großer Sorgfalt eine Crew zusammen, die dich anfeuert, herausfordert, nach dir sieht und darauf eingeschworen ist, sich ein grandioses Leben mit dir zu machen. Erkenne die Menschen, die es total draufhaben, dich hoch-, nicht runterzuziehen.

Finde deine Leute. Halte sie gut fest. Und wisse, du hast einen festen Platz. Während ihr gemeinsam über euch hinauswachst.

15. Kapitel

FREUNDE DICH MIT EINER NIGERIANERIN ODER EINEM NIGERIANER AN

Wir fürchten Wildheit

Nigerianer*innen sind weltberühmt für ihre Großmäuligkeit, leben überall auf diesem Planeten, haben einen Haufen enge Freundinnen und Freunde und sind für ihre Cleverness bekannt. Wir sind Legion, also hört unser Getöse.

Ich glaube, alle brauchen mindestens eine*n nigerianische*n Freund*in, Sandkastenkumpel oder Tante im Leben. Wirklich. In einer von Angst regierten Welt, in der wir uns immer mehr ans Duckmäusern gewöhnen, brauchen wir etwas rowdyhafte Energie in unserem Umfeld, die sich den Raum einfach so nimmt, ohne sich dafür zu entschuldigen. Hier kommen die Nigerianer*innen ins Spiel. Ich behaupte nicht, dass andere diese Energie nicht auch besäßen, aber irgendetwas haben die Naijas eben an sich, dass wir sie bei ihnen garantiert vorfinden. Wir sind die Abgeordneten des Team

«No Shit». Wir bringen Farbe in dein Leben. Wir geben dir etwas von unserem Wagemut ab, wenn du ihn jemals brauchst.

Warum wird dein Leben besser, wenn du eine*n Nigerianer*in an deiner Seite hast? Lass mich die Gründe aufdröseln.

Wir sind großartige verbale Kämpfer und Kämpferinnen. Körperlich zu kämpfen, haben wir gar nicht nötig, weil wir mit unserer Zungenakrobatik alle besiegen. Unsere Widersacher und Widersacherinnen werden wir mit unseren Worten vernichtet haben, bevor sie uns schlagen können. Du brauchst Soldatinnen des Wortes und herausragende Hitzköpfe in deinem Team, weil wir für dich ins Gefecht ziehen, ohne jemals eine Waffe in die Hand zu nehmen oder die Fäuste zu gebrauchen.

Wenn du genügend Nigerianer*innen außerhalb des beruflichen Kontexts kennst, weißt du wahrscheinlich, dass Beleidigungen Koseworte für uns sind und unsere liebste Freizeitbeschäftigung darstellen. Das hat (meistens) nichts mit Boshaftigkeit zu tun, wir genießen es einfach, unser Gegenüber liebevoll Demut zu lehren, indem wir uns Worte um die Ohren hauen.

Weißt du, von Kindesbeinen an lassen unsere Eltern und Familienmitglieder mit hemmungslosem Leichtsinn Beleidigungen auf uns herabregnen. Und wenn sie gerade nicht gegen uns wettern, richten sie ihre Missachtung gegen andere, und so haben viele von uns schon früh gelernt, die Leute mit Worten zu Fall zu bringen. Wir haben außerdem verinnerlicht, dass wir nicht nur uns nahestehende Menschen, sondern auch Fremde in solcherlei Ungnade bringen können, die zumindest für exaltierte Empörung sorgt. Im verbalen Beschämen macht uns also kein Mensch etwas vor.

Viele von uns können sich noch an einige der verbalen Prügel erinnern, die wir kassiert haben. Bist du je so schlimm beschimpft worden, dass du rein gar nichts entgegnen konntest? Stattdessen läuft dir eine einzige Träne die Wange hinab, in Trauer über deine vormals intakte Psyche.

Aber jetzt kommt's: Ich gehöre dem Volk der Yorùbá an, und wir reden in Bildern. Unsere Sprache ist äußerst deskriptiv und enthält viele Worte, die in anderen Sprachen nicht vorkommen. Unsere Beleidigungen sind daher aus anderem Holz geschnitzt. Wir verwenden eine liebliche Sprache mit vernichtender Wirkung. Und ein Teil dieser Lieblichkeit geht beim Übersetzen verloren. Alles, was ich weiß: Mit Zungen, die Egos vernichten, müssen die Yòrubá Pioniere der Schmähkunst sein.

Es gibt zwei Arten von Beleidigungen: Solche gegenüber Menschen, die wir lieben und für die wir alles tun würden, denen aber von Zeit zu Zeit etwas Demut eingeflößt werden muss, wenn auch nur im Spaß. Und solche Beleidigungen, die wir gegenüber unseren Widersacherinnen und Widersachern gebrauchen. Bei dir sorgen vielleicht beide Arten für Empörung, aber glaube mir, sie sind unsere Art der Begrüßung.

Noch vor dem Mittagessen hast du womöglich zu hören bekommen, du seist eine unnütze Ziege oder töricht und planlos. Was ich mir wegen meiner spitzen Zunge *sehr oft* anhören musste, als ich klein war: «Ẹlẹ̀ẹ̀kẹ́ èébú ni ẹ́.» Das bedeutet: «Du hast die Wangen voll mit Beleidigungen». Ich kann nichts dafür. Das diente nur der Vorbereitung auf mein heutiges Ich.

Anders sieht es aus, wenn wir gerade eine schlechte Entscheidung getroffen haben und die Leute uns wissen lassen wollen, wie sehr sie diese missbilligen. Dann kommen solcherlei Sätze auf uns nieder:

- «Big for nothing ijot (idiot).» («Du machst dich größer, als es dein Verstand erlaubt. Blas dich nicht so auf.»)

- «See your head like a four corner cabin biscuit.» («Du bist so ein Quadratschädel. SpongeBob Schwammkopf ist nichts gegen dich.»)

- «Your head is so big with its five cardinal points corners. N, S, E, W and D for Dummy point!» («Dein Kopf ist so riesig, mit seinen fünf Himmelsrichtungen. N, S, O, W und R für Richtung Dummheit.») Klar, gute Idee, mich mit Geografie zu beleidigen, so lerne ich wenigstens noch was!

- «Ó wú bi búrẹ́dì to já sí omi.» («Du bist so aufgequollen wie ein in Wasser aufgeweichtes Stück Brot.») Das trifft dich besonders hart, wenn du es zu hören bekommst, NACHDEM du dich über die erste Beleidigung aufgeregt hast. Könnte Tränen zur Folge haben.

- «If I slap you, you'll see heaven.» Soooo, du möchtest mich also in eine andere Dimension prügeln. Muss das sein? Die Tracht Prügel wird zwar gar nicht kommen, aber die Drohung reicht, dass ich mein ganzes Leben überdenke.

Wir fallen andauernd übereinander her. Einige der Beleidigungen ergeben gar keinen Sinn und schmerzen trotzdem wie Hölle, wenn sie dir entgegengeschleudert werden. Die Nigerianer*innen in der US-amerikanischen Diaspora lieben das Spiel «Dirty Dozens», bei dem sich zwei Menschen so lange gegenseitig beleidigen, bis einer der beiden aufgibt. Und wir machen kein Fair Play – die Seele des Gegenübers muss Schaden nehmen. Manche von uns müssen sich heute noch davon erholen oder machen Therapie, um mit den damit einhergehenden Schmähungen und Verletzungen klarzukommen. Wow.

Das Einzige, das es etwas erträglicher macht: Wenn du siehst, dass nicht nur auf dich mit Verleumdungen eingedroschen wird. Alle bekommen gleich viele ab, deshalb nimmst du sie weniger persönlich. Ein Silberstreif am Horizont, nicht wahr?

Wenn unser Gegenüber uns auch noch Schaden zugefügt hat und wir ihm gegenüber keine Loyalität empfinden oder ihn nicht einmal kennen, wird es noch übler. Hier kommen die fünf brutalsten an Widersacherinnen und Widersacher gerichteten Beleidigungen, die ich je gehört habe:

- «The Thunder that will strike you down is still doing push-ups.» («Der Blitz, der dich vernichten wird, macht gerade noch Push-ups.») Nicht genug, dass dich der Blitz treffen soll, nein, ich sage dir, er stählt gerade seine Muskeln, damit er es mit größtmöglicher Kraft vollstrecken kann. WOUH!

- «If I want to kill myself, I will climb to your level of stupidity and jump over your IQ.» («Wenn ich mich umbringen möchte, steige ich zu deiner Dummheit hinab und hüpfe über deinen IQ.») Allmächtiger! Deine Torheit ist auf allerhöchstem Niveau und dein Verstand auf dem Tiefstand.

- «They didn't born you or your forefathers well.» («Bei deiner Geburt oder der deiner Ahnen muss irgendetwas schiefgelaufen sein.») Müssen wir unbedingt die Vorfahren ins Spiel bringen? Was haben sie damit zu tun? Manchmal müssen wir eben einfach mit Schmutz um uns werfen. Und so funktioniert's.

- «Walking around like the unflushable toilet you are.» («Da gehst du wieder, du Toilette, die keinen Spülhebel hat.») Du laberst nur Bullshit, und mehr als dreckige Beleidigungen fallen dir nicht ein.

- «You're an article with no commercial value.» («Du bist eine Ware ohne jeglichen Wert.») Grundgütiger. Wie sind wir bloß da gelandet? Hier darf kein Mensch hin!

Du solltest jedenfalls wortkämpfen lernen, wenn du uns als Freundin oder Freund hast. Wenn wir die Leute nämlich deinetwegen verbal verhöhnen und verprügeln, könnte es passieren, dass wir zum Duell gefordert werden. Wer von mir ein «Standard-Bastard» oder «stilloser Clown» entgegengeschleudert bekommt, wird die Rechnung verständlicherweise begleichen wollen.

Unsere Beleidigungen sind eine Extrasorte Beef. Wäre das Ohrenlangziehen eine olympische Disziplin, wären die Nigerianer*innen alle in der Hall of Fame. Wir werden deinen Schimpf-Wortschatz vergrößern, der sparsam eingesetzt werden sollte, wenn eine Person es bei dir zu weit getrieben hat. Diese Leute nennen wir Aláṣejù (a-la-SCHEI-ju ausgesprochen). Dieses yorubische Wort bedeutet «Mensch, der zu viel getan hat».

Du musst diese Waffe nicht tagtäglich schwingen, aber wenn du es tust, versohlst du der anderen Person damit kräftig den Hintern. Ich siebe meine natürliche Wildheit normalerweise etwas heraus. Wenn die Leute also denken, ich würde es einer anderen Person gerade so richtig zeigen, sollten sie wissen, dass ich mich dabei noch zurückhalte. Ich kann noch viel schlimmer.

Das Ding ist: Deine nigerianische Freundin oder dein nigerianischer Freund dürfen dich vielleicht zum Spaß beleidigen, aber alle anderen sollten tunlichst die Finger davon lassen. Wir sind zutiefst loyal und lieben unseren engsten Kreis über alles. Du hast nichts (sprich: alles) zu befürchten außer unser Mundwerk.

Ein nigerianischer Gruppenchat sieht ungefähr so aus:

1. PERSON: Guten Morgen, ihr nutzlosen Dinger.

2. PERSON: Na du Knalltüte. Wie geht's dir?

3. PERSON: Oberziege vom Dienst, mir geht's gut.

4. PERSON: Hab dich auf Insta gesehen, superhot.

5. PERSON: Ey, wie, die anderen sehen alle toll aus, was ist mit mir?

6. PERSON: Vorsicht, du Großmaul, wer hat mit dir geredet?

Die reine Liebe! Merkst du nicht? Ha! Doch kein Mensch soll es wagen, eine*n von uns töricht oder nutzlos zu nennen, sonst rotten wir uns ganz schnell zusammen, weil sich auch die anderen angegriffen fühlen. Was natürlich rätselhaft ist. Einmal macht es dir nichts aus, das nächste Mal fühlst du dich sofort angegriffen. Wie geht das? Frag unsere Eltern. Sie sind die Königinnen und Könige der Widersprüchlichkeit. Sie lassen Beleidigungen auf dich herabregnen, aber wehe, du siehst verärgert aus. Dann sind sie sofort auch verärgert. Und beleidigt. Beleidigungen als Zeichen der Zuneigung sind die eine Sache. Sich angegriffen zu fühlen, ist etwas ganz anderes. Erinnerst du dich noch, wie dich diese Person auf der Party im Jahr 1977 nicht gegrüßt hat? Darüber wird sich heute noch aufgeregt, im neuen Jahrtausend.

Irgendwie schaffen wir es einen Bogen von «gar nichts persönlich nehmen» zu «alles persönlich nehmen» zu spannen. Wir haben gelernt, die Worte, mit denen wir beworfen werden, an uns abprallen zu lassen. Und fühlen uns gleichzeitig ganz schnell auf den Schlips getreten.

Sagst du zu deiner nigerianischen Freundin: «Du bist eine Null», lacht sie vielleicht sogar, weil sie sicher weiß, dass königliches Blut in ihren Adern fließt (auch wenn das gar nicht wahr ist). Deine Worte können ihrer hohen Meinung von sich selbst nichts antun. Aber wehe, du besuchst sie daheim und lehnst das dir dargebotene Essen ab. Dann wird sie sich furchtbar angegriffen fühlen, wie du es wagen kannst, ohne Hunger in ihrer Behausung aufzukreuzen und deshalb auf die Köstlichkeit des nigerianischen Jollofs zu verzichten. WAS FÄLLT DIR EIN??

Womit wir beim nächsten Punkt angelangt wären. Wir sind großartige Freundinnen und Freunde, weil wir dir unter die Arme greifen, wenn du einer Person etwas nachträgst, denn dann machen wir einfach mit. Das geht sogar so weit, dass wir dieser Person die Sache weiter nachtragen, wenn du deinen Groll längst aufgegeben hast. Es ist uns noch gut im Gedächtnis, wer dir was angetan hat und wann, auch wenn du es selbst schon längst vergessen hast. Und jedes Mal, wenn wir den Namen dieser Person hören, verziehen wir den Mund und zischen: «Soso, du und Jane, ihr vertragt euch also wieder? Kam sie auf Knien angerutscht? Verstehe. Tsss.» Und dann blicken wir weiter skeptisch drein. Nennt uns ruhig kleinlich, unsere Antwort darauf lautet: «Na und?»

Hier hätten wir einen weiteren guten Grund für eine*n nigerianische*n Freund*in. Bei dem Ertragen jahrzehntelanger

Verbalschläge ist uns Teflon-Haut gewachsen. Uns kann nichts so leicht erschüttern, und was andere über uns sagen, juckt uns oft nicht. Wenn du schon beim Frühstück zu hören bekommst, du seist ein Olódo (Dummkopf), was sollen die Leute dann noch sagen, das dich in der Seele verletzt? Du erzählst mir, ich werde es nie zu etwas bringen? Gut, dann ist es mein Job, dir das Gegenteil zu beweisen.

Und ich setze noch einen drauf: Du brauchst eine*n nigerianische*n Freund*in an deiner Seite, weil sie oder er dir so viel Selbstbestätigung gibt. Die ganzen Beleidigungen, die wir dir entgegenschleudern, gleichen wir nämlich mit ultimativem Anfeuern wieder aus. Kein Mensch kann dich so pushen wie wir. Auf ganzer Linie. So wie wir dich feiern, wird dein Kopf zu fünfmaliger Größe anschwellen. Und an diesem Punkt werden wir sagen: «Schau dir deinen Kopf an, groß wie eine Wasserbombe.» Weil: Ausgleich.

Stell dir vor, du hast dich schick gemacht und betrittst den Raum, in dem deine Freundinnen sind. Und du hörst: «Beim Blut von Gideon! Schaut euch Luvvie des Lebens an. Beste aller besten Babes! Nein, jede andere wäre eine miese Fälschung, denn keine könnte ihr jemals das Wasser reichen!» Oder: «Ewiger Herr im Himmel! Möchtest du, dass wir heute in Schönheit untergehen, Àbí? Auseinandertreiben und mit leeren Händen zurücklassen möchtest du uns, weil du beschlossen hast, im Antlitz der Königin von Saba zu uns hinabzusteigen!» Und manchmal tut es auch ein langgezogenes «WAAUUWWWW» (weil es ein schlichtes «Wow» einfach nicht bringt), bei dem die Hände an den Kopf geschlagen werden, für die Extraportion Ungläubigkeit. Probier mal, dich nicht sofort unantastbar zu fühlen, wenn dir so ein Empfang bereitet wird.

Grandma war Profi darin, Menschen das Gefühl zu geben, sie gingen auf Geldscheinen. Eine ihrer Freundinnen begrüßte sie jedes Mal mit «AH! Ọ̀rẹ́ mí àtàtà, MARIAMU ỌMỌ BÀBÁ GOD.» Übersetzt heißt das: «Meine wichtige Freundin Mariam, Kind Gottes.» Stell dir vor, du wirst bei jeder Begrüßung daran erinnert, ein Nachkomme von Alpha und Omega zu sein. Ich fühle mich auch schon einen halben Meter größer.

Wir lassen keine Bescheidenheit zu. BESCHEIDENHEIT! Welche? Wozu??

Im Pushen liegt eine Kraft, die weit größer ist als auf den ersten Blick ersichtlich. Wir flößen uns damit gegenseitig Selbstvertrauen und Mut ein. Wir drillen dich in Tapferkeit, damit du begreifst, wie dope du bist, wie dope du aussiehst und dass du von keinem Menschen aufgehalten werden kannst. Das ist besonders in beängstigenden Momenten nützlich, in denen du dich fragst, ob du einer richtig großen Sache gewachsen bist.

Deine Leute nehmen dir die Angst und werfen sie aus dem Fenster. Bei Herausforderungen geben sie dir das Gefühl, als stünde dein Erfolg schon fest, und das fühlt sich fantastisch an. Das Einzige, was Nigerianer*innen fürchten ist Gott, Jollof-Reis aus Ghana und enttäuschte Eltern. Alles andere? Kriegen wir hin.

Als Kinder und Jugendliche haben uns die Erwartungen unserer Eltern entweder gebrochen oder gepusht. Der Großteil von uns hat sich für den Satz nach vorn entschieden, weil Spitzenleistungen nämlich als normal galten. Es wurde einfach davon ausgegangen, dass du Großartiges im Leben leistest, also hattest du keinen Grund, das Gegenteil zu tun. Das ging so weit, dass du bei einer Zwei für die Hausaufgaben gefragt wurdest, ob denn irgendwer eine Eins bekommen hätte. Das hast du natürlich bejaht, woraufhin dich deine Eltern fragten, was an diesem Menschen wohl so anders sei. Warum hat er es besser hingekriegt? Dann stellten sie die zwielichtige Frage: «Hat dieser

Mensch zwei Köpfe?» Das hast du verneint, und daraufhin saßen sie da und schauten die Närrin an, die du in diesem Moment warst. Ob dieser Mensch besser sei als du? *Nein*. Warum hast du dann nicht auch eine Eins geschrieben?

Als Siebenjährige wolltest du vielleicht mit einem großen Aber kontern. Als Erwachsene kann ich jedoch auch die Vorteile dieser Einstellung sehen. Ein Großteil von uns hat sie verinnerlicht, und aus uns sind Erwachsene geworden, die bei ihren Freundinnen und Freunden, natürlich auf andere Weise, das Gleiche tun.

In einer meiner Crews kommen alle aus Westafrika. Wenn ich ihnen von einer tollen Chance erzähle, die ich ungläubig oder mit einem Hauch Hochstapler-Syndrom («OMG, ich fass es nicht!») entgegengenommen habe, rücken sie mir den Kopf wieder gerade: «Warum nicht du? Mit deinem ganzen großartigen Ich! Wer sollte es sonst sein? Genau genommen eine Frechheit, dass sie dich nicht schon früher gefragt haben.»

Warum nicht du? Die Rolle, für die du zum Vorsprechen gehen möchtest. Der Doktortitel, den du machen möchtest. Das Buch, das du schreiben möchtest. Die Bühne, die du besteigen möchtest. Warum nicht du? Kochen die anderen nicht auch alle nur mit Wasser? Doch, das tun sie.

Hin und wieder müssen wir alle daran erinnert werden, dass die Leute mit den vielen Chancen nicht von Natur aus besser sind als wir. Sie mögen privilegierter sein (was sie nach vorne pusht), doch wenn dir die Chance gegeben wurde und du im selben Raum wie die Person mit dem Vertrauensvorschuss gelandet bist, kannst du doppelt stolz auf dich sein. DAS WARST DU. Dein ganzes unaufhaltbares Du!

Deine Freund*innen erinnern dich bereitwillig daran, und das ist süß. Der Wagemut, den wir in uns tragen und an andere weitergeben, er ist ein Geschenk. Er kann falsch angewendet werden und zu einem Überlegenheitskomplex führen, doch wir sind auch unerbittlich und hüllen uns in unseren Stolz wie in einen Mantel. Da wir aus einem Land mit über 200 Millionen Einwohner*innen kommen, von denen jede*r «wer» sein möchte, könnte es sich dabei um eine Bewältigungsstrategie handeln. Unser Credo, unsere Bestätigung und unsere Forderung lautet: «Naija no dey carry last» (Nigerianer*innen werden nie die Letzten sein).

Wir wachen auf und husten der Widrigkeit ins Gesicht.

Besuch mal einen Markt in Nigeria, und die Frau mit dem Krug Wasser auf dem Kopf, den sie für 500 Naira ($1,30) verkauft, fragt dich, wie du es wagen kannst, ihr im Weg herumzustehen. Vielleicht wird sie dich sogar ein wenig herunterputzen, weil du an so einer ungünstigen Stelle stehst. Sie geht erhobenen Hauptes. Entschuldigen für was? Sie mag keinen großen Namen haben, aber sie wird nicht lange fackeln, sich den Platz zu nehmen, den sie braucht.

Klar kann unsere Rüpelhaftigkeit und Aggressivität auch zu viel sein oder der Effizienz und einer ordentlichen Dienstleistung im Weg stehen. Sich an eine nigerianische Botschaft zu wenden, ist beispielsweise ein völlig aussichtsloses Unterfangen. Ich schwöre bei Gott, wenn du deinen Blutdruck steigern willst, dann wende dich in der Hoffnung auf die rechtzeitige (oder zuvorkommende) Ausstellung eines Reisepasses oder eines Visums an eine nigerianische Botschaft. Dort wirst du es mit der Art Faxen zu tun bekommen, die dich deine hart erarbeiteten guten Manieren und jeglichen Anflug von Freundlichkeit KNICKEN lassen.

Das nigerianische Konsulat in New York hat es einmal in die Schlagzeilen geschafft, weil es die neuen Reisepässe aufgrund einer kaputten Klimaanlage und der demzufolge überhitzten Gerätschaften nicht innerhalb von zehn Tagen ausstellen konnte.

Keine Menschenseele ist über die geplatzten Termine informiert worden, also standen sämtliche Leute, die extra von auswärts angereist waren, vor verschlossenen Türen.

Ich weiß nicht, wie wir einerseits Vortrefflichkeit so hochhalten und dann hundsmiserable Standards bei den Dienstleistungen an den Tag legen können. Wie bereits erwähnt, sind wir ein kompliziertes und verworrenes Volk. Ja, wir bringen wirklich Pep (und Verwirrung) in dein Leben.

Wir brauchen unsere Extratour. Als Nigerianer*in bist du auf ewig jemand, der es bei anderen zu weit treibt, ein ewiger Aláṣejù, und das bedauern wir kein Stück. Unsere Hochzeiten beweisen das, denn für uns stellt der heilige Bund der Ehe die Gelegenheit dar, nicht nur zu viel, sondern gleich das Alleräußerste zu geben. Wir wechseln die Garderobe, tanzen mit Geldscheinen und fahren jegliche Pracht und Herrlichkeit auf, die sich mit solch einem Ereignis in Verbindung bringen lässt. Ich habe geschworen, da nicht mitzumachen.

Ich habe mich geirrt.

Ich habe alles mitgemacht. Ich habe sogar zweimal mitgemacht. Ich hatte zwei Hochzeiten an einem Tag. Die erste fand von neun Uhr morgens bis zwölf Uhr mittags statt. Das war die traditionelle Yorùbá-Hochzeit. Dabei bittet (bettelt) der Bräutigam um die Hand der Braut bei deren Familie und muss beweisen, wie sehr er sich nach ihr verzehrt. Er legt nicht nur vor seiner, sondern auch vor der Familie seiner Braut den Schwur ab, dass sie die absolute Nummer eins für ihn sein wird. Außerdem wird die Braut von der Familie des Bräutigams beschenkt, um sie in ihrem Schoß willkommen zu heißen.

An unserer Yorùbá-Hochzeit tragen wir handgenähte Aṣọ ākè, also absolut erstklassige Garderobe. Auf mein Kleid wurden

Tausende Steinchen von Hand genäht. Das hat Monate gedauert. In unserer Aṣọ-ẹbi-Truppe waren wir zu fünfzigst. Das ist die Gruppe von Menschen, die an diesem Tag Gewänder und Gèlè (Kopftücher) in denselben Farbmustern tragen. Das zeigt den Gästen, wer zu unserer engsten Community gehört.

Unsere westliche Zeremonie fand von 18 Uhr abends bis ein Uhr morgens statt. Zweihundertfünfzig Leute feierten an diesem Tag mit uns unsere Liebe, aßen köstliches Essen und verrenkten sich die Knie beim vielen Tanzen.

Meine Mom sorgte dafür, dass sie ihre eigene Extratour bekam. Meine ursprüngliche Ablehnung eines Hochzeitszirkus lag teils daran, dass ich zufällig eine nigerianische Mom habe, die mich nie gefragt hat: «Wann hast du eigentlich vor zu heiraten?», und mir auch keine Vorschriften gemacht hat, wie ich meinen Lebensunterhalt zu verdienen habe. Meine Mutter hat mir immer vertraut, wie ich mein Leben gestalte, das ist das größte Kompliment, das dir deine Eltern machen können. Sie ist eher der ruhige Typ, verdreht nicht die Augen und fühlt sich in ihrer eigenen Gesellschaft pudelwohl. So sehr, dass sie manchmal fast schon beleidigt reagiert, wenn sie zu einer Party eingeladen wird: «Haben die mich je bei so was gesehen? Nein. Warum rufen sie mich dann an?» Obwohl sie wahrscheinlich beleidigt wäre, wenn sie gar nicht eingeladen worden wäre. Logisch.

Jedenfalls war sie die Erste, die wir nach unserer Verlobung anriefen, und sie war so was von begeistert! Sie wusste ja, was kommen würde, weil mein Schatz bei ihr um meine Hand angehalten hatte. Trotzdem konnten wir ihr breites Grinsen durchs Telefon hören. Sechs Monate später waren wir mitten in den Hochzeitsplanungen. Die einzige Aufgabe meiner Mom bestand darin, ihre Kleider für beide Hochzeiten auszusuchen. Ich nannte ihr die Farben, auf die sie ihr Outfit abstimmen musste, und sie sollte sich einfach nur den Stoff aussuchen, aus dem ihre

Kleidung gefertigt werden würde. Die Familienfarbe für den Morgen: alles in Gold. Die Familienfarbe für den Abend: völlig freie Auswahl. Diese Dame suchte sich zwölf verschiedene Stoffe aus, bevor sie ihre finale Entscheidung traf. Doch das war noch lange nicht die größte Extratour.

Ein paar Monate vor der Hochzeit wurde meine Schwester vierzig, und eine ihrer Freundinnen überraschte sie daheim mit einem Saxofonisten der für sie *Happy Birthday* spielte. Auch wir tauchten unerwartet auf, sodass auf Sis bei ihrer Rückkehr vom Wellness-Tempel gleich zwei Überraschungen warteten: Mom und der Saxofonist. Nun, nachdem sie die Überraschung ihres Lebens erhalten hatte, ging sie sich umziehen, weil wir sie zum Abendessen ausführen wollten. Der Saxofonist blieb, wo er war, und spielte, und Mom bekam ihre eigene private Jamsession, zu der sie tanzte. Sie schloss ihn sofort in ihr Herz, und als er später irgendwann ging, meinte er: «Danke, Mommy!» Wie kommt dir beim Tanzen plötzlich ein Sohn zugeflogen? Ich musste sehr lachen. Genau so etwas hätte Mama Fáloyin auch gemacht.

Ein paar Monate vor der Hochzeit kam meine Mom auf Mr Jones und mich zu.

Mom: Also, ich möchte, dass der Saxofonist auf der Hochzeit spielt.

Schatz und ich: **tauschen Blicke aus**

Ich: Was wäre seine Aufgabe? Eine Band haben wir schon gebucht.

Mom: Ich mag ihn. Er kann spielen, wenn ich reinkomme und vorgestellt werde [bei der traditionellen Zeremonie].

Ich: Hmmm, ich rede mal mit Akeshi, sie ist ja die Hochzeitsplanerin.

Ich kam gar nicht dazu, mit Akeshi zu reden, weil Mom sie bereits angerufen und darüber in Kenntnis gesetzt hatte, dass alles arrangiert und das Flugticket von Houston zu uns bereits gekauft war. Als ich das erfuhr, gackerte ich los. Aber weißt du, was? Sie hatte sonst kaum irgendwelche Wünsche für die Hochzeit. Sollte er doch beim Hineintanzen für sie und den Rest der Familie spielen. Und beim Sektempfang würde er auch spielen können. Warum nicht? Wäre doch chillig.

Der Hochzeitstag kam, und der Saxofonist machte sein Ding bei der traditionellen Zeremonie. Dann fing er beim Sektempfang an, nigerianische Gospels zu spielen, und das war ein VOLLTREFFER! Die coolen Vibes? Wer brauchte die? LOS, TANZEN! Es ging so heiß her, dass sich der Saxofonist mit Ayọ̀délé, einem meiner Girls, ein Tanz-Battle lieferte, bei dem er herumwirbelte und die Hüfte schwang. BRO!!! Die Leute fingen an, ihr Geld in die Luft zu werfen.

Es gibt ein Video von unserem Empfang, wie es die Mom einer gewissen Person (**hüstel**) mit ihrer Hüfte fast bis runter zum Boden krachen ließ, während sich die Mom einer gewissen anderen Person (**hüstel**) die Vorderseite ihres Kleids mit Dollarscheinen vollstopfte, die irgendwer auf die beiden herabregnen ließ. Die eigentliche Feier hatte da noch nicht einmal angefangen.

Kurz und gut: Moms Extratour hat den Tag wirklich bereichert. Wir haben uns verdammt gut amüsiert, noch BEVOR alles richtig losging. Und die Moral von der Geschichte: Ich finde, jeder Mensch sollte einmal im Leben auf eine nigerianische Hochzeit gehen. Sie ist ein wunderschönes, farbenprächtiges Spektakel, ein Fest für die Augen (und den Magen) und ein echtes Vergnügen. Am wichtigsten aber: Wisse, du bist es wert, mit Livemusik gefeiert zu werden, auch bei einem Ereignis, das sich eigentlich um deine Tochter dreht.

Wir Nigerianer*innen sind ein heißblütiger Haufen, und wir lieben unseren Jesus (na ja, zumindest die christlich Getauften von uns). Du weißt nicht, was Beten ist, bevor du nicht eine*n Naija beten und Gott lobpreisen gehört hast. Wir überziehen alles mit dem Blut Christi, und wir treiben es oft auf die Spitze und darüber hinaus.

Das Lobpreisen und Beten nehmen wir sehr ernst, denn Christus ist unser*e beste*r Freund*in. Deshalb möchten wir sogar manchmal vor unseren Eltern verheimlichen, wenn etwas bei uns nicht in Ordnung ist, weil wir keiner fünfzehnminütigen Erweckungspredigt ausgesetzt sein wollen, während wir im Taxi sitzen. Da willst du einfach nur von A nach B gelangen, und dann hängst du am Hörer und versuchst «Amen» zu flüstern, und in der nächsten Sekunde ertönt: «ICH KANN DEIN AMEN NICHT HÖREN!» Also rutschst du im Sitz herum und versuchst, keinen in Hörweite sitzenden Menschen zu stören.

Nigerianische Tanten sind Profi-Predigerinnen, und sie scheinen eine Standleitung zu Gott zu haben. Sagst du einer von ihnen, dir sei kalt, könnte die darauffolgende Predigt in etwa so aussehen: «Möge der Gott des heiligen Feuers allen Schnee, alles Eis, allen gefrorenen Niederschlag, alle Feuchtigkeit unter null im einzigartigen Namen Jesu ENTFLAMMEN!» LMAO! Und AMEN! Ich empfange das Gebet in Seinem allmächtigen Namen!

Die Gebete in meinen SMS, E-Mails und Voicemails reichen aus, um ein ganzes Land voller Feinde zu zerstören. Wenn du

Amen sagst, weißt du einfach, dass deine Widersacherinnen und Widersacher sich prompt Papercuts zuziehen werden. Die Gebete können so heftig sein, dass sie an Verwünschungen grenzen.

Wenn Nigerianer*innen für dich beten, besonders in Notlagen, bekommst du fast schon Mitleid mit dem Menschen, der dir unrecht getan hat. Mir ist schon zu Ohren gekommen: «Und mögen deine Feinde nie wieder erfolgreich sein.» Und ich dachte: «Moment. Soll ich da wirklich zustimmen?» Manchmal beten die Nigerianer*innen so heftig, dass du mit einiger Gewissheit sagen kannst, sie fluchen. «Möge dein Gehilfe nie wieder schlafen, ehe er für dich getan hat, was er tun musste.» Ähhhm … Amen? Wer bist du, dass du es wagst, nicht laut Amen zu sagen?!? Du willst dir wohl selbst im Weg stehen, wenn du deine Segnungen derart sabotierst.

Unsere Anrufungen haben den Spirit des Alten Testaments und der Sintflut. Die Yorùbá haben sogar ein Lied namens *Mommy O*, das die Mütter lobpreist und ihnen ein langes irdisches Leben wünscht. Alles schön und gut bis zu der Zeile, in der darum gebeten wird, jeden Menschen von einem Wohnwagen überfahren zu lassen, der deiner Mom ein kurzes Leben wünscht. Was für eine rasend schnelle Eskalation!

Wir predigen den Himmel IN DIE KNIE! Selbst bei der Gottesverehrung schlagen wir also über die Stränge. Trägt eine Kirche den Namen «Berg des Feuers», wird bei den Bittgesuchen nicht blöd herumgekaspert. Die Gebete lauten dann so in etwa: «So wie ein Vogel fliegt und alle Hindernisse geschickt umsteuert, so möge es das Flugzeug deines Schicksals tun.» Wow, das ist mal eine Vision!

Wenn du das hier liest, hast du vielleicht schon eine*n nigerianische*n Freund*in. Vielleicht aber auch nicht. Vielleicht denkst du auch: «Na ja, ich kenne ein paar von der Uni, aber ob wir befreundet sind?» Gegenfrage: Hat ihre Mom schon für dich gekocht? Nein? Dann seid ihr wohl eher nicht befreundet. Macht nichts. Es ist nie zu spät.

Wie freundest du dich mit ihnen an? Wo findest du eine*n dubiose*n und mutige*n Naija, mit der oder dem du dich in dieser beängstigenden Welt zusammenrotten kannst? Ich hätte da ein paar Tipps.

Besuche eine Unibibliothek

In jeder Hochschul-Bibliothek wirst du mindestens eine Person aus Nigeria antreffen, die gerade die Nase in ein Buch steckt und für ihren zukünftigen Job als Krankenschwester, Ärztin, Rechtsanwältin oder Ingenieurin büffelt. Ob es ihr gefällt oder nicht. Dein ganzes Leben lang kriegst du nämlich «Ab zu deinen Büchern» zu hören und tust folglich genau das, wenn du dein Studium anfängst, weil du dir die Schelte um jeden Preis ersparen willst. Ganz einfach.

Geh dorthin, wo Afrobeats gespielt werden

Wenn du irgendwo entlangläufst und afrikanische Beats wummern hörst, rein mit dir, mindestens eine Person aus Westafrika wird dort sein, wahrscheinlich sogar aus Nigeria. Die Drumline, die Songtexte, die Vibes – wir sind voll dabei. Mach mit, während wir die Hüfte zu Boden schwingen und den Körper zum Beat bewegen. Und wenn du mitmachst, feuern wir dich an, und von da aus kann es weitergehen. Genau genommen kannst du einfach zu irgendeinem Afrobeats-Event in einem Club gehen, das wird auf jeden Fall passen. Easy. Hast du dir eh schon gedacht, oder?

Außerdem kannst du dir ein Paar weiße Slipper zulegen. Meinem Gefühl nach befinden sich 83 Prozent der weißen Schuhe weltweit im Besitz afrikanischer Männer. Tatsache. (Mit Tatsache meine ich, dass ich mir das komplett ausgedacht habe.) Du wirst keinen Nigerianer treffen, der nicht irgendeine Art von weißen Slippern im Schrank hat. Keine Ahnung, bei welchem Meeting sie das so abgesprochen haben. Aber ich feiere es: Amen.

Bekenne dich zu nigerianischem Jollof-Reis

Bei Jollof handelt es sich um ein tomatenbasiertes Reisgericht und die westafrikanische Version von im Grunde jedem gelben Reis. Da wir uns stets eifrig zum Mittelpunkt des Geschehens machen, vergleichen wir ihn einmal mit anderen Gerichten: Paella ist die spanische Version von Jollof. Gebratener Reis ist die chinesische Version von Jollof. Jambalaya ist die kreolische Version von Jollof. Du verstehst schon. An dieser scharfen, aromatischen Köstlichkeit führt in der nigerianischen Küche kein Weg vorbei.

Jollof ist nicht in Nigeria erfunden worden, sondern im Senegal. Wobei wir voller Inbrunst die Tatsache verteidigen, dass unser Jollof der beste ist. Weil: nigerianisch. Wir befinden uns in einem niemals endenden Jollof-Krieg mit unseren Nachbarn von der Goldküste, dem ghanaischen Volk, und wir kennen die Wahrheit: Der Naija-Jollof kommt an erster Stelle. (Herrlich, jetzt steht es hier in diesem Buch, und wenn du anfangen willst, mit mir zu streiten, musst du dich wohl oder übel an dein Spiegelbild wenden.)

Jedenfalls wäre das eine schnelle und einfache Möglichkeit, eine lebenslange Freundschaft mit einer Nigerianerin oder einem Nigerianer zu knüpfen: Verunglimpfe ghanaischen Jollof. Rede davon, dass nicht genügend Pfeffer drin ist und er der nigerianischen Version einfach nicht das Wasser reichen kann. Ganz egal, ob du es auch so meinst. So sind die Regeln. Ich habe sie nicht gemacht; ich reiche sie lediglich weiter. In dieser Sache kann es keine Neutralität geben. Du musst dich für eine Seite entscheiden.

Ich weiß, dass du mindestens einen Menschen aus Nigeria kennst. (Wir sind überall.) Baue eine echte Freundschaft zu ihr oder ihm auf. Hole dir eine nigerianische Tante an die Seite, die die Heilige Dreifaltigkeit gegen die Wand predigt. Hole dir eine*n Nigerianer*in an die Seite, die oder der dich anfeuert und beleidigt und auf der Tanzfläche battelt. Alles gleichzeitig.

Dein Leben wird nie wieder so sein wie vorher.

16. Kapitel

FUCK FEAR

Wir fürchten die FURCHT

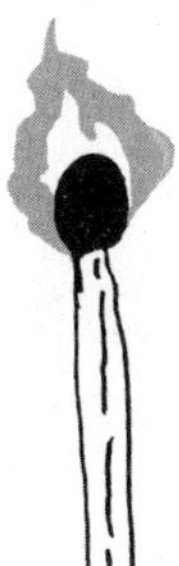

Die Angst ist ein Hater. Die Angst wird dich dazu bringen, sitzen zu bleiben, wenn du besser aufstehen solltest. Die Angst wird dich dazu bringen, den Mund zu halten, wenn du ihn aufmachen solltest. Die Angst wird dir deine Bestimmung so schnell ausreden, dass sich dein Schicksal ein Schleudertrauma zuzieht.

Angst ist real, archaisch und angeboren. Sie ist eine der ursprünglichsten Emotionen. Gar keine Angst zu verspüren, ist sogar eine genetisch bedingte Krankheit namens Urbach-Wiethe-Syndrom, bei der die Amygdala beschädigt ist. Ich sage die Wahrheit.

Wir sollen also gar nicht furchtlos durchs Leben gehen. Angst ist eine körperliche Notwendigkeit, die uns davon abhält, bescheuerte Dinge zu tun, bei denen das Sicherheitsnetz fehlt.

Angst ist etwas zutiefst Menschliches. Und das tröstet und bestätigt mich. Es ist doch echt gut zu wissen, dass wir da draußen alle zu jeder beliebigen Zeit mit unterschiedlichen «Oh Gott, was ist das?»-Levels herumlaufen. Manche haben gelernt, die Angst zu verstecken oder zu beherrschen, damit sie nicht von ihr überwältigt werden. Andere entscheiden sich bewusst dafür, über ihre Zweifel hinauszugehen: Obwohl sie wissen, dass es schiefgehen könnte, versuchen sie es trotzdem. Wieder andere können von Schlüsselmomenten erzählen, in denen sie sich von ihrer Angst haben leiten lassen. Aber spüren tun wir sie alle.

Ich habe dieses Buch geschrieben, weil ich stets der Typ Mensch sein möchte, der seine Zweifel überwindet. Dabei bin ich schon unzählige Male der Typ Mensch gewesen, bei dem es genau andersherum gewesen ist, der sich seine Entscheidungen von der Angst hat diktieren lassen. Mein Weg bis hierher war länger, als er hätte sein müssen, weil die Angst mich lange davon abgehalten hat, mir meine Leidenschaft, meine Berufung und meinen Beruf zu eigen zu machen. Erst als ich beschloss, mich an diesen angsteinflößenden Momenten vorbeizudrängen, begann sich mein Leben in eine Richtung zu entwickeln, die mich im positiven Sinne umhaute.

Die bewusste Entscheidung, gegen die Angst anzukämpfen, ist keine lebenslange Klubmitgliedschaft, die du nie verlieren kannst. Nah. Diese Entscheidung triffst du jeden Moment aufs Neue, jeden Tag aufs Neue. Der größte Hasenfuß der Welt kann jederzeit beschließen, etwas richtig Mutiges zu tun. Dabei kann es sich um so etwas Banales handeln wie die Bestellung eines Donuts, den er noch nie probiert hat. Oder um so etwas Großes wie einen Heiratsantrag. Oder um so etwas Waghalsiges wie einen Fallschirmsprung, weil er (oder sie) von einem Freund darum gebeten worden ist.

Wir alle fechten unsere Kämpfe mit der Welt, den Strukturen und uns selbst aus. Kämpfe, die wir leicht verlieren können. Es ist so viel leichter, weiter das zu machen, was bequem ist. Was sich sicher anfühlt. Doch dann wachen wir eines Tages auf und stellen fest, dass wir uns mit unseren Sicherheitsnetzen in ein Leben manövriert haben, das sich wie ein Käfig anfühlt. In einem Käfig kann es sehr bequem sein, doch Bequemlichkeit wird überbewertet. Den Mund halten ist bequem. Alles so lassen wie bisher ist bequem. Dabei sorgt die Bequemlichkeit nur für eins: dass der Status quo aufrechterhalten bleibt.

Was zwingt uns dazu, ein Leben der Bequemlichkeit zu leben, das uns nicht guttut? Was zwingt die Menschen in unserem Leben dazu zu verkümmern? Das liegt teilweise an den Überlagerungen unserer eigenen Ängste mit denen anderer.

Ist uns eigentlich klar, wie oft wir unsere eigenen Ängste an andere weitergeben? Ist uns eigentlich klar, dass wir unsere Ängste jeden einzelnen Tag unseren Liebsten auferlegen? Ich weiß genau, weshalb die Leute vor unbekannten Wegen und neuen Erfahrungen und Freiheiten zurückschrecken.

Einmal bin ich nach Mexiko gereist und habe in den sozialen Medien beiläufig erwähnt, wie sehr ich mich darauf freue, jeden Tag Mangos zu essen, mein Lieblingsobst. Daraufhin hagelte es Kommentare mit Warnhinweisen. Ich würde bald ans Klo gefesselt sein, wenn ich so weitermache, meinten welche. Sie selbst hätten damals auch Durchfall wegen der vielen Mangos gehabt. Inzwischen war ich aber an Tag 6 angelangt, fühlte mich pudelwohl, und das änderte sich auch nicht mehr. Als ich den Leuten vor meiner Reise von meinen Plänen erzählte, hieß es, ich solle «mich vor Kidnappern in Acht nehmen». Und als ich meinte, ich säße gerade im Freien, wurde ich davor gewarnt, dass die Stechmücken mir gleich den Garaus machen würden. Dabei habe ich die Leute nicht einmal um Ratschläge gebeten. Ich habe einfach nur mitgeteilt, was ich gerade so anstellte, und wurde sofort mit Pech und Unglück konfrontiert.

Ich weiß schon. Die Welt ist definitiv beängstigend. Und sie kann uns schon mal übel mitspielen. Doch unser Leben ist derart angstbestimmt. Wir sind so sehr damit beschäftigt, uns gegen alle Eventualitäten zu wappnen, dass wir oft feststecken. Aus Furcht vor dem Monster, das hinter der nächsten Ecke lauert, bewegen wir uns nicht vom Fleck.

Manchmal rührt diese Furcht von unseren Angehörigen her. Gut möglich, dass sie uns diese Beschränkungen gewohnheitsmäßig auferlegt haben. Die Waffen, die sich bei uns über die Jahre herausgebildet haben, stammen vielleicht eigentlich von unseren Angehörigen und Freundinnen und Freunden, die es alle gut gemeint, aber uns mit ihrer Munition der Besorgnis bombardiert haben. Das ist wie ein Fluch der Generationen. Dann müssen wir das ablegen, was uns von den Menschen, die uns am nächsten stehen, beigebracht wurde, um ihn zu brechen.

Wie frei wären wir, wenn wir nicht an die Sorgen, Zweifel und Unsicherheiten anderer gekettet wären? Wie hoch kämen wir hinaus, wenn andere nicht an unseren Waden zögen, weil sie wollen, dass wir am Boden bleiben, direkt neben ihnen?

Du hast es verdient, ohne die Last anderer durchs Leben zu gehen. Du hast es verdient, dich von den Zweifeln anderer loszueisen. Deine eigene Last ist schwer genug. Leichtfüßigkeit haben wir alle verdient.

Wenn andere versuchen, uns ihr Päckchen Angst vor die Füße zu legen, müssen wir es schleunigst zu ihnen zurückkicken. Wir wollen es nicht. Ich halte mich nicht an deinen Zweifeln fest. Ich werde DEINER Angst keinen Platz in MEINEM Leben einräumen. Ich werde nicht unter einer Decke deiner Furcht schlafen. Ich muss sie nicht auf mich nehmen. Nein danke.

Klar können wir ein Leben führen, in dem wir nur minimal Angst verspüren, weil wir uns in Luftpolsterfolie gehüllt haben und keine Risiken eingehen, aber solch ein Leben ist langweilig. Solch ein Leben ist beigefarben. Auf deinem Grabstein wird stehen: «Sie war hier.» Das war's. Sonst nichts. Du wirst in den Himmel kommen, und Gott wird die Augen verdrehen. All dieser Atem. All diese Bewegung. All dieses SEIN. Du hast es verschwendet, indem du die menschliche Version einer geschmacksneutralen Reiswaffel warst. Hast du irgendetwas getan, auf das du stolz warst?

Wenn ich einmal von dieser Erde gegangen bin, möchte ich etwas zurückgelassen haben. Es ist wie in dem Film *Coco – Lebendiger als das Leben*: Wirklich tot sind wir erst dann, wenn sich kein Mensch mehr an uns erinnert. Ich möchte vermisst werden. Ich möchte, dass meine Abwesenheit wahrgenommen wird. Ich möchte, dass mein Beitrag größer war als meine kleine Gestalt. Ich möchte, dass die Welt ein Stück weit besser geworden ist, weil ich dort war. Und wenn bei mir Sorge und Angst und Zweifel an erster Stelle stehen, dann fülle ich keine Lücke aus, schreibe Belanglosigkeiten und spreche im Flüsterton.

Ich bin nicht frei von Furcht. Ich habe nur gelernt, mich an der Furcht vorbeizudrängen, weil die Furcht oft beängstigender ist als das, was mich am anderen Ende erwartet. Es ist, als hätten wir Angst davor, durch einen dunklen Flur zu gehen. Wenn du die Augen schließt und losrennst, schaffst du es. Dann schaust du zurück und denkst: «War eigentlich gar nicht so schlimm.»

Für mich bedeutet der Kampf gegen die Angst, der Freiheit entgegenzutreten. Wir sind es uns selbst schuldig, FUCK FEAR zu sagen, und wir sind es den Menschen schuldig, die zu uns aufschauen oder uns umgeben oder uns lieben.

Wir sind es uns schuldig, die Last auf unseren Schultern leichter zu machen und Ballast abzuwerfen. Wirf ihn komplett ab. Wirf die Freundinnen und Freunde ab, die nicht wirklich hinter dir stehen. Die Partnerin oder den Partner, der dir das Gefühl gibt, nichts wert zu sein. Den Job, der dir die Lust nimmt, morgens aufzustehen. Das Trauma, das dich dazu bringt, dich selbst zu sabotieren. Die Selbstzweifel, die dir einreden, du seist nicht gut genug.

Wir sind es uns schuldig, den Berg zu erklimmen, der uns zu hoch scheint.

Die Welt wird nicht weniger angsteinflößend werden. Wir werden womöglich nie mutiger werden. Ich senke sozusagen meine Erwartungen und sage: Nimm es an und komm in die Gänge. Wir müssen tun, wovor wir uns fürchten, immer wieder, in dem Wissen, dass die richtigen Dinge oftmals die schwierigsten sind.

Komm in die Gänge und vergib dir zuallererst dafür, dass du zu manchen Dingen nicht schon eher den Mut aufgebracht hast. Vergib dir dafür, dass du nicht den Mund aufgemacht hast, wenn es erforderlich gewesen wäre. Vergib dir für die Fehler, die dir heute vermeidbar erscheinen. Mit deinem damaligen Wissen und Verständnis hast du dein Bestmögliches getan.

Alle, die etwas Großartiges geleistet haben, haben mit einem einzigen kleinen Schritt angefangen. Sie sind nicht eines Morgens aufgewacht, und die Sache war geritzt. (Na ja, außer bei einigen weißen Typen natürlich. Weil Papa und die Vetternwirtschaft die besten Sicherheitspolster sind.) Der Großteil derjenigen, die Großes vollbracht oder die Welt verändert haben, hatte die Idee und fing eines Tages mit einem kleinen Schritt an, auf den noch einer und noch einer folgte. Rom ist nicht an einem Tag erbaut worden. Aber den ersten Ziegelstein mussten sie auch irgendwann legen.

Die Träume, die wir wagen zu träumen? Sie können nicht ewig auf unserer Wunschliste vergammeln. Na ja, können sie schon, aber wozu sind sie dann gut? Wir müssen auch ins TUN kommen.

Falls du also eine Ermutigung zum SEIN, SAGEN und TUN brauchst, hier hast du sie, denn auf der anderen Seite der Angst könnten dich richtig coole Sachen erwarten. Die großen Sachen, die uns viel zu hoch und zu riesig erscheinen, müssen wir TUN. Auch wenn wir sie nicht gut hinbekommen. Stelle die Furcht einflößende Frage. Schreibe das Buch. Lerne die Sprache. Hake die Punkte auf deiner Bucketliste ab. Bereise die 150 Länder. Gründe das große Unternehmen. Miste deinen Schuhschrank aus. **hefte Blick auf mich selbst** Nimm an dem Marathon teil. (Das ist nicht mein Metier, und für mich sind Marathonläufe Verschwörungen. Von wem? Weiß nicht genau.) Gehe zu dem Vorsprechen. Geh diesen Schritt.

Mach all diesen Shit. Oder mach nichts davon, wenn es das ist, was du tun musst. Doch diese eine Sache, über die du immer wieder nachdenkst und dann sein lässt, weil du dich nicht traust – TU DIESE SACHE.

In den Momenten, in denen ich schnell wieder dort hinrennen will, wo es bequem ist, oder in denen ich mich angesichts von Zweifeln wegducke, denke ich an Olúfúnmiláyọ̀ Juliana Fáloyin, meinen Schutzengel und meine Urform der Profi-Unruhestifterin. Dieses Gott liebende, Gnade findende, mit ganzem Gesicht lächelnde Einhorn von einer Frau. Ich denke daran, wie sie als Jugendliche ihr Leben ganz allein von vorne begann. Ich sinniere über die Frau, die nach ihrem Schlaganfall angeblich nie wieder reden sollte. Ich muss einfach über sie nachdenken, meine Muse, die mit der kühnen Zuversicht durchs Leben ging, dass Gott und ihr Glaube größer waren als alle Furcht.

Ich werde meine Großmutter stets in mir tragen, wohin ich

auch gehe. Jeden Tag blicke ich auf meine rechte Hand hinab und sehe den filigranen Goldring, den ich nie ablege. Grandma gab ihn mir, als ich ihn an ihr erblickte und sofort losquietschte, wie toll ich ihn finde. Ohne zu zögern, nahm sie den Ring daraufhin ab und überreichte ihn mir. Lustig, dass er ausgerechnet den Mittelfinger meiner bevorzugten Hand schmückt. Es funktioniert.

Eine Profi-Unruhestifterin verschreibt sich der Authentizität, spricht die Wahrheit und traut sich ganz schön viel beängstigenden Shit. Ein Hoch auf das tapfere Leben. Ich bin es Mama Fáloyin, meiner liebsten Unruhestifterin, schuldig. Wenn die Angst mich aufzuhalten versucht, muss ich meine Hosen anziehen, ein kurzes Kraftgebet sprechen und mit einem zwanzigminütigen Tänzchen meinen beharrlichen Sieg über sämtliche Zweifel feiern.

Die Angst hasst und lügt und spielt mit falschen Karten. MUTIG zu sein, bedeutet, sich von der Angst nicht ENTMUTIGEN zu lassen und die Dinge trotzdem zu tun. Diesen Mut sind wir uns schuldig, und wir können jetzt sofort damit anfangen.

Epilog

MUT IN ZEITEN DER ANGST

Mitten in der Arbeit an diesem Buch nahm die Corona-Pandemie ihren Lauf. Nicht genug damit, dass ich gerade an dem Werk saß, mit dem ich mich bislang am verwundbarsten zeigte, und mich deshalb sowieso schon zu Tode ängstigte. Nein, die Welt musste uns auch noch einen nie da gewesenen tödlichen Virus schenken, der alles auf den Kopf stellte. Und um Mörderhornissen und menschengroße Fledermäuse müssen wir uns auch noch Sorgen machen. Sowie irgendwelche anderen Tiere, die in Australien heimisch sind. Ein ganz schöner Haufen beängstigender Shit, mit dem wir da klarkommen müssen.

Inmitten dieses Chaos ein Buch darüber zu schreiben, wie wir unsere Ängste angehen, sollte mich auf die Probe stellen. Würde ich auch die sein können, die ich vorgab zu sein, wenn es besonders schwierig war? Hunderttausende Menschen sind an diesem Virus gestorben, und es gibt trotzdem noch Leute, die denken: «Ich lasse mich doch dadurch nicht einschränken.» Irgendwie haben sie es geschafft, sich davon zu überzeugen, dass es nichts zu befürchten gibt. Obwohl die Wissenschaft und die Daten und der gesunde Menschenverstand sie (aus anderthalb Metern Entfernung) am Arm packen und warnen.

Das halte ich in diesem Fall für absolut töricht. Denn die

Angst erfüllt hier ihren URSPRÜNGLICHEN Zweck: uns davon abzuhalten, uns und andere in akute Gefahr zu begeben. Wenn wir auf den Lauf eines Gewehrs blicken, dessen Munition ein hochgradig ansteckender Virus ist, der die Menschen um ein Vielfaches häufiger umbringt als eine saisonale Grippe, ist die Angst davor berechtigt und wichtig. Diese Besorgnis basiert auf Fakten. Ohne sie bringen wir die Menschen unserer Community, selbst diejenigen, die wir nicht kennen, wahrscheinlich in Gefahr. Und setzen uns selbst Gefahren aus.

Und jetzt vergleiche diese Furcht mit dem Unbehagen, das dich überkommt, wenn du in einem Meeting den Mund aufmachen sollst. Oder mit dem Bammel davor, deinen Eltern zu sagen, dass du nicht Rechtsanwältin, sondern Fotografin werden möchtest. Oder mit dem beunruhigenden Gefühl, dir zu große Hoffnungen zu machen, weil du ja enttäuscht werden könntest. Diese Ängste wirken nun irgendwie banal, oder? Obwohl auch sie ihre Berechtigung haben. Doch neben jeglicher körperlicher oder gesundheitlicher Bedrohung – sei es ein Virus, ein heimtückisches politisches Klima, in dem Satans Scherge den Atomkoffer an sich gerissen hat, oder wenn du als Schwarze Person in eine Polizeikontrolle gerätst und nicht weißt, ob der Kerl in Blau dein Schwarz als Waffe betrachtet – kann sich unser alltägliches Bangen albern anfühlen.

Das Leben ist ungewiss, das ist uns allen klar. Und das ist Furcht einflößend. Ich habe im Augenblick keine Ahnung, wie sich die Pandemie entwickeln wird, wie viele Leben sie uns letztlich gestohlen haben wird und wie lange wir noch in diesem Schlamassel feststecken, in dem wir unseren Liebsten (die nicht unter einem Dach mit uns wohnen) nicht nahe sein dürfen. Die einzige Gewissheit, die wir gerade haben, lautet: Nichts ist gewiss. Das ist beunruhigend, und der Angst können wir dadurch nur allzu leicht erliegen.

Wenn wir uns in solch unbekannten Gewässern befinden, hilft uns eins: zu wissen, dass wir tun, was wir tun können. Ich mag daheim festsitzen, trotzdem verstecke ich mich nicht vor der Welt oder der Arbeit, die mir das eingebrockt hat. Ich nutze meine Angst, um etwas zu Papier zu bringen, denn so ein Handbuch für Unruhestifterinnen, die gegen ihre Ängste angehen sollen, ist in Zeiten grassierenden Unbehagens beinahe poetisch. Es ist, als hätte Gott mir eine Mutprobe geschickt, als hätte er mir auferlegt, mich der Situation gewachsen zu zeigen. Krasse Metaebene.

Manche mussten während dieser Geschehnisse eine Pause einlegen. Ich nicht, denn Abgabetermine und Vorschüsse sind Tatsachen, an denen sich nicht rütteln lässt. Außerdem sind meine Lektorin und meine Agentin tapfere Frauen, die sich nicht scheuen, mir die Ohren lang zu ziehen. Aber wichtiger noch: In dieser globalen Krisensituation fühlte ich mich so hilflos, dass ich das Einzige tat, das in meiner Macht stand, nämlich meiner Aufgabe als Autorin nachkommen. Ich bleibe daheim und bin den Beschäftigten in der kritischen Infrastruktur nicht im Weg. Und ich schreibe, weil das meine Katharsis ist.

Krisenzeiten und Chaos bieten uns die Gelegenheit, die beste Arbeit unseres Lebens abzuliefern. Die Leute verwenden Worte, die sie aus den Tiefen ihrer Seele heraufbeschwört haben. Die Leute malen mit Strichen, die sie aus ihrem Herzen herbeigerufen haben. Die Leute singen Töne, die ihren Ursprung im Universum haben. Die Leute erschaffen Neues. Weiter so.

Eins können wir außerdem noch tun, wenn wir uns in unbekannten Gewässern befinden: uns die Frage stellen, was wir daraus lernen. Was versucht uns diese Erfahrung beizubringen? Wie sollen wir uns verändern?

Im Augenblick hoffe ich, dass wir einen gütigeren und großzügigeren Umgang miteinander lernen. Ich hoffe, wir begegnen einander mit etwas mehr Gnade.

Außerdem fangen wir hoffentlich bald an zu begreifen, dass uns das Leid eines jeden Menschen etwas angeht. Wo es doch ganz schnell zu unserem eigenen Leid werden kann. Es nützt nichts zu sagen: «In dem Haus da drüben brennt's? Ach, kann mir ja egal sein.» Kann es nicht, denn das Feuer wird womöglich ganz schnell auf unser eigenes Haus übergreifen. Löschen wir also den Brand der anderen, wird er nicht zu unserem. Ich wiederhole: Je schneller wir ihren Brand löschen, desto weniger wahrscheinlich ist es, dass er zu unserem eigenen Brand wird.

Das Problem der anderen ist auch unser Problem. Wir irren uns, wenn wir diskriminierendes Verhalten beobachten und die Füße stillhalten, weil wir meinen, das habe nichts mit uns zu tun. Glaubst du nicht, du könntest als Nächste dran sein? Ich rechne die Situationen hoch, damit ich sehe, wie schnell sie auch mich betreffen. Wenn irgendwem Böses widerfährt, kann es genauso gut mir widerfahren.

Krisen fordern uns dazu auf, uns aufzurichten und besser zu werden. Zu wachsen, zu reifen, uns weiterzuentwickeln. Tun wir das nicht, werden wir wieder und wieder mit denselben aufwendigen und herzzerreißenden Lektionen konfrontiert. Wir müssen uns also fragen, was wir aus all dem lernen sollen.

Was würde meine Großmutter sagen, wenn sie heute noch am Leben wäre? Wie würde sie mit dieser Zeit klarkommen? Sie würde während ihrer dreistündigen Vigilien um drei Uhr morgens über Bibelstellen beten. Sie würde mich anhalten zu beten. Sie würde der gesamten Familie die Passagen durchgeben, die wir lesen sollen, damit sie uns beschützen (Psalm 91 und 121 waren ihre liebsten). Ihr Zuspruch würde meinen Geist beruhigen, und auch wenn ich sie nicht direkt vor mir hätte, würde ich ihr Lachen sehen. Ich würde wissen, da ist eine Gebetskriegerin, die sich inmitten des weltweiten Sturms für mich einsetzt. Ich würde wahrscheinlich besser schlafen. Mama Fáloyin und Jesus hätten schließlich gerade eine Telefonkonferenz abgehalten, in der mein Name fiel.

Ich bemühe mich, in ihrer Abwesenheit meine eigenen Lücken zu schließen.

Nichtsdestotrotz muss ich meinen Beitrag leisten und darf mich vom Glauben nicht davon abhalten lassen, Angst zu empfinden. Denn verwendete ich meine Religiosität als Rüstung, würde ich das Materielle für ungültig erklären. Manche verstecken sich hinter der Religion, um vor dem echten Leben und den echten Gegebenheiten zu fliehen. Das ist gefährlich.

Es gibt den Gedanken, dass wir auf jede Situation positiv reagieren sollten, so ernst die Umstände auch sein mögen. Die Absicht dahinter ist ehrenwert: dass wir in allem das Gute sehen sollen, damit wir die Augen offen halten für das Glück. Das kann jedoch gefährliche Konsequenzen haben.

Klar ist es nicht gesund, sich nonstop in Negativität zu suhlen. Wenn es allerdings so weit geht, dass Gefühle diskreditiert werden und die Leute sich schwach fühlen, weil sie nicht dauergrinsend durchs Leben gehen, dann ist Positivität etwas Toxisches. Dann ist sie eine Ausrede, um das Leben nicht mehr richtig in Angriff nehmen zu müssen. Weißt du, um was es sich bei der Positivität dann oftmals handelt? Um Verleugnung. Vermeidung. Realitätsflucht. Deshalb müssen wir anerkennen, dass Angst etwas Legitimes und Natürliches ist.

Nicht alles gibt dir Auftrieb oder ein gutes Gefühl, und das ist völlig in Ordnung. Das Leben kann ein grausamer Drache sein und uns mit Dingen konfrontieren, die uns zur Schnecke machen. Oft ziehen wir dann einfach die Jesus-Karte und überspringen den Teil, wo wir uns den Tatsachen wirklich stellen. Dabei müssen wir unsere Gefühle fühlen, uns die nötige Zeit nehmen und dann nach vorn gehen.

Manche christliche Menschen beherrschen die toxische Positivität meisterhaft. Weil uns beigebracht wurde, dass Furcht und Glaube nicht koexistieren können. Es sei unmöglich, an Gott zu glauben und trotzdem Angst zu haben, wurde uns eingetrichtert. Dabei stellt das eine viel zu starke Vereinfachung der Bibel und eine Verflachung der menschlichen Erfahrung dar. Selbst nicht religiöse und nicht spirituelle Menschen glauben inzwischen, dass Tapferkeit Furchtlosigkeit bedeutet.

Wenn wir dem jetzt noch die Schuldgefühle der Gläubigen beim Thema Angst beimischen, haben wir Menschen, die sich wegen ihrer Bedenken minderwertig fühlen. Das ist eine bedrückende Atmosphäre, und dafür verurteile ich uns SCHARF.

Menschen sterben, und manche kontern: «Nun ja, wenigstens sind sie nun bei Gott.» Oder: «Alles hat seinen Grund. Das ist Teil von Gottes Plan.» Gut, okay. Schön, dass wir das glauben. Wenn wir diese Worte aber ins Feld führen, während einer Person gerade körperliches und emotionales Leid widerfährt, dann wollen wir ihre Gefühle mit der Plattitüde lindern, doch bitte immer und überall das Gute zu sehen. Dadurch isolieren wir diese Person in ihrem Schmerz und machen sie fremd.

Ich bin hier, um dir zu sagen, dass du auch als christlicher oder spiritueller oder Ordensmensch besorgt sein darfst. Du darfst dich einer höheren Macht verbunden fühlen und trotzdem ängstlich sein. Du tust der Spiritualität kein Unrecht, wenn du die Frechheit besitzt, dich zu sorgen. Sorgen gehören zum Leben dazu. Unser Ziel muss sein, dass wir uns von den Zweifeln nicht in regungslosen Stumpfsinn treiben lassen. Du darfst dich fürchten, aber geh trotzdem voran und lebe. Das ist es, was zählt.

Es gibt Zeiten, in denen wir aus gutem Grund ängstlich sind. Manche von uns haben völlig zu Recht Angst, wenn nicht um sich selbst, dann um ihre Liebsten oder um die Gesellschaft als Ganzes. Hör mal, ich fürchte mich die Hälfte meines Lebens. Die Angst ist gegenwärtig. In diesem Moment. Ich erkenne die beängstigenden und unangenehmen Gefühle an und mache trotzdem weiter.

Aus diesem Grund schreibe ich dieses Buch. Es geht nicht darum, keine negativen Gefühle zuzulassen; wir dürfen uns von ihnen nur nicht überwältigen lassen. Ob du Diakonin oder Atheistin bist, ich möchte nicht, dass du dich als Versagerin fühlst, nur weil du dich nicht ständig im Dankbarkeits-Modus befindest. Sich zu ängstigen, bedeutet nicht, dass du Gott nicht vertraust. Es bedeutet nicht, dass du schwach bist. Es bedeutet nur, dass du ein Mensch bist.

Angst existiert und ist etwas vollkommen Natürliches. Sie wird immer gegenwärtig sein. Und dennoch müssen wir vorangehen. Und dürfen uns von der Angst nicht betäuben lassen, egal, ob sie groß oder klein, berechtigt oder erfunden ist.

Hier bin ich und schreibe durch sie hindurch, schreibe an sie gerichtet und über sie. Es wird gut sein. Irgendwie.

All meine Liebe
für Fúnmiláyọ̀ Fáloyin

DANKSAGUNG

DREHT DIE MUSIK AUF, LEUTE! Als ich mit meinem ersten Buch, *I'm Judging You*, fertig war, fühlte es sich an, als hätte ich einen Berg erklommen. Bei diesem Buch kam es mir vor, als hätte ich es wieder getan, nur diesmal mit besserem Schuhwerk und einer wärmeren Jacke. Ein paarmal hätte ich beinahe abgebrochen, kämpfte mich dann aber weiter durch den Wind bis zum Gipfel hindurch, was die Aussicht umso schöner machte.

Applaus und Dank also erst mal an mich, denn ICH HAB ES GESCHAFFT! Manchmal müssen wir uns einfach selbst abklatschen und den Augenblick genießen. Dieses Buch scheint mir dessen würdig zu sein. Außerdem schreiben manche Leute Bücher und vergessen dann, wie sie sich dazu verhalten sollen. Ich bin manche Leute.

Mein Leben ist wahrlich ein Zeugnis von Gottes Gnade, und hier habe ich hoffentlich wieder etwas getan, mit dem ich Ihn / Sie / Es stolz mache. Mir wird ständig aufs Neue gezeigt, dass meine Schritte von Mächten gelenkt werden, die größer sind als ich, und dafür bin ich dankbar.

Grandma, ich weiß, dass du mir aus dem Jenseits noch immer zuarbeitest und für mich kämpfst. Danke. Ich hoffe, du liebst das hier.

Für dieses Buch musste ein ganzes Dorf zusammenkommen. Ich danke meiner Agentin, Kristyn Keene Benton, die mir ein Set Dominosteine schickte, als es Zeit war, mit dem Schreiben loszulegen. Sie gebrauchte meine eigenen Worte («Sei der Dominostein»), um mich an meine Mission zu erinnern, und ihr tiefer Glaube an meine Arbeit brachte mich voran. Sie begegnete mir außerdem nie mit Skepsis, wenn ich sie mit irgendeiner Idee anrief.

Danke an das Team von Penguin Random House, dass ihr an dieses Buch, diese Message und meine Stimme geglaubt habt! Respekt an Meg Leder, meine Lektorin, die sich für dieses Buch engagiert und meine Worte zum Klingen gebracht hat!

Ich danke dem Mann, den ich geheiratet habe, Carnell – dafür, dass du viele Rollen einnimmst, als bester Freund, Ehemann und Rettungsanker. Du siehst Dinge in mir, die ich manchmal selbst nicht wage, in mir zu sehen. Du lässt mich keine Grenzen haben, weil ich für dich in Sternenstaub gehüllt bin. Ich weiß noch, wie ich dieses Buch zu Ende schrieb und sagte: «Wow. Das ist das Beste, was ich je geschrieben habe.» Du erwidertest: «Ich bin so stolz auf dich, und das sollte ich auch sein. Du bist das beste Du, das du je gewesen bist.» Und mein Herz grinste bis über beide Ohren, weil mir bestätigende Worte die liebste Liebessprache sind und du mich verstehst. Und ich dankte erneut Gott, dafür, dass er mich mit einem Lebensgefährten gesegnet hat, der mich in meiner ganzen Existenz bejaht. Mr Jones, du bist dope AF.

Ich bin umgeben von Liebe und Menschen, die beweisen, dass es GROSSES gibt auf dieser Welt, nämlich Menschen, von denen ich aufgefangen werde. Applaus für meine Familie. Ich danke Gott für meine Mom. Ich bin die Tochter von Olúyẹ́misí, der Tochter von Fúnmiláyọ̀, der Tochter von Celina. Von ihr habe ich Großzügigkeit und, wenn nötig, auch das Vollbringen von Kunststücken gelernt. Du Liebe auf zwei Beinen.

Auch meiner großen Schwester Kofo muss ich danken. Du bist eine Cheerleaderin des Lebens, Vertraute, Tanzpartnerin, Trauzeugin, und manchmal Zwillingsschwester. Du hast ein Herz aus Gold und verdienst alles Gute dieser Erde. Auch für die Grandma-Geschichten, die ich vergessen hatte, danke ich dir. Puh, ein paar unserer Eigenheiten haben wir so was von Grandma.

Tausendmal danke an meine Tante, Bunmi B. Sie ist diejenige, die ich wieder und wieder wegen Geschichten und Fakten über Grandma gelöchert habe, und von ihr stammt das Oríkì. Sie ist ein leiser Sturm, eine integre Frau und eine Freudenbringerin. Danke, dass du immer meine Anrufe entgegengenommen hast, dass du die Familienhistorikerin bist, und danke für das Lachen, das den Raum erhellt.

Unsere Familie ist ein ganzes Völkchen für sich: Dele, Morayo, Rolake, Wonuola, Folarin. Ich würde für euch alle kämpfen, aber das wisst ihr.

Ich umgebe mich mit Menschen, die mir keine Schäbigkeit durchgehen lassen, und dafür bin ich dankbar. Ich gebe sogar einer Person Geld dafür, dass sie mich an meinem Vorsatz, weniger mistig zu sein, misst. Meiner Therapeutin, Dr. Patterson, bin ich zu Dank verpflichtet. Sie verdient jeden einzelnen Cent, weil sie mich in unseren Sitzungen jedes Mal damit umhaut, wie sie mir (total professionell) die Ohren lang zieht. Heute bin ich nur noch halb so mistig wie vor vielen Jahren. Danke an Aliya S. King, meiner Freundin und Mentorin, die das ganze Manuskript einmal komplett durchkämmte. Sie ist grandios darin, mir die Wahrheit vorzuhalten, und ihre Änderungen an diesem Buch hoben meine Worte auf ein höheres Level.

Meiner FRAMILY (Freundinnen, die zu Familie geworden sind) sende ich LIEBE dafür, dass sie mich unter Gruppendruck setzen, großartig zu sein, und dafür, dass sie Wegbereiterinnen für Träume sind. Boz, Justina, Yvonne, Cynthia, Tiffany, Eunique, Felicia, Jessica, Tahira, Myleik, Maaden, Seun. Sie sind es, die ich anrufe, wenn sich irgendetwas GROSS, womöglich zu groß, anfühlt, und die mir dann vorhalten: «Wenn nicht du, wer dann?» Ihr alle pusht mich nach vorn und nach oben, verleiht mir andauernd Kraft, wenn sie mir abgeht. Danke, ich liebe euch alle!!!

Der Leserschaft von LuvvNation schicke ich NUR LIEBE, meinen rücksichtsvollsten, lustigsten, warmherzigsten Sandkastenfreundinnen und -freunden im Internetz. In einer Welt, die einem brennenden Müllhaufen gleicht, einen sicheren Ort zu errichten, war eines der besten Dinge, die ich hatte tun können. Wenn die Leute mir erzählen, meine Community sei toll, dann grinse ich. Warum? Wenn sie mich widerspiegelt, ist das der Beweis dafür, dass reichlich Gutes in der Welt vorhanden ist. LuvvCousins sind die Besten!

Ich danke DIR, liebe Leserin, dass du dir die Zeit für meine Arbeit genommen hast. Wir passen ganz offiziell sehr gut zusammen. Dass manche Leute meine Arbeit zu schätzen wissen, ist eine solche Ehre. Lass mich dafür ein Fürbittgebet für dich sprechen. Mögest du dir niemals den Zeh mitten in der Nacht an der Bettkante anstoßen. Mögest du dein Essen stets perfekt würzen. Möge dein Topf Reis stets perfekt gekocht sein. Amen.

Dieser Abschnitt könnte locker einen eigenen dicken Wälzer füllen. Es gibt so viel mehr Menschen, die in meinem Leben wichtig sind und hier nicht genannt werden. Du gehörst wahrscheinlich auch dazu. Bitte sei nicht traurig, wenn dein Name hier nicht steht. Ich musste mich an eine bestimmte Wörterzahl halten (merkst du, wie ich nur meinen Verlag über die Klippe springen lasse – HA!). Aber ganz im Ernst: Danke an alle, die meine Arbeit sehen, lesen, kaufen, teilen und auf sich wirken lassen.

Ich danke DIR, dass du mich siehst.

Luvvie